세 금 풍 경

회계법인 출신 변호사들의
살아있는 세금이야기

세금 풍경

2020년 5월 14일   초판 인쇄
2020년 5월 19일   초판 발행

지 은 이 │ 법무법인 정안
발 행 인 │ 송상근
발 행 처 │ 삼일인포마인
등록번호 │ 1995. 6. 26. 제3-633호
주   소 │ 서울특별시 용산구 한강대로 273 용산빌딩 4층
전   화 │ 02)3489-3100
팩   스 │ 02)3489-3141
가   격 │ 18,000원

ISBN   978-89-5942-876-2   03320

회계법인 출신 변호사들의
살아있는 세금이야기

세금 풍경

JungAnLaw
법무법인 **정안**

SAMIL | 삼일인포마인

| 서문 |

이 책은 법무법인 정안의 변호사들이 세무업무와 관련하여 평소 자문했던 일이나 기고, 강의한 내용을 주제별로 정리한 것입니다.

어떠한 경제행위를 함에 있어서 세금이 개입되지 않는 것이 없기 때문에 납세자는 의사결정에 있어 항상 세금문제를 염두에 두어야 하며, 납세자를 조력하여 각종 자문을 수행하는 전문가로서 조세를 모른다면 완벽한 자문을 수행할 수가 없습니다. 그럼에도 세법은 다른 어떤 법보다 접근하기가 쉽지 않습니다. 아마도 회계에 대한 기본지식을 필요로 하고, 그 개정이 빈번하기 때문일 것이라고 생각됩니다.

세법에 관한 교재를 찾기 위해 서점을 가보면 전문가나 전공자들을 위한 수준 높은 책과 일반인들을 위해 쉽게 흥미 위주로 쓴 책들이 있습니다.

이 책은 기본적으로 비전공자도 세무에 대한 전반적인 지식을 쉽고 재미있게 습득할 수 있도록 구성하였습니다. 그 주제나 논점들은 최근 실무상 문제가 되는 것을 위주로 선정하였고, 그 내용도 실제 도움이 될 수 있도록 자세히 서술하여서 전문가들도 흥미 있게 읽어 볼 수 있을 것입니다.

특히, 세무조사에 대해서는 최근 들어 적법절차를 강조하는 판례들이 많이 생성되고 있고 현장에서도 많은 변화가 있어 이를 세분하여 소개하였습니다. 또한 조세범칙조사, 세금계산서 및 조세포탈 관련 내용도 최근 판례 위주로 내용을 구성하였습니다.

독자께서는 목차에 상관없이 관심 있는 주제를 택한 후 부담 없이 읽어보시고, 그 주제에 대해 좀 더 세밀한 내용이 궁금하면 판례나 전문서적을 찾아 보완하는 방식으로 일독할 것을 권해 드립니다.

적어도 이 책이 어려운 세법공부의 마중물 역할을 하여 좀 더 쉽게 세법에 접근하는 도구가 될 수 있다면 저자로서 더 바랄 것이 없겠습니다.

이 책의 집필자인 법무법인 정안의 변호사들은 대부분 삼일회계법인에서 변호사업무를 시작하였습니다. 회계법인에서의 외부감사지원업무와 세무조정업무에 대한 경험은 회계와 법률, 재무와 법무를 조화롭게 이해하는데 큰 힘이 되었습니다. 또한, 세무조사 및 이에 따른 세금부과, 불복이라는 일련의 과정에 대한 경험은 세금을 밑낯부터 살펴볼 수 있는 계기가 되었습니다. 이 책의 내용들도 그때 현장에서 경험했던 일들을 기록하는 의미가 있습니다.

법무법인 정안이 2012년 설립되어 지금까지 오면서 나름대로 조세, 공정거래 및 기업법 분야에서 의미 있는 역할을 하게 되기까지 도움을 주신 많은 분들이 계십니다.

친정과도 같은 삼일회계법인의 많은 전문가분들은 과거부터 지금까지 여러 가지 측면에서 많은 도움을 주고 있습니다. 다양한 전문가들과의 협업은 자칫 편협해질 수 있는 법률가의 길에 신선하고 풍성한 자극을 주고 부족함을 일깨워 주는 계기가 됩니다.

고마운 분들이 너무 많아 일일이 열거할 수는 없으나, 도와주신 많은 분들에게 법인을 대표하여 감사의 마음을 전합니다. 책을 예쁘게 만들어 주신 삼일인포마인 관계자 분들에게도 감사의 마음을 전합니다.

바쁜 시간 쪼개서 원고를 작성하신 동료 변호사님들과 가족들에게도 항상 좋은 기운이 넘쳐 나기를 기원하겠습니다.

2020년 5월

용산 사무실에서

정 승 택

| 차례 |

제1부 – 세무조사와 불복 일반론

세무조사

조세형사

제2부 – 주요 세목별 쟁점사항

소득세

법인세

상속·증여세

부가가치세

국제조세

세무조사와 불복 일반론

세무조사

·

조세형사

·

조세불복

01

국세청의 세무조사 조직은 어떻게 되어 있나?

정승택 변호사

최근 어느 신문을 보니 국세청 직원들이 조사국 근무를 꺼려한다는 제목의 기사가 났다.

납세자가 세무조사 받기를 싫어하는 것은 당연하지만, 국세청 직원에게는 막강한 권한이 부여되고 이력서 기재 시 일종의 '훈장' 역할을 했던 부서인데 기피 부서로 된 것에 격세지감이 느껴졌다. 아마도 조사업무 자체가 고된 것뿐만 아니라 세무조사절차규정의 강화와 사후 불복절차까지 대응해야 하는 업무 가중이 그 이유가 아닐까 조심스럽게 추측해 본다.

필자가 세무조사 대응 업무를 처음 시작할 때 조사반의 조직 구조나 직급 체계를 잘 몰라서 실수를 면하고자 무조건 '사무관님'이라 불렀는데, 지금 생각해 보니 조사현장에 나오신 분들 중에는 사무관급은 많이 없었던 것 같다.

일반적으로 정책업무와 행정업무를 담당하는 국세청 본청[1]은 세종시에 위치하고 있는데, 세무조사와 관련해서는 기획, 관리, 분석 등의

---

1 본청에도 개별조사국이 있지만 정책적 기획업무와 정보관련 업무가 주업무이기 때문에 법인이나 개인조사시 본청 조사국 직원을 만날 일은 거의 없고, 대부분 지방국세청이나 일선 세무서 조사과 직원들을 만나게 된다.

업무를 주로 하고 있으며, 세원정보과와 조사분석과를 별도로 두고 있다. 서울, 중부, 부산, 대구, 광주, 대전, 인천에는 주요 7개 지방 국세청이 있고, 여기에는 조사국이라는 별도의 세무조사 담당 기관이 존재한다. 원래는 6개였는데 중부청의 일부가 2019년 4월에 인천지방 국세청으로 새로이 개청하였다.

서울지방국세청 기준으로 조직을 살펴보면, 주로 상장된 대기업의 정기세무조사를 담당하는 조사1국, 중견기업·중소기업 및 대형 자영업자를 대상으로 하는 조사2국, 상속·증여·부동산 투기·자금출처조사 등과 같은 재산관련 조사를 주로 담당하는 조사3국, 기업이나 기업오너 등 특별세무조사나 심층조사를 위주로 하는 조사4국, 최근 이슈가 많이 되는 역외탈세 및 국제거래 관련된 조사를 주로 담당하는 국제거래조사국 이렇게 총 5개의 조사국으로 이루어져 있다.

그리고 각 지방국세청 산하에는 일선 세무서 조사과도 있다. 전국에는 총 125개의 세무서가 있는데, 각 세무서는 1급지 세무서와 2급지 세무서, 지서로 나뉘고 보통 1급지 세무서에는 조사과가 별도의 조직으로 구성되어 있다.

세무서 조사과는 일반적으로 관할구역의 법인과 개인의 각 일반 세목의 세무조사와 탈세제보에 따른 현장 조사를 담당한다. 양도·상속·증여와 같은 재산관련 세금은 그 특수성 때문에 조사과가 아닌 재산세과 조사팀에서 별도로 담당하고 있다.

각 지역마다 차이는 좀 있지만 지방국세청 조사국은 5급 행정사무관인 조사팀장을 중심으로 반장과 반원이 팀을 이루어 조사에 임하11

고, 일선 세무서에서는 5급 행정사무관은 조사관리자의 역할을 하며 6급 또는 7급이 조사팀장을 맡는 경우가 일반적이다.

팀장의 계획 하에 반장과 반원들이 현장업무를 주로 하고, 이를 통해 획득한 자료를 과장, 국장 등의 상위직급과 조율하여 부과세액을 결정하는 구조이다.

일선 세무서 조사과에서 조사가 나왔을 경우는 지방국세청에서 나온 경우보다 그 조사규모나 금액, 심각성이 좀 덜한 경우가 일반적일 것이다. 그러나 정기조사인지 제보나 특정단서를 가지고 조사에 착수한 것인지에 따라, 그 강도는 다를 수 있으므로 세무조사통지서 및 분위기를 잘 파악하고 대응해야 한다.

조사조직 가운데 가장 베일에 싸여진 조사국이 심층조사나 특별세무조사를 담당하고 있는 서울청 조사4국이다(중부청으로 본다면 조사3국이다). 소위 '국세청의 중수부', '기업의 저승사자'란 별칭으로 불리는데 최근에도 비자금 문제, 형사상 횡령, 배임혐의를 받고 있는 회사 등 사회적 이슈가 되는 큰 사건들은 어김없이 조사4국에서 세무조사를 착수했다.

조사4국의 조사는 일반적으로 세금을 추징하는 선에서 끝나는 것이 아니라 범칙조사까지 이어진다. 즉, 세무조사 과정에서 조세포탈 혐의를 발견해 검찰에 고발하는 경우가 빈번하다. 또 세무조사에 대한 사전통지를 생략한 채 곧바로 업체에 들이닥쳐 일체의 장부를 영치해가는 경우가 많으므로, 납세자 입장에서는 그 심각성의 정도를 가늠하기도 쉽지 않다.

언론을 보면 가끔씩 조사4국의 조사를 받는 기업들의 기사가 뜬다. 그런데 기업관계자들의 인터뷰 내용을 보면 대부분 그 조사 자체를 부인하거나, 특별조사가 아닌 정기조사에 해당한다는 내용이다. 아마도 4국의 조사를 받는다는 사실 자체가 기업에 직·간접적으로 부정적 영향을 끼칠 수 있다고 생각해서 그런 것 같다. 생각해 보면 세법 어디에도 특별세무조사나 심층조사란 용어는 존재하지 아니하니 틀린 말은 아니고, 오히려 그러한 언론의 표현이 과해 보이기도 하다.

하여튼 조사4국에서 조사가 나오거나, 규모가 크지 않은데도 일선 세무서가 아닌 지방국세청 조사국에서 조사가 나온 것은 뭔가 좋지 않은 신호임은 분명하니 철저하게 대응할 필요가 있다.

서울청 조사4국은 서울지방국세청 건물이 아닌 대학로 가는 길의 효자동에 위치하고 있어서, 효자동 별관으로 불리기도 한다. 허름한 건물인데 보안이 엄격하여 출입하는 사람이 많지는 않다. 그 건너편 2층에는 통유리로 된 커피숍이 있는데, 거기서 보면 조사국의 출입구가 한눈에 보인다. 가끔씩 심각한 얼굴로 앉아서 창밖을 바라보며 커피잔을 만지작거리는 분들이 꽤 있는데, 아마도 피조사자와 같이 온 일행 분들인가 싶어 마음속으로라도 응원(?)을 보내게 된다.

02

세무조사 대상자의 선정 방식은?

정승택 변호사

"털어서 먼지 안 나는 사람 없다"는 속담이 있듯이, 작정하고 들어온 세무조사에 대하여 당당할 수 있는 사람은 아마 많지 않을 것이다. 실제로 세법이 워낙 복잡하고 자주 개정되다 보니, 세무 신고를 완벽하게 하는 것은 쉽지 않은 일이기도 하다. 이러한 이유로 세무조사가 나온다는 통지서를 받거나 소명을 요구하는 공문을 받으면 덜컥 겁부터 나고, 걱정부터 하게 되는 것이 일반적이다.

이토록 누구도 반기기 어려운 세무조사. 그런데 과세관청은 세무조사 대상자를 어떻게 선정하는 것일까. 세무조사 대상자의 선정은 정기선정과 수시선정으로 나누어진다. 이 중, 수시선정은 전통적으로는 우선선정, 비정기선정, 임의선정이라고도 칭하여졌으나, 최근에는 납세자 입장에서 고압적인 느낌을 받을 수 있다 하여 수시선정이라는 용어로 통일되었다.

구체적으로, 정기선정[1] 사유는 과세관청이 정기적으로 납세자의 성실도를 분석한 결과 불성실혐의가 있다고 인정하는 경우, 최근 4과세

---

1 국세기본법 제81조의6 제2항

기간 이상 조사받지 아니한 납세자 중 검증 필요가 있다고 판단한 경우 등이다.

수시선정[2] 사유는 납세자가 세법에서 정하는 신고, 세금계산서작성 등 협력의무를 이행하지 않거나 거래내용과 사실이 다른 경우, 구체적인 탈세 제보가 있는 경우, 납세자의 신고내용에 탈루 등 혐의를 인정할 만한 명백한 사유가 있는 경우 등이다.

위와 같이 일단 세무조사 대상자 선정사유가 구체적·한정적으로 열거되어 있는 것으로 보이기도 한다. 그러나 각 사유가 추상적·포괄적이기 때문에, 다른 한편으로는 국세청 공무원이 조사하겠다는 마음만 먹는다면 얼마든지 해당 사안에 해당하는 사유를 쉽게 끌어올 수 있겠다는 생각이 들기도 한다.

따라서 이런 규정을 적용함에 있어서는 가장 기본적으로 조사의 "객관적 필요성, 최소성, 권한남용금지"를 그 내용으로 하는, 헌법의 대원칙으로서의 "적법절차원칙"이 준수되어야 함은 너무나 당연하다고 할 것이다.

대법원도 세무공무원이 어떤 개인(A)의 부탁을 받고 납세의무자로 하여금 A와 분쟁 중인 토지를 A에게 반납하도록 세무조사를 이용해 압박하였던 사안[3]에서 "이러한 배경의 세무조사 착수는 세무조사의 객관적 필요성이 결여된 것이다. 또한 이 사건 세무조사를 담당한 ○

---

2 국세기본법 제81조의6 제3항
3 대법원 2016. 12. 15. 선고 2016두47659 판결

○지방국세청 조사○국 조사관리과로서는 조사 개시 직후 소외 1에게 부동산 저가 양수로 인한 증여세 포탈 혐의를 인정할 수 없다는 결론을 내렸음에도 불구하고 합리적인 이유 없이 이 사건 회사에 대한 포괄적인 법인세 통합조사로 조사의 범위를 확대하였는데 이는 최소성의 원칙에도 위반된 것이다. 이 사건 세무조사는 외관상으로는 세무조사의 형식을 취하고 있으나 그 실질은 세무공무원이 개인적 이익을 위하여 그 권한을 남용한 전형적 사례"라고 판시하였다.

위 사례는 납세자가 세무조사 '대상선정'의 위법을 주장하여 법원이 이를 받아들인 사안이다.

실제로 세무조사에서 수집된 자료를 종합하면 납세자의 탈세 사실이 충분히 입증되는 상황임에도 불구하고, 그 자료를 수집한 세무조사 과정에 절차 위법이 있었다는 이유로, 결국 과세처분 자체가 취소되었다.

요즘에야 이러한 사례가 있지는 않겠지만, 가끔씩 국세청에 친한 사람이 있다는 식으로 은근히 세를 과시하는 사람들에게 경종을 울리는 사례이다.

공무원의 공권력 행사권한은 국민으로부터 오는 것인데, 이를 남용하였을 경우 그 피해는 고스란히 납세자인 국민에게 올 것이다. 특히, 형사법상 유명한 법언 중에는 "열 명의 범죄자를 잡지 못해도 한 명의 억울한 피해자는 만들지 말라"라는 말이 있다. 이는 세무조사 대상자의 선정 및 세무조사 절차에서도 반드시 준수되어야 할 원칙이라 할 것이다.

/ 03 /

정기세무조사를 받았는데 조사가 또 나왔어요

정승택 변호사

국세청의 고유권한인 세무조사와 관련하여, 그 조사대상 선정을 어떻게 하는지에 대하여는 아직도 많은 부분이 공개되어 있지 않다. 실제로 법과 시행령 및 조사사무처리규정이 있기는 하나, 그 해석만으로 이를 완벽하게 설명하기는 쉽지 않아 보인다. 그리고 아직도 많은 국민들은 "세무조사를 받게 되면 소득탈루나 부실신고 등에 원인이 있기보다는 운이 없거나 국세청에 밉보였기 때문이다"라고 생각하는 경우가 종종 있다.

비정기조사(수시선정) 사유는 여러 가지가 있는데, 이 중 최근 유행하는 "정보분석"을 근거로 조사착수하는 경우를 살펴보고자 한다.

첫째, 국세청에서 소득과 지출을 비교분석하여 조사대상자를 선정하는 방식이다.

소득-지출분석시스템은 국세청이 개발한 프로그램으로서 보유하고 있는 과세정보자료를 체계적으로 통합 관리하여 일정기간 동안 납세자가 신고한 신고소득(Income)과 납세자의 재산증가(Property)·소비지출액(Consumption)을 비교하여 분석하는 시스템이다.

영문으로는 약칭 "PCI 분석시스템"으로 호칭하고, "Property, Consumption and Income Analysis System"의 줄임말이다.

예를 들어 A가 작년에 벌어들인 소득이 3억 원이라고 국세청에 신고했는데, 부동산과 외제차를 취득하고 카드지출액을 합치니 5억 원이라 해보자. 그러면 이 슈퍼컴퓨터는 '소득과 지출의 차이 2억 원은 어디서 생겼는가?', '혹시 증여를 받았나?, 아니면 현금소득을 신고하지 않았나?'라는 의심을 하고 세무조사 대상자로 선정하는 것이다.

둘째, 금융정보분석원(FIU)의 자료통보, 호화사치 물건의 구입내역, 자금출처가 분명하지 않은 부동산 등의 취득, 기업자금의 가지급금 내역 등의 분석으로 세무조사 대상자로 선정하는 방법이다.

금융정보분석원이란,「특정금융거래정보의 보고 및 이용에 관한 법률」에 의해 설립된 기구(Korea Financial Intelligence Unit, KoFIU)를 말한다. FIU는 각 기관에서 파견된 전문인력으로 구성되어 있으며, 금융기관 등으로부터 자금세탁관련 혐의거래를 수집한 후 불법거래, 자금세탁행위로 의심되는 거래를 검찰청, 경찰청, 국세청, 관세청, 금융위, 중앙선관위 등에 제공하는 업무를 주 업무로 하고 있다.

그리고, 금융기관은 의심거래와 고액현금거래를 FIU에게 의무적으로 보고하게 되어있다. "의심거래보고제도(Suspicious Transaction Report, STR)"란, 금융회사 등이 불법재산이라고 의심되거나 자금세탁혐의로 의심되는 합당한 근거가 있는 경우 그 거래를 보고하는 것이고, "고액현금거래보고제도(Currency Transaction Reporting System. CTR)"란 1일

거래 동안 1,000만 원 이상의 현금을 입금하거나 출금한 경우 거래자의 신원과 거래일시, 거래금액 등 객관적 사실을 보고하는 제도를 말한다.

고액현금거래를 피하기 위하여 거래자가 속칭 자금 쪼개기를 하는 경우도 있는데 예를 들어, 990만 원만 인출하거나 500만 원의 금액을 계속 반복적으로 거래하는 경우에도 불법재산이나 자금세탁이 의심되는 경우에는 금융회사 직원의 주관적인 판단에 의하여 보고하게 되어있다. 금융회사 직원들은 이러한 보고를 하여야 할 의무가 있는데, 최근 실제로 이를 해태한 은행이나 저축은행에게 고액의 과태료를 부과한 사례도 있다.

위의 FIU 금융정보와 PCI 시스템이 결합하면 더욱더 강력한 무기가 된다. 예를 들어, 재산증가액에 예금증가액을 포함시키거나, 소비지출액에 예금인출액을 포함시킬 수 있게 되고 이를 통해 더 정교한 자료분석이 가능해진다. 또 이를 통해 입출금 내역이 고액인 특정 계좌를 검색한 후 그 예금주의 5년간 신고소득금액과 계좌에 입출금된 내역을 PCI 모델에 반영하면 차명계좌 혐의를 적출할 수 있게 된다. 그 후 차명계좌 예금주의 친인척 등을 검색하여 탈세 혐의 사업자를 가려낸 후 세무조사 대상자로 선정하는 경우도 빈번하다.

이 밖에 탈세제보에 의한 고전적인 방법도 있는데, 그 포상금이 탈세액수에 따라 로또복권 수준인 최고 40억 원까지 증가해서 그 제보가 점점 많아지고 있다. 유형도 다양해서 기업의 재무팀에서 일하던 직원이 회사를 제보하거나 임대료 다운계약서를 작성한 임차인 또는 비보험 진료를 현금으로 지불한 환자가 탈세제보를 하는 등 다양한 사례가 있다.

「금융실명거래 및 비밀보장에 관한 법률」에서는 금융거래정보를 국가기관 등에게 제공하였을 때는 제공한 날부터 10일 이내에 당사자에게 통보하게 되어있지만, 국세청은 국세청장의 통보유예 요청이 있는 경우는 6개월의 범위 내에서 통보를 유예할 수 있다. 6개월 뒤에 이런 통보를 받고 놀라거나 걱정이 되어서 물어보는 경우가 많이 있다.

그러나 국세청이 금융자료를 조회했다고 해서 반드시 세무조사 대상자로 선정되는 것은 아니다. 다만, 의심혐의가 있는 경우에는 자금 출처 소명안내문을 받거나 세무조사 대상자로 선정될 수도 있으므로 주의해야 한다.

/ 04 /

부인 증여세 조사하다 남편 회사까지 불똥?

정승택 변호사

세무조사는 국가 입장에서는 공평하고 적정한 조세징수권행사를 위해 필수불가결한 절차이나, 납세자 입장에서 보면 성실성 추정원칙에도 어긋날 수 있고 조사기간동안 영업에도 방해될 수 있는 골치 아픈 절차이다.

이에 헌법 제12조는 적법절차원칙을 규정하고 있고 국세기본법에서는 세무조사는 객관적 필요가 있을 때 최소한 범위 내에서 진행하라는 원칙하에 정기선정, 비정기선정사유를 명시적으로 규정하고 있다. 또한 각종 '납세자권리보호규정'을 하나의 장으로 두어 권리보호에 각별히 유념하고 있다.

최근 대법원은 이러한 세무조사 과정에서 적법절차원리를 상당히 강조하고 있고, 이러한 기조가 실제 세무조사 과정에서도 영향을 미쳐 조사공무원에게서 절차 지키다가 아무것도 못하겠다라는 자조 섞인 목소리도 나오고 있는 현실이다. 하여튼 국세청의 정보력이 월등해지고 전산조사가 강화되는 추세에서, 이러한 납세자의 절차권이 점점 강화되는 것은 환영할 만한 일이고 '무기대등의 원칙(?)'에도 부합되어 보인다.

최근 대법원에서 처(妻)에 대한 증여세 세무조사를 하다가 남편에게까지 조사가 확대된 사안을 두고, 법이 규정한 '비정기선정사유'에 해당하지 않는다는 이유로 그 부과처분을 취소한 사례[1]를 소개하고자 한다.

처(妻)인 A가 부동산을 29억 원에 매수하자 국세청은 남편(원고)으로부터 증여받은 돈으로 매수한 후 증여세를 탈루한 것이 아닌가라는 의심을 갖고 세무조사에 착수하였다. 이때 처 A에 대한 개인제세통합조사, 증여세조사뿐 아니라 부동산임대업을 하는 남편인 원고에게도 개인제세통합조사(종합소득세, 부가세, 원천세)를 통보하였다. 그런데 세무조사 결과 A에 대한 조세 탈루 사실은 발견하지 못하였고, 원고에 대해서만 부동산임대업을 영위하면서 수입금액 누락과 업무무관비용이 있는 것을 발견하고 부가세와 소득세 및 이에 대한 가산세를 부과하였다.
이에 대하여 남편은 조세불복을 하였다.

처인 A에 대한 증여세는 과세관청의 조사결정에 의하여 과세표준과 세액이 확정되는 '부과주의 방식'의 국세이므로, 그 조사는 당연히 예정된 것으로서 문제가 없었다. 그러나 남편에 대한 조사는 국세기본법이 정한 세무조사 대상 선정사유[2]인 ① 납세자가 세법이 정하는 신고 등의 납세협력의무를 이행하지 아니한 경우, ② 무자료거래 등

---

1 대법원 2014. 6. 26. 선고 2012두911 판결
2 구 국세기본법 제81조의5. 현행 국세기본법 제81조의6에서는 세무조사 대상 선정사유를 정기선정과 수시선정으로 나누어서 규정하고 있는데, 사유 자체는 구법 규정과 크게 다르지 않다.

거래내용이 사실과 다른 혐의가 있는 경우, ③ 납세자에 대한 구체적인 탈세제보가 있는 경우, ④ 신고내용에 탈루나 오류의 혐의를 인정할만한 명백한 자료가 있는 경우, ⑤ 국세청장이 납세자의 신고내용에 대한 성실도 분석결과 불성실혐의가 있다고 인정하는 경우 중 어느 것에도 해당하지 않으므로 위법한 세무조사라고 주장하였다. 1심 법원은 ⑤의 사유가 있다고 보아 선정이 적법하다고 보았다. 그러나 고등법원과 대법원은 ④의 '신고내용 자체에 탈루나 오류의 혐의를 인정할 만한 명백한 자료'가 없고, ⑤의 '신고내용에 대한 성실도 분석을 한 결과자료'도 없으므로 이는 세무조사 수시선정사유가 없는데도 무리하게 진행한 위법한 세무조사라고 판단하였다.

이 판례는 선정사유의 위법을 이유로 과세처분을 취소한 거의 최초의 판결이었는데, 그 당시 획기적인 판결이었다.

남편이 임대사업을 하면서 세금을 탈루한 것은 객관적으로 입증은 되므로, 국세청도 소송 도중에 선정사유를 보충하기 위하여 부단히 노력하였다. '부인의 부동산 취득자금 출처증빙을 요구'하였으나 협조하지 않았으므로 '납세협력의무불이행'이고, 국세청 담당직원이 작성한 보고서를 제시하며 '혐의인정의 명백한 자료'가 있다면서 선정은 적법하다고 계속 주장하였다. 그러나 "부인이 아닌 남편은 협조의무의 대상이 아니고, 국세청이 자체 제작한 보고서는 혐의인정의 명백한 자료에 해당되지 않는다"는 이유로 모두 배척되었다.

국세청이 수시선정을 함에 있어서 그 사유를 미리 명확하게 정리해 놓지 않았다가, 나중에 변호사가 소송과정에서 이를 지적하자 이것저것을 급조했는데 받아들여지지 않은 것이다.

이 판례 이후로 조사공무원은 조사 착수 전 명백히 선정사유를 정리한 자료를 파일링 한 후, 통지서를 보내는 관행이 내부적으로 생겼다고 한다.

세무조사 대상의 무분별한 선정과 그 확대에 경종을 울리는 계기가 된 것이다.

절차적 정당성의 준수와 과세정의의 문제는 어떻게 보면 동전의 앞뒷면 같기도 하고 모순되어 보이기도 한다.

하여튼, 세무조사 과정에 있어서 조사공무원의 절차누락이 없는지 유심히 살펴보고 혹시 이것이 조사과정에서 보완되지 않는다면, 향후 불복 시에 주장할 수 있음을 명심해야 한다.

/ 05 /

현지확인도 세무조사인가?

정승택 변호사

과세관청은 세무조사를 실시하면서 납세자에게 과세자료 수집을 위해 질문조사권을 행사하며, 납세자는 과세관청의 질문에 성실히 대답하고 조사를 수인해야 할 법적 의무를 부담한다. 그렇기 때문에 설령 납세자가 세무상 어떠한 위법행위도 저지르지 않아 결과적으로 세무조사 후에 아무런 과세처분을 받지 않게 된다 하더라도, 세무조사 과정을 겪는 그 자체로 납세자에게는 영업상 상당한 부담이 따를 수밖에 없다.

조세정의를 위해서 세무조사는 필수적인 면이 있으나, 세무조사 과정상 납세자의 영업권을 침해할 가능성이 있으므로 그 적절한 접점을 찾아야 한다. 특히, 세무조사가 여러 번 반복된다면 납세자의 법적안정성이 심각하게 침해되므로, 국세기본법에서는 같은 세목 및 같은 과세기간에 대해 재조사를 할 수 없도록 중복세무조사를 원칙적으로 금지하고 있으며, 다만 일부 예외를 인정하고 있을 뿐이다.

구체적으로, 재조사가 허용되는 예외사유로는 '조세탈루의 혐의를 인정할 만한 명백한 자료가 발견된 경우', '거래상대방에 대한 조사가 필요한 경우', '2개 이상의 과세기간과 관련해 잘못이 있는 경우', '부분조사를 실시한 후 해당 조사에 포함되지 않은 부분에 대해 조사하는 경우' 등이 있다.

그런데 법조문만 보아서는 어느 경우가 그 예외에 해당하는지 정확히 예측하기가 쉽지 않다. 더 나아가 과세당국이 마음만 먹으면 재조사 사유를 만드는 것이 용이해 보이기까지 해서 납세자의 권리보호에 미흡해 보인다.

요즘 대법원은 납세자의 입장에서 적법절차를 강조하는 판결을 연달아 내고 있고, 그 기준도 실제조사 내용을 세세히 들여다 본 후 중복여부를 실질적으로 판단하여 납세자의 권리보호를 중시하고 있다.
즉, 실질적으로 조사의 목적과 실시경위, 납세자의 영업의 자유를 침해하였는지 여부를 고려하고, 명목상 "현지확인"이라 하더라도 그 명칭여부와 상관없이 실제 조사와 같이 자료수집이 상당히 되었고 일정기간 지속되었다면 세무조사로 보겠다고 선언한 것이다.

사안은 이러했다. 일선 세무서에서 탈세제보를 받고, 현장 확인이란 명목으로 아무런 통지서도 없이 사업장에 찾아갔다. 그리고 약 열흘 동안 사업주나 직원들에게 매출·매입 및 계좌정보에 대하여 포괄적으로 질문·검사권을 행사하고, 컴퓨터 하드디스크, 메모 등을 동의 하에 가져갔다. 나아가 현지확인이 끝난 후에도 아무런 처분도 하지 아니한 채, 간간히 가져간 자료에 대한 질문을 반복적으로 하였다. 그리고 나서 약 3개월 후에 이를 토대로 정식 세무조사에 착수한 경우이다.

이에 대하여 대법원[1]은 앞에 이루어진 조사는 명목상만 현지확인이지 실제는 세무조사에 다름없으므로 3개월 후에 이루어진 추가 세무조사는 중복 세무조사에 해당하여 위법하다고 보았다. 그 당시 조사 관행에 비추어 볼 때 매우 획기적인 판결이었는데, 이 판결로 인하여 국세청은 상당히 당황했고 실제 조사 실무에 있어서도 많은 변화가 일어났다. 그리고 변호사들도 조세소송을 하기 전에 명칭에 상관없이 일단 과거에 조사받은 이력 및 국세청에 제출한 자료를 스크린해서 그 중복여부를 체크하는 관행(?)이 좀 더 정착되었다.[2]

나아가 이런 사안도 있다. 보통 지방 국세청에는 일선 세무서가 세무조사를 한 결과에 대하여 정기적으로 그 처리의 적절성을 내부 감사하는 절차가 있다. 사안에서는 '관할 세무서'가 법인세 탈루 첩보를 가지고 조사에 착수하였지만 밝혀내지 못하고 종결하였는데, 2년 정도 후 상급 관청의 업무 감사 중 이를 발견하고 현지확인에 나서게 되었다. 그 결과, 상급 관청인 '지방 국세청'은 업무 감사 도중 직접 거래 상대방, 거래내역을 조사하고 세금계산서 유무도 확인하여 처음 조사가 부실하였다고 감사조치하면서 법인세를 새로이 부과하였다.

대법원[3]은 지방 국세청의 업무 감사 도중 행한 현지확인은 세금을 결정하기 위한 일종의 세무조사이며, 앞선 관할 세무서와 중복되는 세무조사로서 위법하다고 보았다.

---

1 대법원 2017. 3. 16. 선고 2014두8360 판결
2 그러나 사업장의 현황 확인, 기장 여부의 단순 확인, 특정한 매출사실의 확인 등 단순한 사실관계의 확인이나 간단한 질문조사는 여전히 중복 세무조사가 아닌 단순 확인행위라고 보아야 할 것이고, 판례도 이를 판결이유에 설시하고 있다.
3 대법원 2018. 6. 19. 선고 2016두1240 판결

소송 과정에서, 국세청은 중복조사의 예외인 '각종 과세자료 처리를 위한 재조사'라고 해명했으나 '각종 과세자료'란 과세관청 외 기관이 직무상 작성·취득한 것이며, 과세관청이 과거 세무조사에서 얻은 자료는 포함되지 않는다는 이유로 납세자의 손을 들어 주었다.

과세관청의 내부감사에 따른 조사도 납세자 입장에서는 중복조사가 될 수 있는 것이므로, 그 실질내용을 따져 엄격히 보겠다고 선언한 것이다.

조세영역에서 절차적 정당성의 요구는 점점 중시되고 있고, 특히 이러한 요구는 영업현장에서 이루어지는 세무조사에서는 더욱더 의미가 있다. 관련하여 최근 '조사기간 종료 후에 통지한 조사기간 연장 통지는 연장의 효력이 없다'는 기재부 예규나, '세무조사의 범위를 확대하면서 그 사유와 범위를 납세자에게 문서로 통지하지 않은 것은 처분의 취소사유에 해당한다'는 조세심판원의 결정도 생성되었다. 대법원의 판결 취지가 점차 반영되는 것 같아 고무적이다.

한편, 납세자 입장에서도 과세처분의 실질적 당부를 살펴보기 전에 과세처분의 전 과정(세무조사 통지부터 불복과정)에서 부당한 취급을 받았는지, 영업의 자유 등이 침해되었는지 여부를 한 번 더 고려해 보아야 할 것이다.

특히 세무조사통지서에 기재된 조사기간이나 조사대상 세목 등을 꼼꼼히 살펴볼 필요가 있으며, 세무조사 과정에서 제출한 자료와 질문받은 사항에 관한 자료를 잘 편철해두어야 향후 불복과정에서 입증이 용이할 것이다.

/ 06 /

세무조사가 위법하면 과세처분도 위법?

정승택 변호사

대법원은 세무조사에 대한 적법절차의 원칙을 점점 강조하고 있고, 특히 중복되는 세무조사는 납세자의 영업의 자유를 심각하게 침해하여 위법하다고 본다. 나아가 이에 근거한 과세처분도 위법하다는 판례를 최근 들어 많이 생성해 내고 있다.

아무리 세금을 제대로 신고·납부하였다 하더라고 세무조사를 받는 납세자의 심적 부담은 이루 말할 수 없을 것이므로, 이러한 대법원의 결정은 환영할 만한 일이다.

최근 들어 대법원은 위법한 세무조사를 통해 수집한 자료를 근거로 조세부과처분을 한 경우, 그 위법의 범위에 관하여 의미 있는 판결[1]을 선고하였는바 이를 소개하고자 한다.

사안은 이렇다. 건물을 매도하면서 양도소득세를 납부하게 된 A씨는 비용공제를 받기 위해 리모델링 공사비 2억 8,000만 원, 전기승압 공사비 2,000만 원을 지급하였다고 주장하여 필요경비로 신고하였다.

관할 세무서장은 A에 대한 세무조사(1차 세무조사)를 실시하였는데,

---

1 대법원 2017. 12. 13. 선고 2016두55421 판결

A는 공사계약서, 공사내역서, 임차 당시 리모델링이 되어 있었다는 취지의 '임차인의 확인서'를 제출하였고, 이를 신뢰한 조사관은 조사를 종결하였다.

이후, 국세청은 업무감사를 실시하여 세무조사시 제출받은 자료의 신빙성이 의심되고, 공사비에 대한 세금계산서도 존재하지 않다는 것을 이유로 시정지시를 내렸다.

이에 관할 세무서 조사관은 '현장확인(2차 세무조사)'을 나와, 확인서는 위조된 것이고 실제는 공사가 이루어지지 않았다는 취지의 진술서와 관련장부를 제출받은 후, 비용을 부인하여 양도소득세 및 가산세를 추가로 부과한 사안이다.

납세자는 중복세무조사를 주장하였고, 국세청은 중복세무조사의 예외사유에 해당하는 사안이므로 아무런 문제가 없다고 반박하였다. 그리고 설사 중복조사라 할지라도, 중복된 조사에서 얻은 자료를 활용하지 않고 1차 조사시 회득한 자료만으로도 충분히 과세할 수 있는 사안이므로 과세처분은 유지되어야 한다고 주장하였다.

그러나, 대법원은 위와 같은 국세청의 모든 주장을 배척하고 납세자의 손을 들어 주었다.

대법원은 "국세기본법은 재조사가 예외적으로 허용되는 경우를 엄격히 제한하고 있는바, 그와 같이 한정적으로 열거된 요건을 갖추지 못한 경우 같은 세목 및 같은 과세기간에 대한 재조사는 원칙적으로 금지되고, 나아가 이러한 중복세무조사금지의 원칙을 위반한 때에는 과세처분의 효력을 부정하는 방법으로 통제할 수밖에 없는 중대한 절차적 하자가 존재한다."라고 판시하여 중복조사금지원칙을 재차 확인하였다.

또한, 후행조사에서 얻은 과세자료가 없어도 기존 조사결과 자료만으로 충분히 과세가능하므로 이는 예외적 케이스에 해당한다는 국세청 주장에 대하여, "단순히 당초 과세처분의 오류를 경정하는 경우에 불과하다는 등의 특별한 사정이 없는 한 그 자체로 위법하고, 이는 과세관청이 그러한 재조사로 얻은 과세자료를 과세처분의 근거로 삼지 않았다거나 이를 배제하고서도 동일한 과세처분이 가능한 경우라고 하여 달리 볼 것은 아니다."라고 판시하여 새로운 증거의 획득이나 인과관계여부를 불문하고 재조사 사실 자체만으로 위법한 처분이라고 선언하였다.

이는 상당히 진취적인 판결로서 이러한 대법원의 태도에 대해서는 비판적 견해도 많다.

형사소송법상의 '위법수집증거배제의 법칙'은 그 문제된 증거물의 증거능력만을 상실시키고 나머지 증거들만으로 실체를 판단하는 반면, 조세에서는 이보다 더 엄격하게 수집된 세무조사 자료의 인과관계는 따져보지도 않고 처분 자체를 위법하게 보는 것은 모순이라는 것이다(실제로 하급심판례에서는 대법원의 태도와 달리 인과관계여부 및 위법의 정도에 따라 처분이 유효하다고 판단한 사안도 상당수 발견된다. 그 이유를 보면 탈루사실이 명백한데 과세를 하지 않는 것은 오히려 조세형평과 조세정의에 반하는 불평등을 초래하기 때문이라고 한다).

위의 사안에서 납세자는 세금을 줄이기 위해서 의도적으로 탈루를 했고, 이런 경우 세금을 부과하지 않는 것이 과연 형평에 맞는지 필자도 혼란스럽다. 중복세무조사금지의 본래 취지도 이러한 납세자까지 구제해주려는 것은 아닐 텐데 말이다.

국세청의 실체진실의 발견, 조세정의의 실현과 납세자의 권리 보호 이 둘은 어느 하나 쉽게 포기할 수 없는 명제임은 분명하다. 실제로 세무조사를 받은 납세자의 이야기를 들어보면 '그 고통은 이루 말할 수 없다'하고, 세무공무원들은 '조사과정에서 절차 준수하다가 정작 실체를 제대로 조사할 시간은 부족하다'는 애로사항을 이야기하기도 한다.

앞으로 세무조사 과정에서의 적법절차를 강조하는 법원의 판결은 계속될 것임은 분명하고, 우리나라가 OECD 가입을 계기로 명시한 <One Inspection Rule>은 세계적 추세임을 명심해야 할 것이다.

07

인용도 기각도 아닌 재조사결정?

- 재조사결정의 기속력

최지영 변호사

조세불복은 승패의 세계다. 납세자들은 부당한 조세에 대하여 불복을 결심하면서 세무사, 회계사, 변호사를 찾는데, 이때 가장 많이 하는 질문이 승소가능성이 얼마나 되느냐는 것이다. 불복과정은 유기체와도 같아서 당사자의 주장과 판단기관의 관점에 따라 유동적으로 변하므로, 세무전문가라 하더라도 승소가능성을 단언하기는 어렵다. 그러나 의뢰인으로서는 가능한 승소가능성을 정확히, 심지어 수치로 제시해주기를 원한다.

그런데, 승소와 패소 어디에도 속하기 어려운 결정이 있다. 조세심판·심사 단계에서 실무적으로 빈번히 이루어지는 '재조사결정'이라는 것인데, 이는 오랜 기간 관행적으로 이루어져 왔으나 법적인 근거는 2016. 12. 20.에서야 국세기본법 개정을 통해 마련되었다.

재조사결정이라는 유형은 조세심판·심사의 특수성과 관련이 있다. 법원은 납세자와 처분청의 양측 주장을 듣고 입증책임을 다하지 못하면 입증책임을 다하지 못한 당사자에게 패소 판결을 내리면 되는 제3의 기관이나, 조세심판·심사는 상위 행정기관인 재결청(조세심판원, 국세정장 등)이 담당하므로 행정청 내부의 자율적인 통제를 목적으로 하여 처분청에게 스스로 시정할 기회를 부여할 필요가 있다. 이에 재결청이 처분청에서 특정사항의 재조사를 명하는 형태의 결정유형이 생겨나게 되었고, 실무적으로도 사실관계가 복잡한 조세사건의 특성상 추가조사의 필요성이 있으므로 재조사결정이 활용되어 온 것이다.

그러나 명확한 법적 근거 없이 재조사결정이 활용되다 보니, 재조사결정의 법적 성격과 효력은 학계의 이론과 법원의 판단에 맡겨지게 되었고, 판례의 변천에 따라 납세자의 권익구제가 달라지는 경우도 발생하게 되었다.

대표적인 것이 재조사결정의 기속력 인정 여부이다. 기속력이란 재결이 내려진 경우에 관계 행정청이 재결의 취지에 따라 행동하여야 하는 의무를 발생시키는 효력을 의미한다. 그런데, 재조사결정은 법에 근거가 없는 결정이므로, 과연 재조사결정에 기속력을 인정할 수 있는지가 문제되었다.

이 문제를 정면으로 다룬 최초의 판례가 대법원 2017. 5. 11. 선고 2015두37549 및 같은 날 선고된 2015두44455 판결이다. 이 판결은 필자가 속한 법무법인에서 진행한 사건으로, 여러 쟁점이 문제가 되었으나, 여러 쟁점 중에서도 재조사결정의 기속력을 인정하고 기속력의 범위를 명확히 판시하였다는데 중요한 의미가 있다.

위 대법원 판결은 도서출판 및 교육 프랜차이즈 가맹사업을 영위하는 A회사 및 B회사가 가맹사업자들에게 온라인으로 교재를 전송하여 학생들의 교재로 사용할 수 있도록 한 사안에서, 처분청이 교재를 포함한 전체 공급대가를 부가가치세 과세대상으로 보아 부과처분을 하였고(당초처분), 이에 대해 조세심판원이 온라인 교재는 면세이므로 이를 과세표준에서 차감하여 세액을 경정하라는 취지로 재조사결정을 하였음에도 불구하고(재조사결정), 처분청이 후속처분 없이 당초처분을 그대로 유지한 사안이었다(당초처분 유지).

위 대법원 판결의 전심인 서울고등법원에서 A회사의 재판부는 재조사결정의 기속력을 인정하고, B회사의 재판부는 재조사결정의 기속력을 부정하여 완전히 상반된 입장을 취하고 있었다. 그만큼 답이 명확하지 않은 쟁점이었다는 것이다.

대법원은 두 사건에 관하여 같은 날 판결하면서, "처분청은 재조사결정의 취지에 따라 재조사를 한 후 그 내용을 보완하는 후속처분만을 할 수 있다"고 하여 기속력을 인정하고, 따라서 재조사결정의 '주문'뿐만 아니라 '그 전제가 된 요건사실의 인정과 판단, 즉 처분의 구체적인 위법사유에 관한 판단'에 반하여 당초처분을 유지하는 것은 재조사결정의 기속력에 저촉된다고 하여 재조사결정 기속력의 범위에 관하여도 명확히 판시하였다.

위 대법원 판결은 재조사결정에 관한 명문규정이 없었던 구 국세기본법(2016. 12. 20. 법률 제14382호로 개정되기 전의 것) 하의 사안임에도 재조사결정의 기속력을 인정하였다는데 중요한 의미가 있다. 현재는

2016. 12. 20. 개정된 국세기본법 제55조 제5항 단서, 제56조 제2항 단서 및 제4항, 제65조 제1항 제3호 단서 및 제5항, 제6항 등에서 재조사결정의 법적근거, 기속력, 불복절차 등에 관한 규정을 두고 있으므로, 이제는 재조사결정에 관한 학술적 논란은 일단락이 되었다고 볼 수 있다.

그러나, 현행법 하에서도 처분청이 재조사결정에도 불구하고 당초처분을 유지한 모든 경우에 납세자가 기속력을 주장하여 승소할 수 있는 것은 아니라는 점을 주의해야 한다. 재조사결정은 재결청이 처분청에게 주문과 그 전제가 된 요건사실의 인정과 판단에 따라 재조사할 것을 명하는 결정이므로 그 범위 내에서만 기속력이 생기는 것이고, 처분청이 재조사의 취지에 따라 재조사를 한 후 당초처분을 유지하게 된 경우까지 재조사결정의 기속력에 반하는 것은 아니기 때문이다.

따라서, 재조사결정이 내려진 경우에는 구체적 사안마다 반드시 결정서의 주문과 주문이 도출된 이유를 면밀히 분석할 필요가 있고, 분석을 거친 이후에 각 사안에 들어맞는 불복수단을 선택하여야 승부에서 이길 수 있는 전략을 모색할 수 있다.

08

국세청의 통고처분이 나왔는데
그대로 납부해야 하나?

정승택 변호사

국세청의 세무조사가 조세범칙조사로 전환된 경우, 최종적으로 세금부과와는 별개로 범칙에 대한 처분도 내려야 한다.

이 경우 국세청은 고발, 통고처분, 무혐의의 3가지 결정을 내릴 수 있는 데, '고발'은 말 그대로 검찰에 조세포탈이나 세금계산서 범죄에 대하여 혐의가 있으니 조사해 달라고 요청하는 것이고, '무혐의'는 조사해보니 세금누락과는 별개로 형사적 측면에서는 처벌할 필요가 없다고 생각하여 종결하는 것이다.

그런데 '통고처분'이라는 말은 좀 생소하게 들릴 수 있다. 하지만, 실무에서는 빈번히 사용되고 있고 일정금액 이하의 경우는 통고처분으로 종결되는 경우가 오히려 더 많이 있다.

통고처분은 재정벌적 성격을 가지는 것으로서 준사법적 성격의 행정처분이다. 조사가 종료한 후에 조사관서장이 범죄의 확증을 얻었으나 고발사유[1]에 해당할 정도는 아니라고 판단하여 15일 이내에 통고

---

1 '고발사유'는 조세포탈세액이 연간 5억 원 이상으로 특가법이 적용되는 등 정상(情狀)에 따라 징역형에 처할 것으로 판단되거나, 이행할 자금이나 납부능력이 없는 경우 등이다(조세범 처벌절차법 제17조).

된 금액 납부를 조건으로 더 이상의 형사절차를 진행하지 않는 것이다. 형사처분인 듯 형사처분 아닌 것이라 그 기준과 경계가 모호한 면이 있어 변호사 입장에서도 설명하기 난감할 때가 있다.

납세자 입장에서는 더 이상의 형사절차의 리스크를 부담하지 않아도 되므로 선호하는 경향이 있는 반면, 그 액수의 부담(1차 위반의 경우 포탈범죄는 포탈세액의 0.5배, 세금계산서 범죄는 공급가액에 부가가치세 세율을 적용하여 산출한 세액의 0.5배, 위반 횟수가 늘수록 가중된다)으로 인하여 이를 받아들이지 않는 경우도 많이 있다.

그런데 통고처분을 받아들일 경우 향후 이에 대해서 더 이상 다투지 못하는 것이 원칙이므로 신중해야 한다. 가끔씩 통고처분은 받아들였는데, 그와 별개로 조세부과처분은 계속 다투어서 조세심판에서 납세자승소로 확정된 경우 또는 여러 명이 동일 건으로 동시에 통고처분을 받았는데 이 중 한명이 이를 거부하고 계속 다투어 검찰단계에서 무혐의를 받은 경우가 있다. 이런 경우 본인이 통고처분을 받아들인 것을 후회하면서 이제라도 기 납부한 벌금상당액을 돌려받을 수 있는지 질의하는 경우가 종종 있다. 통고처분을 받아들이지 않고 계속 진행하였다면 역시 무혐의가 되거나 또는 통고처분 액수가 줄어들 것이 확실했을 텐데 형사절차의 부담과 전과자(?)가 될 수 있다는 두려움에 포기했다고 하면서 말이다.

이에 대해 국세청은 이미 납부한 벌과금을 돌려주거나 감액해 주지 않는 것을 원칙으로 하는 것 같다. 통고처분에 대하여 벌과금을 납부함으로써 이미 절차는 종결하였기 때문에 더 이상 다툴 수 없다는 것이다. 그렇다면 납세자는 어떠한 권리구제방법이 있을까? 일단 떠오르는 것이 민사상의 부당이득반환청구이다.

그러나 부당이득반환청구가 인용될지에 대하여는 아직 명백한 판례가 존재하지 않고, 국세청의 예규를 보더라도 그 입장이 불분명하다.

결국, 행정법상의 일반원칙으로 돌아가 통고처분의 하자가 중대하고 명백하여 통고처분이 당초부터 무효인지의 문제로 귀결될 것이다.

이렇게 막강한 통고처분의 일사부재리 효력을 생각해본다면 납세자는 그 가부결정에 신중해야 할 것이며, 국세청도 통고서를 작성함에 있어서 범죄혐의사실을 형사소송법상의 공소장에 준하는 정도로 자세하고 명확하게 기재해야 할 것이다. 조세범처벌절차법 시행령 제13조에는 "세무공무원은 「형사소송법」에 준하여 문서를 작성해야 한다"고 규정되어 있기 때문이다.

최근 이러한 통고처분의 하자를 다룬 하급심판례[2]가 있어 소개하고자 한다.

통고처분 액수 결정의 근거가 된 포탈세액이 조세심판원의 결정에 의하여 변동이 된 경우였다. 전액의 벌과금을 납부한 납세자는 통고처분의 근거가 된 조세부과처분이 일부 취소되었으므로 일정금액을 돌려달라는 부당이득반환청구소송을 제기하였다.

이에 재판부는 "통고처분의 원인이 된 조세포탈 및 세금계산서 가공 등의 범칙행위가 존재하지 않는다는 이유로 해당 세액이 처분청에

---

2 부산지방법원 2016가합45536

의하여 취소되었다는 사정만으로는 통고처분이 당연무효가 되는 것은 아니다"라고 일단 선언하였다.

다만, 통고서의 범칙사항란에 단순히 "조세포탈 등", "세금계산서 발급(수취)의무 위반 등"이라고만 기재되어 있을 뿐 범칙일시나 방법, 포탈세액 등에 관하여 아무런 기재가 없는 경우에는 조세범 처벌절차법 시행령 등에서 정한 절차 규정을 위반한 중대·명백한 하자가 있어 통고처분은 무효라고 하여 결국 납세자의 손을 들어 주었다.

이 판결은 하급심판결이기는 하나, 준사법적행위인 통고처분에 형사소송법에 준하는 정도의 범행의 자세한 기재를 요구한 것으로서 상당한 의미가 있는 판결이다. 납세자에게 이 정도의 정보를 제공하지 않고 형사절차에 준하는 결정을 강요하는 것은 무기대등의 원칙에도 맞지 않는다는 이야기이다.

/ 09 /

절세와 탈세 사이?

- 절세보다는 먼, 탈세보다는 가까운 조세회피

정승택 변호사

"절세를 지시했지, 탈세를 지시한 적은 없다."

모 회사의 대표가 검찰조사를 받으면서 한 말인데, 이를 풀어보면 아마도 "세법이 허용하는 범위 내에서의 세금을 줄인 것이지 불법이나 편법을 쓰지는 않았다"는 항변을 한 것으로 보인다.

절세와 탈세, 글자 하나만 다를 뿐 법 해석을 놓고 교도소 담장 위를 걷는 아슬아슬한 행위가 기업가나 고액자산가들에게 반복된다. 데니스 힐리 전 영국 재무장관이 '조세회피와 탈세는 감옥 벽 두께 차이'라고 말하기도 했다는 것을 보면 외국도 별반 다를 게 없어 보인다.

"**절세(Tax Saving)**"란 세법에서 인정하는 범위 내에서 합법적인 방법으로 세금을 줄이는 행위를 말한다. 이는 특별히 정해진 방법이 있는 것은 아니나 매출과 매입에 대한 증빙자료를 누락 없이 수집하고 정부 정책을 유심히 살펴서 소득공제, 세액공제, 조세특례 등을 이용하는 것이 기본이다. 개인소득세를 본다면 부모님공제를 소득이 높은 형이 공제받는 것이나, 맞벌이 부부가 부양가족공제를 적절히 나누어서 부부합계 결정세액을 낮추는 것이 대표적인 절세방법이다.

"**탈세(Tax Evasion)**"는 어떠한 사실을 누락하거나 사실과 다르게 하여 세법규정을 위반하게 되고, 이에 따라 세금이 추징되는 경우이다. 보통 매출누락이나 비용과대계상을 하는 경우를 예로 들 수 있다. 탈법적 방법이 아니라도 기업회계와 세무회계의 차이, 법해석의 차이로 인해 추징세액이 나온 경우도 여기에 포함될 수 있다. 이러한 탈세 중에서 "사기 기타 부정한 방법"을 통해 이중장부 등을 만들거나 조작, 은닉하여 국세청의 징수권 행사를 현저히 곤란하게 한 경우를 "**조세포탈(Tax Fraud)**"이라 하는데, 이는 조세범처벌법 제3조에 의하여 형사처벌 대상이 된다.[1] 일반적으로 포탈범이라고도 하는데, 세금 부과와 더불어 그 가산세율도 중하므로 주의해야 한다.

마피아들이 나오는 미국 갱스터무비를 보면 검사가 조직보스를 기소할 때 살인교사죄와 더불어 조세포탈죄도 포함시키는 장면이 많이 나온다. '언터처블'이라는 영화에서는 회계사가 아예 수사팀의 일원으로서 장부분석 등을 통하여 조직보스를 기소하는데 큰 공을 세운다. 살인교사는 증인들을 협박하여 공소유지가 어려워지지만, 결국 조세포탈로 형을 선고받게 된다.

마지막으로 "**조세회피(Tax Avoidance)**"는 입법취지로 보아서는 세금을 내야 하지만, 세법의 약점과 구멍을 이용해 '세법이 예정하지 않은 비전형적인 방법'으로 세금을 덜 내는 것을 말한다. '탈세와 절세 사이'에 존재하는 개념인데, 합법적 탈세란 말이 적당해 보인다.

---

1 언론의 조세사건 보도를 보면 ① 도덕적으로 비난되지 않는 탈세, ② 도덕적으로 비난이 되는 탈세, ③ 도적적 비난분만 아니라 형사처벌 대상이 되는 조세포탈(사기나 부정적인 방법의 탈세)이 혼용되어 무차별적으로 보도되는 것 같다. 이는 법적인 처벌이나 윤리적 비난의 측면에서도 구별할 필요가 있는 것인데, 정확한 보도지침이 필요해 보인다.

이는 세법을 위배한 것은 아니므로 처벌대상이 되지는 않지만, 이에 대한 도덕적 비판을 받을 수도 있다.

예를 들자면, 과거 상속·증여세법이 개정되기 전 국내의 한 기업이 상속·증여 재산으로서의 규정이 미비하던 전환사채를 통해 비상장회사의 주식을 실제로 양도·양수한 뒤, 사후 상장을 통해 막대한 시세차익을 얻는 방식으로 증여한 경우 등이다. 이 당시 세법에는 증여세를 부과할 규정이 없었으므로 과세할 수가 없었고 불법도 아니었다.

다른 예로서 아버지가 미성년자 등에게 개발사업이 예정된 지역을 공시지가 기준으로 싸게 증여하여 미성년자가 재산을 취득하게 한다. 그리고 이후 개발사업 시행으로 인한 추가 가치상승분은 증여세를 내지 않고 귀속되게 하는 행위 등이다.

이와 유사하게 상장을 앞두고 있는 회사의 주식을 특수관계인에게 양도하거나 증자에 참여하게 하여 상장차익을 얻게 하는 경우도 마찬가지이다.

이런 조세회피 행위를 계기로 이른바 '상속증여세 포괄주의'가 도입되고, 개별규정도 정비되었다. 그래서 지금은 열거된 유형에 해당하지 않아도 실질적으로 수혜자에게 증여세를 과세할 수 있게 되었고, 조세회피의 가능성은 점점 줄어들고 있다.

조세회피 노력이 성공하면 절세가 되고, 실패하면 세금을 더 내야 하는 탈세나 포탈이 될 수 있다. 그런데 문제는 현실에서 이 둘의 구분이 쉽지 않고, 특히 소위 '공격적 조세회피(Aggressive Tax Planning)'가 성공할지 여부는 대법원에서 판결이 나야 비로소 확정된다는 것이다. 우리 법원도 가장행위나 위법한 거래로 평가되지 않는 한 절세를 위한 새로운 거래방식 등은 납세의무자의 권리로서 존중되어야 한다는 것이 기본적인 입장이라고 보여진다.

그러나, 대법원도 제3자를 통한 간접적인 방법이나 2 이상의 행위 또는 거래를 거치는 통상적이지 않은 방법으로 세법의 규제를 피해가는 경우에는 그 경제적 실질에 따라 중간단계를 부인하는 경우도 많이 있다. 대법원은 "회사의 주주들이 직계후손에게 직접 증여하기보다는 서로의 후손에게 증여하는 이른바, '교차증여'를 하면 누진세율 회피를 통해 조세부담이 경감된다는 것을 알고 동일한 숫자의 주식을 상대방의 직계후손에게 상호 교차증여한 것을 배제하고, 이를 각자의 직계후손에게 직접 증여한 것으로 보아 누진세율을 적용한 것은 적법하다고 판결[2]한 사례도 있다.

필자에게도 가끔식 절세방법을 묻는 지인들이 많이 있다. 이에 대한 답으로 "증빙을 잘 갖추고 신고 제때하고 세액공제요건 잘 살피시라"고 얘기하면 약간 실망한 듯한 표정을 짓는다. 마치 공부 잘하는 비법에 대한 답으로 국영수를 교과서 위주로 착실히 공부하라는 것처럼 들리나 보다.

필자는 공격적 조세회피를 통해 리스크를 안고 불안하게 지내는 것보다는 안전한 절세를 택하는 것이 훨씬 낫다고 확신한다.

---

2 대법원 2017. 2. 15. 선고 2015두46963 판결

/ 10 /

조세범칙조사

정승택 변호사

 사업을 하는 사람들은 한두 번씩은 세무조사를 받은 적이 있을 것이고, 그 결과 세금을 추징당한 경험도 있을 것이다. 그런데 조세범칙조사는 세무조사와는 또 다른 문제이다. 조세범칙조사[1]란, 조세범 처벌법상 조세 관련 범죄의 의심이 있는 경우에 실시되는 조사인데, 세무조사를 하다가 조세범칙조사로 전환되기도 하고 범칙혐의가 명백하면 처음부터 조세범칙조사를 실시하기도 한다.

 조세범칙조사는 일단 형사처벌을 전제로 하는 조사이므로 형사법적 절차에 준하여 진행되고, 특히 특가법위반의 혐의를 받을 경우 그 정도가 상당히 중하므로 처음부터 대응을 잘 해야 한다. 이뿐만 아니라 범칙혐의가 인정될 경우 국세부과제척기간이 연장되고 가산세율이 증가하여 과세액이 크게 늘어나는 효과도 발생한다.

---

1 2018. 12. 31. 국세기본법이 개정되면서 국세기본법상 세무조사에는 원칙적으로 조세범칙조사가 포함되지 않는 것으로 정리되었다. 다만, 세무조사권 남용금지(국세기본법 제81조의4) 등 일부 조문에 한하여 조세범칙조사를 세무조사에 포함하였다. 이러한 국세기본법 개정에 따라 2019년 4월 개정된 국세청 조사사무처리규정도 세무조사의 정의에서 조세범칙조사를 제외하고, 이를 분명히 하기 위해 "일반세무조사"라는 용어를 사용하였다. 국세청은 일반세무조사 과정에서 조세범칙조사를 개시하게 될 때에는 대상자에게 조세범칙조사를 통지하도록 하는 내용 등을 개선하였다.

조세범 처벌법상 대표적인 범죄유형은 "허위세금계산서 관련 범죄"와 "조세포탈 범죄"이고, 조세범칙조사의 대상도 위 두 가지 유형의 사건이 대부분이다. 조세범칙조사는 형사사건 수사절차와 유사하나 관세포탈 사건처럼 사법경찰권이 부여된 것과는 차이가 있어 유사하면서도 다르다. 형사소송법에서 사용하는 피의자신문조서 대신 조세범 처벌절차법에 따른 심문조서를 작성하지만, 수사절차와 마찬가지로 참고인에 대한 조사도 하고 진술거부권도 고지하며 변호사의 조력도 받을 권리도 당연히 있다.

일반적인 영치(일시보관)조사는 납세자의 동의가 필요하지만, 조세범칙조사의 경우 납세자 동의 없이도 조사관의 신청 및 검사의 청구에 따라 지방법원판사가 발부한 영장을 통해 압수수색을 할 수 있으며, 긴급한 경우에는 영장 없이 압수수색할 수도 있다.

그런데 실제 조세범칙조사 대응업무를 해보면 납세자에 대한 형사절차적 권리는 충분히 보호받지 못하고 있다는 생각이 많이 든다.

아마도, 납세자가 그 심각성을 잘 체감하지 못하는 경우가 많고, 세무조사와 같이 진행하다보니 형사절차와 세무조사절차와의 구별이 모호하여 형사법상의 권리주장이 쉽지 않은 면도 있다.

경찰이나 검찰에서 압수수색영장을 발부받는 경우 영장에 적시된 혐의사실과 관련 있는 자료만 그 대상이 되므로 이와 무관한 자료는 거부할 수 있는 반면, 동의를 전제로 한 영치조사[2]의 경우 거부시에

---

2 2017년 이전에는 장부 일시보관에 대한 규정이 따로 없었는데, 국세기본법 개정을 통해 '납세자의 성실성 추정이 배제되는 일정한 사유가 있는 경우를 제외하고는 장부 등을 세무관서에 임의로 보관할 수 없고, 장부 등을 일시 보관하게 되더라도 납세자가 반환 요청을 하면 14일 이내에 반환'하도록 하는 규정이 신설되었다.

불이익을 받을까 우려해 오히려 그 범위가 확대되기도 한다. 또한 혐의자 특정시에도 개개인의 행위를 구별하지 않고 팀 단위나 직급별로 임의로 업무를 획정하는 경우가 많아서 나중에 바로잡기가 곤란한 경우도 자주 있다.

조세범칙조사심의위원회의 결정

세무공무원은 일반 세무조사를 진행하다가 범칙혐의를 발견하여 증거수집이 필요하거나, 연간 조세포탈 혐의금액이 일정 기준 이상인 경우 "조세범칙조사심의위원회"의 승인을 거쳐 조세범칙조사로 전환할 수 있다. 조세범칙조사를 진행한 후에는 다시 위원회의 심의를 거쳐 처분을 결정하게 된다. 이때 혐의를 인정하기 어려운 경우에는 "무혐의", 사안이 중대하다고 인정되는 일정한 사유가 있는 경우에는 "즉고발", 혐의는 인정되나 즉시 고발의 사유가 없는 경우에는 "통고처분"을 하게 된다. 일단 범칙으로 전환되면 무혐의로 끝나는 비율이 생각보다 높지가 않으므로 조사공무원이 전환하려는 낌새가 보이면 적극적으로 의견을 피력할 필요가 있다. 서울지방국세청의 경우 위원회가 보통 목요일에 열리는데, 주초부터 조사공무원이 자료요청을 안 하고 문서작업에 집중하는 경우에는 범칙전환을 위한 서류작성 중이라고 추론(?)하는 단서가 되기도 한다.

위원회는 내부위원과 외부위원으로 구성되고, 종래에는 범칙처분대상자는 의견서만 제출할 수 있을 뿐 직접 의견진술을 할 수 없었는데, 2018년 5월부터 의견진술이 가능해졌다.

실제로 조사반은 위원회에 출석하여 혐의사실을 적극적으로 주장·입증하는데 반해, 납세자의 방어방법은 오직 제출한 의견서 중 발췌된 일부분만 현출되어 무기대등의 원칙에 어긋났었다.

실제 의견진술을 허용한 이후에 그나마 무혐의 결정률이 높아졌다는 말이 들린다. 서면이 아닌 진술이 더욱 위원들을 설득하기 쉽고, 조사반의 일방적 진술에 대해 즉각적으로 반박할 수 있기 때문에 이는 적극 활용해야 할 것이다.

실제로 조세형사사건을 보면 위원회에서 고발은 되었으나 검찰이나 법원단계에서 무혐의로 종결되는 경우가 상당히 많이 있다. 아마도 국세청이 조세포탈이나 세금계산서의 요건을 너무 넓게 해석하기도 하고, 형사 분야는 검찰이나 법원이 전문분야이니 일단 고발을 하고 보자는 문화도 있다는 생각이 든다. 또한 적극적으로 해석을 하려 해도 내부감사의 문제가 있어서 소극적으로 해석할 수밖에 없는 구조적 문제도 있어 보인다.

납세자 입장에서 세금 추징과 별도로 고발까지 되는 순간 행정·형사사건이 동시에 터지게 되어 거의 멘붕상태가 된다.

우선 조세범칙조사심의위원회에서 범칙으로 전환되지 않도록 노력해야 하고, 일단 전환되었다면 고발되지 않도록 잘 준비하여 적극적으로 진술해야 한다. 그 과정에 있어서 양벌규정도 놓치지 않도록 신경써야 한다.

그리고, 일단 고발되었다면 경찰, 검찰조사에서 새로 시작한다는 마음으로 준비하되, 조세불복절차와 병행함에 있어서 유불리를 잘 따져 종합적으로 대응해야 할 것이다.

/ 11 /

조세형사사건이라도 특가법 적용은 피하자!

정승택 변호사

세무조사가 개시되고 조세포탈의 혐의나 세금계산서 범죄의 혐의가 보이면, 국세청은 조세범칙으로 전환되는 것을 고려하게 된다. 그리고 조세범칙조사가 마무리 단계에 이르게 되면 고발, 통고처분, 무혐의 등을 검토하게 된다. 이 경우 만약 조세범처벌법이 아닌 특가법(특정범죄 가중처벌 등에 관한 법률)의 적용대상이 되는 혐의를 받는 경우에는 더욱 심각한 상황이 된 것이다. 특가법 적용대상의 조세범죄의 경우는 그 형이 중할 뿐만 아니라 국세청의 고발이 필요없는 고발전치주의의 예외에 해당되고 통고처분으로 종결될 수도 없어, 납세자는 피의자 신분으로 전환되어 상당한 기간 법적공방을 각오해야 한다.

일단 형벌의 중함에 있어 큰 차이가 있다.

"조세범처벌법"은 조세포탈범에 대하여 2년 이하의 징역이나 포탈세액의 2배 이하의 벌금을, 포탈세액이 5억 원 이상인 경우 등은 3년 이하의 징역이나 포탈세액의 3배 이하의 벌금에 처하고, 정상이 나쁘면 이를 병과 '할 수' 있도록 하고 있다.

그런데 "특가법"은 포탈세액이 연간 5억 원 이상 10억 원 미만인 경우 3년 이상의 징역, 연간 10억 원 이상인 경우에는 무기 또는 5년 이상의 징역형에 처하되 그 포탈세액의 2배 이상 5배 이하의 벌금을 '반드시' 병과하도록 하고 있다.

징역형과 벌금형에 '하한'이 정해져 있고 이를 '필수적'으로 병과하도록 되어있음으로, 특가법의 적용을 받을 경우 집행유예도 쉽지가 않고 벌금액수도 엄청나게 부과된다. 언론에도 종종 나오지만 벌금미납으로 인한 황제노역[1]이 논란된 것 중 대부분은 특가법 위반 조세포탈범인 경우가 많다. 일단 처음에는 무혐의를 주장하다가도 인신구속이나 가중한 벌금이 두려워서, 일단 특가법 적용을 피하는 것을 최우선으로 삼아 대응하는 경우가 빈번한 이유이다.

특가법의 적용 여부가 문제될 때 '연간 포탈세액'이 그 기준이 되는 데, 이를 산정하는 것이 생각보다 복잡하고 만만치 않다. 대법원 판례는 이에 대해 각 세목의 과세기간 등에 관계없이 범칙행위의 성립시기를 기준으로 '각 연도별(1월 1일부터 12월 31일까지)'로 포탈한 모든 세액(국세, 지방세 포함)을 합산한 금액이라고 판결하였는데, 실무상 세목별, 인별 합산 여부를 잘 계산해 대응할 필요가 있다.

가공거래의 특가법 적용

한편, '특가법'의 적용은 조세포탈에 한정되는 것이 아니다. 특가법 제8조의2는 '가공세금계산서'를 '영리목적'으로 수수한 경우 공급가

---

[1] 2014년 형법의 개정으로 50억 원 이상의 벌금에 대해서는 최소 1,000일 이상 노역장 유치에 처하게 하는 등으로 벌금에 따른 제재를 강화하였다(형법 제70조 제2항).

액의 합계액이 30억 원 이상이면 1년 이상, 50억 원 이상이면 3년 이상의 유기징역에 처한다고 규정하고 있다. 또한 공급가액 등의 합계액에 부가가치세율을 적용하여 계산한 세액의 2배 이상 5배 이하의 벌금형도 필수적으로 병과한다.

당초 위 규정은 일반세금계산서 범죄와 다르게 '자료상'을 가중처벌하기 위한 목적에서 입법되었다. 그러나, 법원이 영리목적을 폭넓게 해석하다 보니 그 범위가 넓어져서 단순히 매출액을 늘리기 위한 뻥뻥이 거래나 반품거래의 경우까지 그 적용범위가 확대되고 있는 것이 현실이다.

세금계산서는 모든 세원을 포착하는 기본이 되므로 무자료거래, 위장거래, 가공거래는 근절되는 것이 맞다. 그러나 세금계산서 거래의 경우 세금 자체의 누락이 있는 것은 아니므로 납세자는 그 범죄의 심각함을 잘 인식하지 못하는 경우가 많은 반면, 공급과 수수를 다 처벌하다 보니 공급가액이 상당한 경우가 많다. 실제로 자료상은 아니지만 은행대출유지나 이자율 인상방지 목적으로 매출이 필요해서 가공거래를 하는 경우가 꽤 있는데, 이것이 적발될 경우 특가법의 적용대상이 될 가능성이 높다. 특가법을 적용받으면 조세포탈의 경우와 거의 다름이 없을 정도로 가혹한 형벌이 기다리고 있다.

이런 가공거래에서 특가법 적용을 피하기 위해서 제일 중요한 것은 '영리의 목적'이 없음을 소명하는 것이다. 다만, 이것이 쉽지가 않다. 대법원은 이를 상당히 넓게 인정하여 직·간접적 경제적 이익이나 부수적 이익을 얻을 목적이 있다면 '영리의 목적'이 있는 것으로 폭넓게 인정하고 있다. 이는 자료상을 엄벌하겠다는 원래 입법취지와는 동떨어진 법의 운용이라는 비판이 많다. 실무적으로 일을 하다보면 범행의 동기나 태양, 죄질 등을 살펴보았을 때 자료상이 아닌 경우에는 이러한 영리목적을 좀 더 엄격하게 해석하여 적용대상을 축소할 필요가 있다는 생각이 더욱 강하게 들게 된다.

실제로 납세자들도 특별히 이익을 얻을 목적이 없이, 막연히 재고 확보를 위해서나 조건부매매라는 인식하에 거래를 하는 경우가 있는데, 나중에 본인도 모르는 사이에 통정매매나 가공거래로 의율되는 경우도 상당하다.

하여튼, 조세형사사건이 문제가 되면 일신상이든 경제적이든 감당하기 어려운 고통이 발생하는데, 특가법까지 문제되면 그 고통은 이루 말할 수 없게 된다.

그리고, 세금계산서는 모든 거래를 증빙하는 기본이 되므로, 거래처의 부탁으로 함부로 수수했다가는 나중에 문제가 생길 수도 있으므로 항상 주의해야 한다. 가공세금계산서가 아니라 실제 거래와 다르게 내용을 기재하는 것만으로도 범죄가 성립하고 처벌받는다는 점 역시 반드시 명심해야 할 것이다.

/ 12 /

조세포탈범의 "사기나 그 밖의 부정한 행위"

정승택 변호사

뉴스를 보면 조세포탈을 적발했다는 기사가 심심치 않게 나온다. 대기업뿐만 아니라 일반 자영업자들도 절세를 의도하였는데 나중에는 조세포탈범으로 의율되는 경우도 많고 횡령, 배임죄가 문제되는 경우 조세포탈범죄도 약방의 감초처럼 더불어 문제되는 경우가 많다.

사람들은 잘 인식하지 못하지만 단순한 세금누락 혹은 탈세와 달리 형사적으로 위법성이 인정되는 조세포탈범은 그 형사처벌의 정도가 상당히 중하다. 포탈범으로 의율되면 2년 이하의 징역 또는 포탈세액 등의 2배 이하에 상당하는 벌금형에 처하는 것은 기본이고, 연간 포탈액수가 10억 원이 넘으면 특가법에서는 무기 또는 5년 이상의 징역까지 가중처벌을 할 수 있도록 규정하고 있다. 이는 다른 경제범죄인 사기, 횡령, 배임에 비해서도 상당히 중한 형을 규정한 것으로 특별한 감경사유가 없다면 집행유예를 받기도 쉽지가 않다.

또한, 가산세도 중과되고 세금부과의 제척기간이 단순한 탈세와 달리 연장되기 때문에 그 재산적 고통도 이중으로 다가온다.

사기나 그 밖의 부정한 행위의 개념

단순 탈세와 조세포탈범을 구별하는 가장 중요한 기준은 "사기나 그 밖의 부정한 행위"를 사용하였는지 여부이다. 조세범처벌법 제3조 제6항은 이러한 행위를 예시적으로 규정하고 있는데 ① 이중장부의 작성 등 장부의 거짓 기장, ② 거짓 증빙 또는 거짓 문서의 작성 및 수취, ③ 장부와 기록의 파기, ④ 재산의 은닉, ⑤ 소득·수익·행위·거래의 조작 또는 은폐, ⑥ 고의적인 장부 미작성 또는 미비치, ⑦ 위계에 의한 행위 또는 부정한 행위 등이 그것이다.

유형별로 간단히 예를 들어보자면, 다운계약서를 작성하는 것은 거짓 문서 작성에 속하고, 현금결제장부를 따로 만들어 매출을 이중관리하는 경우(이중장부의 작성), 가공 거래를 통해 장부를 거짓 기장하는 경우, 차명주식이나 차명계좌를 이용하는 경우(소득·수익·행위·거래의 은폐) 등도 이에 해당될 것이다.

그런데, 실무를 하다 보면 이러한 부정행위의 개념이 모호하고, 실제 예시규정도 추상적이라 이에 해당되는지의 판단이 어려운 경우가 많다.

징수가 불가능하거나 현저히 곤란한 경우로 한정할 필요

그러나, 예시에 놓은 행위와 유사하다 해서 바로 형사범죄로 의율하는 것은 신중해야 한다. 즉, 이를 적용함에 있어서는 그 행위를 평면적으로만 보아서는 안 되며 '조세의 부과와 징수를 불가능하게 하거나 현저히 곤란하게 하는 적극적 행위'에 해당하는지를 다시 따져 보아야 할 것이다. 따라서, 단순히 조세부과에 방해가 되거나 조세부과를 어렵게 한 것만을 가지고는 부족하고, 세무조사를 통해서도 탈루 사실을 발견하는 것이 쉽지가 않을 정도로 적극적으로 국세징수권을 기망하는 수단이 있어야 한다고 엄격히 해석해야 한다.

특히 요즘은 국세청이 FIU를 통해 계좌분석을 손쉽게 할 수 있고 광범위한 전산망을 통해 거래를 분석하는 것 또한 용이해졌으므로, 더더욱 그 '징수 불가능'을 일반인이 아닌 '평균적인 조사공무원의 기준'으로 엄격하게 보는 것이 조문의 구조와 형사법의 해석에도 맞다고 보여진다.

최근 대법원[1]은 "단순히 주식의 명의신탁이 있었다는 이유만으로는 '사기나 그 밖의 부정한 행위'라고 볼 수 없다"고 판단하면서 "단순히 세법상의 신고를 하지 않거나 허위의 신고를 함에 그치는 것은 여기에 해당하지 않으며, 납세자가 명의를 신탁하더라도 명의신탁이 조세포탈의 목적에서 비롯되고 나아가 허위 계약서 작성, 대금의 허위 지급, 허위의 조세 신고, 허위의 등기·등록, 허위 회계장부 작성·비치 등과 같은 적극적인 행위가 부가되는 등의 특별한 사실"이 수반되어 "징수권의 행사가 현실적으로 불가능"한 정도에 이르러야 한다고 보았다.

실제 세무조사대응 업무를 해보면 조사공무원과 범칙으로 전환되는 단계나 고발단계에서 사기 그 밖의 부정한 행위에 해당하는지에

---

1 대법원 2018. 3. 29. 선고 2017두69991 판결

대하여 많은 논쟁이 발생한다. 조사공무원 입장에서는 최대한 보수적으로 보아 일정기준 이상의 세금탈루가 있고 허위서류가 나오거나 은폐의 흔적이 있다면 거의 대부분 포탈행위로 보는 경우가 많다. 이 경우 납세자 입장에서는 단순히 기초장부만 허위로 작성되고 그 밖에 적극적인 거래증빙이나 금융거래 조작, 상대방과 통모 등이 없는 경우에는 적극적으로 범칙조사위원회 등에서 사기 그 밖의 부정한 행위가 없었다고 주장해야 할 것이다.

즉, 조사공무원이 실제 조사 시에 바로 적발할 수 있었던 사안으로서 '징수가 불가능'하지 않았고 국가의 조세부과권을 침해하지 않았다고 강조해야 한다.

실제로 검찰 단계나 법원 단계에서 국세청이 고발한 건이 무혐의로 되는 경우가 상당히 많이 있다. 그러나 그 과정에서의 고통이 상당하므로 조사 단계에서부터 적극 주장해야 할 것이고, 조사공무원도 단순히 억울하면 검찰이나 법원 가서 다투라는 입장보다는 적극적으로 법리를 판단하여 반영하고자 하는 노력이 필요하다고 생각된다.

고의범만 처벌되고 미수범은 처벌규정이 없음

이 밖에 조세포탈범죄는 몇 가지 특징이 있는데, 먼저 고의범만 처벌되고 과실범은 처벌되지 않는다는 것이다. 납세자가 조세탈루가 된다는 사실을 전혀 모르고 있거나 행위에 대한 고의가 없이 과실로 한 것임을 입증한 경우에는 결과적으로 세금탈루가 있더라도 처벌받지 아니한다. 이러한 특징으로 인하여 법인세 포탈이 문제되는 경우, 조사공무원은 실제 포탈의 고의를 가지고 진행한 사람이 누구인지 특정하는 것이 중요하다. 대표이사, 재무팀 임원 및 직원들 사이의 인지여부 및 개입 정도를 구별하여 행위를 특정하는 것이 상당히 예민하고 어려운 일이 된다.

또한, 포탈범은 "부정한 행위로써 조세를 포탈하거나 조세의 환급·공제를 받은 자"를 처벌하는 범죄로서 조세수입의 감소를 가져오는 것이 필요한 결과범이고, 주세포탈의 경우를 제외하고는 미수범을 처벌하지 않는다.

이와 관련하여 재단법인의 이사장이 '기본재산'을 부정한 방법으로 자식에게 처분하고 증여세를 포탈하여 조세포탈범으로 기소된 사안이 있었다. 이에 대법원은 "재단법인의 기본재산 처분에 대해서는 정관변경을 요하는 것으로 주무관청의 허가가 없는 경우 그 처분행위는 물권계약으로서 무효일 뿐만 아니라 채권계약으로서도 무효이다. 따라서 주권이 교부되고 명의개서절차까지 완료되었다 하더라도 그 원인이 된 증여행위가 부존재하거나 무효인 경우라면 그로 인한 재산이전의 효력이 처음부터 발생하지 아니하였으므로 증여세가 부과되지 않는다"고 판시하였다.

즉, 납세자에게 증여세 포탈의 고의가 있었다 하더라도, 결과적으로 증여세가 부과될 사안이 아니므로 탈루한 세금이 없어 미수에 그쳤고 조세포탈의 미수범은 처벌하지 않으므로 무죄가 된 사안이다.

절차규정을 준수하지 않아서 사법(私法)적으로 무효가 된 것이 오히려 조세범죄 구성 요건상의 조세탈루 요건을 미충족시켜 득이 된 경우라 할 것이다.

조세소송과 조세형사사건의 동시 진행

실무를 하다보면 부과된 조세에 대한 조세불복절차와 조세형사사건이 동시에 진행되는 경우가 많이 있다. 대부분 조세불복절차보다 조세형사사건이 빠르게 진행된다. 사안이 심각하여 구속상태로 진행된다면 구속기간의 제약 때문에 더욱 그러하다. 그러나, 위의 사례처럼 과세처분 자체에 의문이 있다면 수사기관에 조세불복 진행사항을 공유하고 기다려 달라고 요청하는 것도 좋은 방법이다. 향후 조세불복절차에서 유리한 결과가 나온다면, 이를 토대로 형사절차에서 유리하게 사용할 수 있기 때문이다.

경험상 획기적인 절세방법은 어디에도 없다. "누가 세금을 어떤 방법을 써서 안 냈더라"는 무용담을 살펴보면 대부분 리스크가 있는 방법이다. 절세가 조세포탈이 되지 않도록 늘 경계하고 주의해야 할 것이다.

/ 13 /

세금계산서 범죄, 우습게 보다 큰일 난다

- 무자료거래, 가공거래, 위장거래

강정호 변호사

각종 조세범죄를 한데 모아 처벌하는 단행법인 「조세범처벌법」에서 가장 중요한 범죄를 2개 꼽는다면, 단연 조세포탈죄(제3조)와 세금계산서 발급의무 위반죄(제10조)이다. 두 범죄는 조세범죄 중에서 가장 자주 일어나면서도 형량이 가장 무거운 범죄이다. 조세포탈죄는 2~3년 이하의 징역 또는 탈세액의 2~3배 이하의 벌금에 처해지고, 세금계산서 범죄는 1~3년 이하의 징역 또는 공급가액의 2~3배 이하의 벌금에 처해진다. 정상(情狀)에 따라 정말 괘씸하면 징역형과 벌금형이 함께 부과될 수도 있다.

사실 두 범죄는 조세범죄뿐만 아니라 형사범죄 전체로 범위를 넓혀 보아도 무겁게 취급되는 편이다. 죄질이 특히 나쁜 범죄들을 가중 처벌하는 「특정범죄 가중처벌 등에 관한 법률」에 조세포탈죄와 세금계산서 발급의무 위반죄가 나란히 열거되어 있다는 점에서 더욱 그러하다. 탈세액이 5억 원을 넘거나, 영리를 목적으로 30억 원 이상의 허위 세금계산서를 교부하면 특가법 대상이 되어서 징역형의 범위가 크게 늘어나고, 징역형에 더하여 포탈세액 또는 공급가액의 2~5배에 해당하는 벌금형도 무조건 함께 부과된다.

그럼에도 '탈세범'(조세포탈죄)이 비난 가능성이 높은 범죄라는 인상을 주는 데에 비하여, '질서범'이라 불리는 세금계산서 발급의무 위반죄는 상대적으로 가볍게 취급되는 경향이 있다. 탈세죄를 저지르기 위해서는 세법을 잘 알고 있어야 할 테니 지능범처럼 보이는데다, 장부를 조작하거나 이중장부를 숨겨두는 등 '사기 그 밖의 부정한 방법'이 동원되어야 성립하므로 그 수법이 언뜻 보기에도 나쁜 범죄처럼 보인다. 반면 세금계산서 범죄는 별다른 부정한 행위 없이 종이한 장 또는 마우스 클릭 한 번을 통해 세금계산서를 발급하는 것만으로 기수(범죄 완료)에 이르니 특별히 나쁜 짓처럼 보이지도 않기 때문이다.

하지만 세금계산서 범죄의 무서움은 바로 위와 같이 범죄행위가 단순하다는 점에 있다. 실제 거래(이를 부가세법에서는 재화 또는 용역의 공급이라 부른다) 없이 세금계산서를 발급하거나, 실제 거래를 하고도 세금계산서를 발급하지 않았다면, 그 순간 곧 범법자가 된다. 세금계산서의 발급 또는 미발급은 국세청 홈페이지에만 들어가도 쉽게 확인할수 있기 때문에, 변명의 여지가 별로 없는 이른바 빼박(빼도 박도 못하는) 사건이 되는 것이다.

변호인의 입장에서 조세포탈범은 사실관계가 복잡해서 다툼의 여지도 비교적 많고, 포탈세액의 계산에 관해서도 세법의 법리를 활용할 수도 있는데, 세금계산서 범죄의 경우에는 할 수 있는 일이 별로없다. 우습게 알았던 세금계산서였는데, 막상 기소되어 형량을 보면웃음이 나지 않는다.

아래에서는 세금계산서 범죄의 주요 유형인 무자료거래, 위장거래, 가공거래에 대하여 살펴보고자 한다. 이러한 용어들은 법적 용어는 아닌데다 다소 헷갈리게 사용되는 경우도 있어 유의해야 하지만, 실무적으로 널리 쓰이고 용어를 통한 직관적인 이해가 쉽다는 장점이 있다. 물론 무자료거래, 위장거래, 가공거래라는 용어 자체가 주는 부정적인 인상이 있기 때문에 본인이 세금계산서 범죄로 피의자 혹은 피고인이 되었다면 가급적 이런 용어는 쓰고 싶지 않을 것이다.

무자료거래

무자료거래란 재화 또는 용역의 공급을 하고도 그에 따른 세금계산서를 발급하지 아니한 경우를 말한다. 여기서 '자료'란 세금계산서를 의미한다. 무자료거래의 경우 공급자는 "세금계산서를 발급하여야 할 자가 세금계산서를 발급하지 아니한 경우(조세범 처벌법 제10조 제1항)"에 해당되어 처벌되고, 공급받는 자 또한 "세금계산서를 발급받아야 할 자가 세금계산서를 발급받지 아니한 경우(조세범 처벌법 제10조 제2항)"에 해당되어 처벌된다.

무자료거래는 세금계산서 범죄 중에서는 상대적으로 형량이 낮은 편이고, 특가법 적용 대상도 아니다. 그러나 무자료거래는 공급자의 매출 누락을 의미하기 때문에 법인세, 소득세, 부가가치세의 조세포탈죄까지 연결되는 경우가 상당히 많다.

가공거래

　가공거래란 무자료거래와 정반대로 재화 또는 용역의 공급 없이 세금계산서만 발급하는 경우를 말한다. 가공거래야말로 세금계산서 범죄의 핵심인데, 세금계산서 발급 클릭 한 번 이외에 어떤 특별한 범죄행위가 없는데도, 무자료거래에 비해 형량이 높고 특가법 적용 대상이다. 별다른 노력 없이도 부가가치세법의 법질서를 심각하게 어지럽힐 수 있기 때문에 중하게 다스리는 것이다. 가공거래도 공급자와 공급받은 자가 함께 "재화 또는 용역의 공급 없이 세금계산서를 발급하거나 수취한 경우(조세범 처벌법 제10조 제3항)"로서 처벌된다.

　특히 세금계산서 발급 이외에 아무런 행위가 없었다는 점이 범죄요건이기 때문에 피고인의 방어권 행사가 쉽지 않다. 가공거래 사건은 물건의 이동 같은 눈에 보이는 과정 없이 당사자의 합의만으로 세금계산서를 주고받은 경우가 대부분이기 때문이다. 실물 거래의 뚜렷한 증거가 없다면 양 당사자가 아무리 입을 모아 실제 거래가 있었다고 주장하더라도 무죄의 근거가 되기 어렵다. 반면 거래 당사자 중 어느 한 쪽이라도 실제 거래(재화 또는 용역의 공급)가 없었다고 진술하면 유죄의 중요한 증거가 되니 조심해야 한다.

　공급자 입장에서 가공거래는 매출 누락이 아니라 오히려 매출 과다신고에 해당하기 때문에 조세포탈죄와는 거리가 멀지만, 만일 여러 거래 당사자들의 가공거래가 계속 고리를 걸고 이어져서 다시 최초의 공급자에게 돌아오는 이른바 회전거래가 된다면 매출뿐 아니라 매입까지 과다 신고한 셈이 되어 상황에 따라 조세포탈죄까지 연결될 수도 있다. 반면 공급받는 자 입장에서는 가공매입이 발생하는 것이므로 대부분 조세포탈죄도 함께 문제될 것이다.

위장거래 = 무자료거래 + 가공거래

국립국어원 표준국어대사전에 따르면 위장(僞裝)이란 "본래의 정체나 모습이 드러나지 않도록 거짓으로 꾸밈"이라는 뜻이다. 그래서 위장거래란 용어는 실제 거래 당사자의 정체가 드러나지 않도록 세금계산서의 공급자 또는 공급받는 자를 거짓으로 꾸미는 거래를 말하는 경우에 주로 쓰인다.

위장거래는 주로 사업자가 과세소득 축소를 위해 매출 또는 매입을 분산하면서 이루어진다. 본인이 운영하는 다른 사업자 명의로 분산하거나, 제3자의 사업자 명의를 빌리기도 한다. 그래서 위장거래는 경우의 수가 매우 다양하기 때문에, 모든 경우를 아우르는 하나의 법리가 있다기보다는 사건의 개별적·구체적 사실관계에 따라 판례들이 축적되고 있다.

가장 일반적인 형태의 위장거래를 살펴보자. 만일 공급자 A가 공급받는 자 B에게 재화 또는 용역을 공급하면서 다른 사업자 C의 명의로 된 세금계산서를 B에게 발급하였다면, 이러한 위장거래는 1차적으로는 공급자 A와 공급받는 자 B 사이의 무자료거래가 된다. 따라서 공급자 A의 세금계산서 미발급과 공급받는 자 B의 세금계산서 미수취(실제 공급자 A로부터 세금계산서를 받지 않았기 때문) 범죄가 성립한다.

그뿐 아니라, 2차적으로는 명의대여자 C와 공급받는 자 B 사이의 가공거래도 문제가 된다. 명의자 C 입장에서는 B에 대하여 아무런 재화 또는 용역의 공급없이 세금계산서만 발급하였기 때문이다. 다시 말해 위장거래는 무자료거래와 가공거래가 동시에 일어나는 것으로 재구성된다.

세금계산서 범죄의 각 유형들을 간략히 살펴보았는데, 실제 사례는 물론 더 복잡할 것이다. 사업자로서 세금계산서 범죄로 의심을 받게 되었다면, 어떤 유형에 해당하는지 정확하게 인지하고 그에 맞게 소명하고 대응하는 것이 중요하다.

/ 14 /

세금계산서 범죄의 죄수(罪數)

박소연 변호사

재화 또는 용역을 공급하였으면서도 세금계산서를 주고받지 않은 경우(세금계산서 미발급·미수취죄), 거래의 실제와는 다른 세금계산서를 주고받은 경우(거짓기재 세금계산서 발급·수취죄), 재화 또는 용역을 공급하지 않은 채 허위의 세금계산서를 주고받은 경우(가공 세금계산서 발급·수취죄) 조세범 처벌법에 따라 처벌받고,[1] 영리를 목적으로 가공 세금계산서를 발급·수취한 자가 공급가액이 30억 원 이상인 경우에는 특정범죄 가중처벌 등에 관한 법률(이하 '특가법') 위반죄로 가중처벌된다.[2]

이러한 세금계산서 범죄는 사업자들이 크게 범죄라는 인식 없이 저지를 수 있는 행위이면서도 조세포탈의 결과가 없더라도 성립하고 법정형이 상당히 무거워[3] 세금계산서를 통해 거래하는 모든 이들이 세

---

1 조세범 처벌법 제10조
2 특가법 제8조의2
3 세금계산서미발급·미수취죄, 거짓기재 세금계산서발급·수취죄의 경우 1년 이하의 징역 또는 부가가치세액의 2배 이하 벌금, 가공 세금계산서발급·수취죄의 경우 3년 이하의 징역 또는 부가가치세액의 3배 이하의 벌금, 특가법위반죄의 경우 공급가액 합계액이 30억 원 이상 50억 원 미만일 때에는 1년 이상 징역, 50억 원 이상일 때에는 3년 이상의 징역에 더하여 세액의 2배 이상 5배 이하의 벌금이 필요적으로 병과된다.

금계산서 범죄에 대한 정보를 알아두어야 할 필요가 있다.

그 중에서도 '죄수(罪數)'와 관련된 부분은 법조인이 아니라면 평소에 거의 생각해볼 기회가 없는 부분이겠지만, 성립되는 죄가 하나인지 여러 개인지에 따라서, 형이 얼마나 가중되는지, 이미 처벌받은 행위에 포함되어 면소가 될 것인지 별도의 죄가 성립할 것인지, 공소시효의 기산점은 언제로 보아야 할 것인지 등 여러 가지 결론이 달라질수 있다.

이는 형사사건에서 행위 자체를 부인할 수 없는 상황이라면 피의자혹은 피고인이 방어권을 행사할 수 있는 가장 중요하면서도 유일한포인트 중 하나가 될 수 있다.

따라서 세금계산서의 발급·수취와 세금계산서합계표 제출의 관계, 특가법상 포괄일죄의 범위, 전자세금계산서, 월 합계 세금계산서 관련 이슈 등은 사업자 본인이나 세금계산서 업무담당자 혹은 조세범칙사건에 조력을 제공하는 전문가에게도 유용한 지식이라 할 것이다.

기본적인 세금계산서 범죄의 죄수

기본적으로 조세범 처벌법상의 세금계산서 범죄는 각 세금계산서별로 1죄가 성립한다. 따라서 (다른 조건이 모두 동일하다는 가정 하에) 500만 원짜리 가공 세금계산서를 2장 발급한 것은 2개의 죄, 1,000만원짜리 1장을 발급한 것은 1개의 죄로 취급받기에 전자가 더 중한 벌

을 받게 된다.[4]

또한 세금계산서의 미발급·미수취, 거짓기재 세금계산서의 발급·수취, 가공 세금계산서의 발급·수취 각각의 행위와 거짓 세금계산서합계표 제출 행위는 별도의 죄로서 각각 실체적 경합범으로 규율된다.[5] 따라서 재화나 용역의 공급 없이 1,000만 원짜리 가공 세금계산서를 발급하고 그 내용이 포함된 매출세금계산서합계표를 제출하였다면 벌금형 산정 시에는 공급가액이 2,000만 원으로 평가되는 것이다.

전자세금계산서의 경우 거짓 세금계산서합계표 제출죄가 별도로 성립하는지

다만, 최근에는 대부분의 세금계산서가 전자세금계산서로 처리되고 있는데, 전자세금계산서를 발급하고 발급명세를 국세청장에게 전송한 사업자는 세금계산서합계표를 제출하지 아니할 수 있다.[6] 이와 같이 전자세금계산서를 발급함에 따라 합계표 제출의무가 면제되었음에도 불구하고 거짓 세금계산서합계표를 임의로 제출한 경우 죄가 성립하는지 여부가 문제된다.

---

4 다만 이는 징역형에서만 의미가 있고, 세금계산서 범죄에 대한 벌금형의 경우에는 형법 제38조 제1항에 따른 경합범 가중 제한을 하지 않고 각 죄의 벌금형을 합산하게 되므로(조세범 처벌법 제20조) 전자와 후자 간 실질적 차이는 크게 없다.
5 이에 관하여서는 명확한 대법원 판례가 있는 것이 아니고 이중처벌의 문제가 있으므로 세금계산서 수수와 합계표 제출행위는 법조경합의 관계로서 하나로만 처벌하는 것이 타당하다는 견해가 존재한다(김태희, "「조세범 처벌법」상 세금계산서 관련범과 죄수", 『조세법연구』 제22권 제2호, 한국세법학회, 2016년, 421쪽).
6 부가가치세법 제54조 제2항

이에 대해 대법원은 "매출·매입처별 세금계산서합계표 제출의무가 면제되는 전자세금계산서 부분에 대하여 매출·매입처별 세금계산서합계표 서식에 기재하였다고 하더라도, 이는 과세관청의 행정편의를 도모하기 위한 참고사항에 불과할 뿐 매출·매입처별 세금계산서합계표를 기재한 경우에 해당한다고 할 수 없으므로, 허위의 매출·매입처별 세금계산서합계표 기재 및 제출로 인한 조세범 처벌법 위반죄 또는 특가법 위반죄가 성립할 수 없다"고 판시한 바 있다.[7]

그러나 여전히 실무에서는 개별 세금계산서에 따른 범죄 이외에 세금계산서합계표 제출에 따른 죄를 별도의 범칙사건으로 취급하고 고발하는 경우가 많으므로 유의해야 할 것이다.

특가법상 세금계산서 범죄는 포괄일죄이다

반면, 특가법상 가공 세금계산서 범죄의 경우 가공 세금계산서의 발급·수취와 세금계산서합계표 제출 행위까지 모두 포괄하여 1죄로 취급을 받는다.[8] 다만, 특가법상 조세포탈죄는 연간 포탈세액이 5억 원 이상인 경우에 성립하므로 연간 포탈세액을 기준으로 매년 1개씩의 범죄가 성립하는 반면, 특가법상 세금계산서 범죄의 경우 '연간'이라는 기간 제한 없이 단순히 공급가액이 30억 원을 넘는 경우에 성립한다.

---

7 대법원 2018. 1. 24. 선고 2017도18698 판결
8 대법원 2011. 9. 29. 선고 2009도3355 판결 등

따라서, 특가법상 세금계산서 범죄의 포괄일죄의 범위를 어디부터 어디까지로 보아야 할 것인지 문제되는데, 이 부분은 하급심 판결이 엇갈리고 명확한 대법원의 판단은 나오지 않은 것으로 보인다.

사견으로는 법령에 기간 제한을 두지 않은 여타의 포괄일죄처럼 '범의의 단일성과 계속성' 및 '범행방법의 동일성'이 인정되는 범위 내에서 성립한다고 할 것이고, 범의의 단일성과 계속성은 개별 범행의 방법과 태양, 범행의 동기, 각 범행 사이의 시간적 간격, 그리고 동일한 기회 내지 관계를 이용하는 상황이 지속되는 가운데 후속 범행이 있었는지, 즉 범의의 단절이나 갱신이 있었다고 볼 만한 사정이 있는지[9]에 따라 평가하는 것이 타당할 것으로 생각된다.

월 합계 세금계산서의 경우

한편 세금계산서 중에는 월 합계 세금계산서라는 것이 있다. 사업자가 거래처별로 1월 또는 그 이내의 기간의 공급가액을 합계하여 해당 월의 말일자를 발행일자로 하여 1장의 세금계산서를 발행하는 것인데, 만일 1장의 월 합계 세금계산서에 기재된 거래 전부가 재화 또는 용역의 공급 없이 발행된 가공 거래라면 월 합계 세금계산서 자체도 가공 세금계산서임에는 논란의 여지가 없을 것이다. 그런데, 1장의 월 합계 세금계산서 중 일부는 진성 거래이고 일부는 가공 거래일 때 그중 가공 거래 부분만을 떼어내어 가공 세금계산서 발급·수취죄로

---

9 대법원 2016. 10. 27. 선고 2016도11318 판결 등

의율할 수 있을 것인지 여부가 문제된다.

이에 관하여 형사판결은 아니나 가산세에 관한 대법원 2016. 11. 10. 선고 2016두31920 판결에서 "월 합계 세금계산서는 그 형식이 일반 세금계산서와 동일하여 외관상 구분되지 아니할 뿐만 아니라 세금계산서 자체로는 개별거래의 구분이 불가능"하므로 "재화 또는 용역의 공급이 일부 있지만 공급가액을 부풀린 월 합계 세금계산서도 일반 세금계산서의 경우와 마찬가지로 법 제22조 제3항의 불성실가산세 부과대상에 해당하지 아니한다"고 판시하였다.

즉, 일부 진성 거래, 일부 가공 거래가 섞인 월 합계 세금계산서의 경우 가공 세금계산서가 아닌 거짓기재 세금계산서라는 점을 분명히 한 것인데, 이를 조세범칙사건에 적용하여 본다면, 가공 세금계산서가 아니라 거짓기재 세금계산서의 경우에는 조세범 처벌법상 법정형도 낮을 뿐만 아니라 영리의 목적으로 주고 받았다 하더라도 특가법 적용이 되지 않는다는 점에서 큰 의미가 있는 판결이라고 할 것이다.

15

조세범죄가 더 무서운 이유

- 양벌책임

박소연 변호사

다른 범죄와 비교할 때 조세 관련 범죄의 심각성이 잘 알려지지 않았다고 느낄 때가 종종 있다. 법인이든 개인이든, 사업주이든 고용된 직원이든 현대 사회에서 어떠한 종류의 경제활동이나 사회활동을 하더라도 세금이 문제되지 않는 경우가 거의 없는데, 일단 납세의무나 기타 세법상 의무가 성립한다면 이를 위반하는 경우 조세범 처벌법, 더 나아가 특가법으로 처벌받을 수 있다는 점을 늘 염두에 두어야 한다.

그러나 조세범칙사건이 문제되어 만난 의뢰인들은 사업이 너무 어려워서 그랬다, 대출을 받으려면 매출실적이 있어야 돼서 어쩔 수 없이 가공거래를 했다, 남들 다하는 것이라 별 생각 없이 했다, 나중에 걸리면 세금을 내면 되는 것 아니냐, 죄가 되는 줄은 몰랐다는 반응이 대부분이었다.

조세포탈죄의 경우 '사기 그 밖의 부정한 행위'라는 수단을 통하여 '조세를 포탈'하는 결과가 발생해야 성립하므로 다투어볼 여지라도 많은 반면, 세금계산서 범죄의 경우에는 재화 또는 용역을 거래하면서 세금계산서를 주고받지 않거나 사실과 다른 세금계산서를 주고받은 경우, 재화 또는 용역의 거래 없이 세금계산서를 주고받은 경우에는 예외 없이 처벌받게 되어 있다. 그러한 행위의 이유가 무엇이었는지, 조세포탈의 결과가 발생하였는지는 불문한다. 심지어 가공거래를 통하여 법인세나 부가가치세를 더 많이 냈다 하더라도 세금계산서 범죄는 성립한다.

자칫 잘못하면 이것이 죄가 되는지도 모르는 상태에서 누구나 조세범죄를 저지를 수 있는 것이다. 그런데 조세범죄가 더 무서운 것은 본세와 함께 매우 높은 세율을 가산세를 추징당하고, 조세범죄를 저지른 자가 처벌받는 것으로도 모자라, 업무주의 양벌책임까지 규정되어 있다는 점이다.

즉, 법인의 대표자, 법인 또는 개인의 대리인, 사용인, 그 밖의 종업원이 그 법인 또는 개인의 업무에 관하여 조세범칙행위를 하면 행위자는 당연히 처벌을 받고, 업무주인 법인 또는 개인에게도 동일한 금액의 벌금형을 부과하게 되어 있는 것이다.[1]

조세법이 아닌 다른 법령에도 업무주의 양벌책임이 규정되어 있는 경우는 많지만, 조세범의 경우에는 벌금액의 상한이 포탈세액 혹은 세금계산서상 부가가치세액의 2~5배 이하인데다 형법상 경합범 가중제한을 받지 않고 성립한 죄의 개수만큼 벌금액을 합산하도록 되어있기에, 벌금액 상한이 몇천만 원 이하 등 정액으로 규정되어 있는 여타의 양벌규정보다 고액의 벌금형에 처해질 가능성이 높다.

---

[1] 조세범 처벌법 제18조

예를 들어 부정한 행위를 통하여 3억 원의 법인세를 포탈하였다면 3억 원의 법인세 본세, 1.2억 원의 부당과소신고가산세, 연 9%가 넘는 납부지연가산세는 물론이고, 행위자와 법인에 최대 각 9억 원,[2] 총 18억 원 이하의 벌금이 부과될 수 있는 것이다.

이에 더해 만일 위 법인세 포탈이 공급가액 15억 원 상당[3]의 가공 매입세금계산서를 수취하여 손금으로 처리한 결과라면, 매입세액 불공제로 인한 부가가치세 본세 1.5억 원, 부당과소신고가산세 6천만 원(불공제 매입세액의 40%)과 납부지연가산세, 가공 세금계산서 수취 가산세 4천5백만 원(공급가액의 3%)이 추가되고, 행위자와 법인에 부가세 포탈로 인한 벌금 각 3억 원, 가공 세금계산서 수취에 따른 벌금 각 4.5억 원,[4] 총 15억 원 이하의 벌금이 추가될 수 있다.

즉, 조세범죄에서 양벌책임이 인정된다면 벌금액은 2배가 된다는 점에서 포탈세액이나 가공거래의 규모에 비하여 가산세와 벌금이 어마어마해질 수 있는 것이다.

다만, 특가법에는 조세범 처벌법상 양벌규정에 따라 처벌되는 업무주를 가중처벌할 수 있는 근거규정이 없으므로, 행위자가 특가법에

---

2 물론 이것은 조세범 처벌법상 벌금액의 상한이고 통고처분을 받는 경우 기본적으로는 포탈세액의 0.5배가 기준이 되므로 행위자와 법인 각 1.5억 원, 총 3억 원이 부과된다고 볼 수 있다. 이에 불응하여 재판에서 형을 선고받을 때에는 여러 가지 양형 인자들이 조합되므로 일률적으로 말하기는 어렵다.

3 법인세율을 20%로 가정한다.

4 전자세금계산서 수취명세를 전송함에 따라 거짓 세금계산서합계표 제출죄는 성립하지 않는다고 가정함. 만일 거짓 세금계산서합계표 제출죄까지 성립한다면 벌금액은 두 배가 될 것이다. 또한 당해 금액은 벌금액의 상한이고 실제 처단형과는 다르다는 점에 대해서는 각주 2 참조

따라 가중처벌 되더라도 업무주는 조세법 처벌법상의 벌금형만 적용된다는 점은 놓치기 쉬우므로 유의해야 할 지점이다.[5]

양벌책임을 면할 수 있는 방법은?

그렇다면 이러한 양벌책임을 면할 수 있는 방법은 없을까? 과거 조세범 처벌법상 양벌규정이 면책규정이 없어 책임주의에 반한다는 이유로 위헌결정을 받은 후, 현행 조세범 처벌법에서는 '법인 또는 개인이 그 위반행위를 방지하기 위하여 해당 업무에 관하여 상당한 주의와 감독을 게을리하지 아니한 경우'에는 행위자만 처벌하고 업무주를 양벌로 처벌할 수 없도록 규정하고 있다.

또한 그 구체적인 판단기준에 대하여 판례는 "법인이 상당한 주의 또는 감독을 게을리하였는지 여부는 당해 위반행위와 관련된 모든 사정 즉, 당해 법률의 입법 취지, 처벌조항 위반으로 예상되는 법익 침해의 정도, 위반행위에 관하여 양벌 규정을 마련한 취지 등은 물론 위반행위의 구체적인 모습과 그로 인하여 실제 야기된 피해 또는 결과의 정도, 법인의 영업 규모 및 행위자에 대한 감독 가능성이나 구체적인 지휘·감독 관계, 법인이 위반행위 방지를 위하여 실제 행한 조치 등을 전체적으로 종합하여 판단하여야 한다"고 판시하고 있다.[6]

---

5 대법원 1992. 8. 14. 선고 92도299 판결 등
6 대법원 2012. 5. 9. 선고 2011도11264 판결 등

그러나 실제 사안에서 업무주가 감독의무를 게을리하지 않았다는 점을 입증하기란 매우 어렵다.

일반적으로 조세범죄에서 양벌규정이 문제되는 경우 면책사유로 주장할 수 있는 것은 회사 내부에 세무회계시스템이 완벽하게 갖추어져 있고, 일상적으로 발생할 수 있는 조세범칙행위에 대하여 감독할 수 있는 업무감독기구가 정비되어 있으며, 임직원을 상대로 한 법령 준수교육이 철저히 행하여졌음에도 불구하고 행위자가 교묘하게 그러한 시스템과 감시망을 피하여 범칙행위를 저질렀다는 것 정도일 것이다.

하지만 아무리 시스템이 잘 갖추어져 있다고 한들, 법인의 조세를 포탈하거나 가공 세금계산서를 수수하는 것이 법인의 이익이 아닌 임직원 개인의 이익으로 돌아온다는 것은 일반적으로는 생각하기 어려운 만큼, 범행 동기나 위반행위의 태양 측면에서 이를 '완벽한 감시망을 벗어난 개인의 일탈'로 주장하기는 어려운 경우가 많다. 구체적으로 대표이사가 그러한 행위를 지시하였다는 점까지는 밝혀지지 않더라도, 행위자는 결과적으로 법인의 이익을 위하여 행동하였고, 법인이 이를 방지하지 못하였다고 결론 내려질 가능성이 높은 것이다.

다만, 필자가 수임하였던 사건 중에는 임직원이 본인과 거래상대방의 이익을 위하여 회사 이익에 반하는 횡령 혹은 배임행위를 하고, 그에 수반되어 매출누락이나 가공비용지출이 발생함으로써 결과적으로 조세포탈 및 세금계산서 범죄가 성립한 경우가 있었다.

이 사건에서는 회사가 감독의무를 철저히 하였다는 사실[7]과 함께 회사 역시도 억울한 피해자에 불과하다는 점을 강조하여 양벌책임을 벗어나는 것이 가능하였다.

결국 회사의 내부통제시스템과 상시적 업무감독기구를 잘 갖추고 직원 교육을 철저히 수행하는 것은 회사를 잘 경영하여 발전시켜 나갈 수 있는 토대가 될뿐더러, 최악의 경우 양벌책임을 면할 수 있는 소중한 자료로 사용될 수도 있는 것이다.[8] 물론 대표자 스스로가 조세범칙행위를 지시하거나 직접 행하지 말아야 한다는 점은 굳이 따로 언급할 필요조차 없을 것이다.

---

7 회사의 대표가 세무조사나 경찰수사 이전에 내부 감사를 통해 임직원의 그러한 비리를 밝혀내고 자진하여 경찰에 고소하였다는 점도 참작되었다.

8 조세범 처벌법뿐만이 아니다. 2019년 말 기준으로 한국경제연구원이 경제법령 처벌항목 2,657개를 조사한 결과 종업원이 위법행위를 했을 때 해당 종업원뿐 아니라 법인과 사용주까지 함께 처벌할 수 있는 국내 경제법령상 양벌규정은 2,205개에 달한다고 한다.
(https://www.sedaily.com/NewsVIew/1VQS6ULKOP)
이러한 수많은 양벌규정들은 대동소이한 면책규정을 두고 있으므로, 내부통제시스템을 철저히 갖추는 것은 그만큼 중요하다.

16

조세범죄와 횡령·배임

강정호 변호사

횡령·배임, 경영자를 따라 다니는 그림자

"경영자는 교도소 담장을 걸어가는 사람이다"라는 말이 있다. 까딱 잘못하면 범죄자가 될 수 있다는 뜻이다. 자본주의 사회에서 자유로운 경제활동이 왜 범죄가 될까? 횡령·배임죄 때문이다. 횡령·배임, 그리고 조세포탈(탈세)은 서로 밀접하게 연결되어 마치 경제범죄 3종 세트처럼 함께 문제가 된다. 특별히 나쁜 짓 하지 않고 열심히 사업을 했다고 생각했는데도 교도소 담장 안으로 발을 헛디디고 말았다면, 십중팔구 횡령·배임이 그 원인이 된다.

횡령·배임은 마치 쌍둥이처럼 형법에도 한 조문에 나란히 있고, 형량도 동일하며, 실제 형사사건에서도 그 구별이 쉽지 않은 경우가 많다. 굳이 구별을 하자면 횡령은 남에게 부탁받은 "재물"을 슬쩍 내주머니로 넣은 범죄이고, 배임은 남에게 위임받은 "권한"을 슬쩍 사용해서 재산상 이익을 얻은 범죄이다. 눈에 보이는 "재물"이든, 눈에 보이지 않는 "경제적 이익"이든 결국 화폐단위로 측정되기 때문에 사실 구별의 큰 실익은 없다고 할 것이다.

일반인은 남에게 "재물"의 보관을 부탁받거나, 남으로부터 "권한"을 위임받을 일이 많지 않아서 횡령·배임죄를 저지를 가능성이 낮다. 개인사업자도 자기 재물을 소유하고 자기 권한을 행사하기 때문에 횡령·배임과 거리가 멀다. 하지만 회사의 경영자에게 횡령·배임은 마치 그림자처럼 따라 온다. 경영자는 회사로부터 "재물"을 부탁받고, 회사로부터 "경영권"을 위임받은 사람이기 때문이다. 내가 창업했고 내가 주주인 회사라 하더라도 나와 회사는 서로 다른 인격체이다. 마치 부모와 자녀가 서로 다른 인격체인 것과 같다. 회사와 나를 동일시하는 순간 나도 모르게 횡령·배임죄를 저지르게 된다.

회사 경영자에게 단순한 횡령·배임죄만 적용되는 경우도 거의 없다. 회사 경영자의 행위는 업무에 해당하기 때문에, 형량이 더 높은 업무상 횡령, 업무상 배임이 성립한다. 그뿐만 아니다. 횡령·배임으로 인한 재물 또는 재산상 이익의 가액을 이득액이라 하는데, 이득액이 5억 원을 넘으면 「특정경제범죄 가중처벌 등에 관한 법률」이라는 무시무시한 법률에 따라 가중처벌된다. 보통의 형량은 벌금 또는 징역 중 선택하도록 되어 있지만, 특정경제범죄법이 적용되면 무조건 3년 이상의 유기징역이다. 그리고 법관의 재량에 따라 벌금이 병과(倂科)될 수 있다. 하나의 범죄로 징역형과 벌금형이 동시에 선고될 수 있다는 뜻이다.

경영자의 횡령·배임은 세무조사에서도 자주 언급되는 문제이다. 세무공무원이 수사기관은 아니지만, 공무원은 그 직무를 수행하다가 범죄가 있다고 생각되면 수사기관에 고발해야 할 의무가 있다(형사소송법 제234조 제2항). 가공의 비용을 장부에 올려서 회사의 현금을 빼가거나, 매출을 누락하고 현금을 회사 계좌에 입금하지 않은 경우에는 조세포탈이나 세금계산서 발급의무 위반죄 같은 조세범죄도 문제가 되지만, 횡령·배임죄가 성립할 여지도 있다. 물론 회계처리만으로 횡령·배임죄가 성립하는 것은 아니다. 그러나 실제로 회사 경영자의 고의적인 횡령·배임 행위에는 부적절한 회계처리가 수반되는 경우가 많다. 회사의 경영자가 회계처리에 신중을 기해야 하는 이유가 하나 더 있는 셈이다.

횡령·배임의 흔한 예 (1) 가공비용

가공비용은 실제 비용의 부담이 없었는데도 마치 부담한 것처럼 가공으로 꾸며 회계처리한 비용을 말한다. 급여, 자문료, 지급수수료 등 그 명목은 다양하고, 어느 비용이든 가능하다. 회사 실적만 놓고 본다면 수익(매출)이 많고 비용이 적어야 이익이 나기 때문에 굳이 허위로 가공비용을 만들어 낼 필요가 없다. 가공비용의 가장 큰 이유는 세금을 줄이기 위해서이다. 세금은 세무상 이익(=과세표준)에 세율을 곱한 세액을 내기 때문에, 가공비용으로 세무상 이익을 줄이면 세금도 줄어든다. 세금을 적게 내기 위해 고의로 가공비용을 회계처리하였다면 형사상 조세포탈(탈세)죄로 처벌된다.[1]

---

1 또한 가공비용을 만들어내는 과정에서 세금계산서를 수취하였다면 가공 세금계산서 수취죄로도 처벌받게 된다.

가공비용이 조세포탈뿐 아니라 횡령·배임죄와도 연결되는 이유는 바로 현금이다. 현금은 재산 중에서 가장 횡령하기 쉬운 재물일 뿐만 아니라, 가공비용을 회계처리하면 그 상대 계정은 대부분 현금의 지출로 처리되기 때문이다. 가공비용이더라도 그에 따른 현금 지출은 진짜 비용과 마찬가지로 회사의 법인 계좌에서 정상적으로 출금된다. 따라서 출금된 그 현금이 어디로 갔는지에 관한 구체적인 사실관계에 따라 횡령·배임의 유죄 여부가 판가름 난다.

조금 오래된 판례이기는 하지만, 가공비용으로 인한 횡령죄에 대하여 잘 살펴볼 수 있는 사례라 생각하여 소개하고자 한다. 대법원 2002. 7. 26. 선고 2001도5459 판결이다.

이 사건에서 피고인은 1994년부터 1998년까지 5년 동안 피고인이 사실상 경영하는 회사들의 회계장부에 합계 33억 원의 허위 비용을 회계처리하였고, 이를 인출하여 자신의 계좌에 보관하고 있다가 모두 사용한 사실로 횡령 및 법인세 조세포탈 혐의로 기소되어 제1심 및 항소심에서 모두 유죄가 인정되었다.

그런데 피고인은 검찰 수사 단계부터 대법원에 이르기까지 줄곧 횡령액 33억 원 중에서 자신과 배우자 명의로 된 예금 13억 원은 회사 직원들에게 주기 위한 퇴직적립금이었다고 주장하였다. 이를 법인 명의로 하지 않고 개인 명의로 한 것은 높은 특별우대금리를 적용받기 위함이었고, 어차피 회사 직원들의 퇴직금은 실질적으로는 경영자인 본인이 지급해야 한다고 생각하였으며, 실제로도 비록 수사가 개시된 이후이긴 하였지만 자신의 예금을 다시 회사 직원들에게 나누어 돌려 주었다는 것이었다.

대법원은 하급심들과 달리 피고인의 이러한 주장을 받아들여, 적어 도 13억 원에 대해서는 피고인의 불법영득의사가 인정되지 않는다고 판단하여 횡령액에서 제외하여 주었다.

하지만 대법원은 횡령액에서 제외된 13억 원에 대하여 조세포탈죄 는 여전히 유죄로 보았다. 법인세법은 세무상 손금으로 인정되는 항 목을 엄격하게 규정하고 있기 때문에, 설령 가공비용으로 출금된 현 금이 회사의 사업을 위한 용도로 사용되었다 하더라도 그것이 법인세 법상 손금으로 인정될 수 있는 항목이 아니라면 조세포탈죄는 피할 수 없다는 것이다. 법인세법상 퇴직금이 손금으로 인정되려면 직원이 현실적으로 퇴직하여 그로 인한 퇴직금이 실제 지급되어야 한다. 따 라서 단순히 경영자가 직원들 퇴직금을 주려는 목적으로 자신 명의의 예금으로 보관하였다는 사정만으로는 법인세법상 손금으로 인정될 수 없으며, 따라서 조세포탈죄는 유죄로 인정되었다.

그러면 횡령죄가 조세포탈죄보다 피고인에게 더 유리할까? 반드시 그런 것은 아니다. 오히려 범죄의 액수로만 놓고 본다면 13억 원 그 자체를 범죄액으로 보는 횡령죄가 13억 원에 세율(대략 20%)을 곱한 세액을 범죄액으로 보는 조세포탈보다 더 무거운 범죄처럼 보일 수도 있다. 다만, 횡령액을 개인 용도로 사용하지 않았다는 진정성에 자신 이 있다면 횡령죄의 불법영득의사를 부인하는 것이 조세포탈을 부인 하는 것보다 더 쉬울 수 있다.

횡령·배임의 흔한 예 (2) 매출 누락

매출 누락은 사업자뿐만 아니라 일반인들도 흔하게 접하는 위법행위이다. 지금은 거의 없어졌다지만 가격 할인을 미끼로 현금 결제를 유도하는 가게들을 만나면, 가격에 민감한 알뜰한 소비자로서 마음이 흔들리면서도 혹시 그 가게가 매출을 누락하려는 것이 아닌지 의심이 들었던 경험은 누구에게나 있을 것이다.

그러나 매출 누락은 소득세나 법인세, 부가가치세 포탈과 직결될 뿐만 아니라 횡령·배임죄까지도 연결될 수 있는 매우 중대한 위법행위이다. 앞서 살펴본 가공비용은 회계장부에 현금이 외부로 나간 기록이라도 남지만, 매출 누락은 현금이 들어온 기록을 누락하는 것인 만큼 회계장부에 아무런 기록도 남지 않기 때문에 회계장부만 보아서는 발견하기도 어렵다.

사업자의 매출 누락에 대하여 조세포탈죄뿐만 아니라 횡령죄까지 기소되었던 대법원 2016. 8. 30. 선고 2013도658 판결을 소개하고자 한다.

이 사건에서 피고인은 신축성이 좋은 합성섬유(스판덱스)를 생산하여 판매하는 사업자로, 생산한 섬유제품 일부를 세금계산서 발급 없이 무자료로 판매한 뒤 받은 현금을 따로 보관하다가 사적 용도로 사용하였다. 이는 전형적인 매출누락 행위로, 피고인은 해당 매출누락으로 법인세 및 부가가치세 포탈로 기소되었을 뿐만 아니라, 섬유제품의 횡령 혐의로도 기소되어 항소심까지 유죄가 인정되었다.

그런데 대법원에서는, "타인의 재물을 보관하는 자가 그 재물을 횡령"하는 범죄인 횡령죄라면 횡령의 대상이 되는 재물을 정확하게 확정하는 것이 중요하다는 점을 전제로, 그런 측면에서 이 사건에서 횡령죄의 객체는 섬유제품이 아니라 섬유제품의 판매대금, 즉 현금이라고 보아야 한다고 판단하였다.

횡령의 대상이 물건인 것과 현금인 것에 어떤 차이가 있을까? 피고인에게는 횡령의 대상이 현금인 것이 약간 더 유리하다. 대법원은 횡령의 대상이 현금이라면 이는 비자금에 해당하고, 비자금은 법인의 대표자가 개인적 용도로 착복할 목적으로 조성된 경우에는 비자금 조성 행위만으로 불법영득의사가 실현되어 횡령죄가 성립하지만, 비자금이 법인의 운영 자금 조달 수단이었다면 횡령죄가 아니라고 보았다. 이에 비하여 횡령의 대상이 물건이라면 그로 인한 판매대금의 용도와 상관없이 언제나 횡령죄가 성립한다고 보았다.

대법원이 비자금의 용도를 법인의 운영 자금 조달 수단이었다고 인정한 것은 아니다. 다만, 항소심이 횡령의 객체를 물건으로 본 판단은 잘못되었고, 사건을 고등법원으로 돌려보낼 테니 현금 횡령액, 즉 비자금이 어떤 용도였는지를 다시 판단하라는 취지였다.

물론 매출 누락으로 조성한 비자금의 용도가 사적 용도가 아닌 법인의 운영 자금 조달 수단이었다는 점을 인정받기는 매우 어려울 것이다. 하지만 앞서 가공비용의 예에서 살펴본 것처럼 대표자가 법인 운영에 대한 진정성을 인정받는다면, 적어도 비자금 조성으로 인한 횡령죄에서는 조금이나마 선처를 구할 여지가 있을 것이다.

17

횡령·배임 vs 배임수재, 한 끗 차이로 달라지는 것들

박소연·강정호 변호사

형법 제357조 제1항의 배임수재죄는 "타인의 사무를 처리하는 자가 그 임무에 관하여 부정한 청탁을 받고 재물 또는 재산상의 이익을 취득하거나 제3자로 하여금 이를 취득하게 하는 죄"이며, 5년 이하의 징역 또는 1천만 원 이하의 벌금에 처해진다.

배임수재죄는 뇌물죄와 비슷하다. 권한을 가진 사람이 그 일에 관하여 부정한 청탁을 받으면서 금전 등의 이익을 얻는다는 행위의 모습이 직관적으로 닮은 구석이 있다. 차이점이 있다면 뇌물죄의 행위 주체는 공무원이고, 배임수재죄의 행위 주체는 민간인이라는 점이다.

횡령·배임죄(형법 제355조)와 배임수재죄(형법 제357조)는 무엇이 다를까. 배임죄와 배임수재죄는 이름도 비슷하고, 언뜻 보기에 형사법적으로는 큰 차이가 없어 보인다. 그러나 소득의 귀속 주체가 다르다는 점에서 횡령·배임죄와 배임수재죄는 조세법적으로 큰 차이가 있다.

횡령죄는 타인의 재물을 보관하던 자가 그 재물을 횡령하는 범죄이고, 횡령죄의 대상이 되는 재물은 원래 타인의 소유이다. 따라서 횡령한 재물은 본래 주인에게 돌려주어야 하기 때문에 일반적으로는 몰수나 추징을 할 수 없다(형법 제48조). 부패재산의 몰수 및 회복에 관한 특례법(부패재산몰수법) 제6조에 따라 피해자가 범인에 대한 재산반환 청구권 또는 손해배상청구권 등을 행사할 수 없는 등 피해회복이 심히 곤란하다고 인정되는 경우에는 예외적으로 몰수·추징할 수 있으나, 이 경우에도 몰수·추징된 횡령물은 피해자에게 환부하여야 하며, 증거물로 압수한 경우에도 마찬가지로 피해자에게 환부하여야 한다. 그래서 세법도 횡령물을 횡령한 사람의 소득으로 잡지 않는다.

배임죄도 마찬가지이다. 배임죄는 타인의 사무를 처리하는 자가 그 임무를 위배하여 재산상의 이익을 얻고 이로 인해 '본인'[1]에게 손해를 입히는 범죄이다. 배임한 사람이 얻은 재산상의 이익이란 본래 '본인'이 가져갈 이익이다. 그래서 배임행위로 인해 '본인'이 손해를 입는 것이다. 배임으로 취득한 재산상 이익의 경우에도 원칙적으로는 추징의 대상이 아니고, 위에서 살펴본 바와 같이 부패재산몰수법에 의하여 예외적으로 추징되는 경우에도 피해자에게 환부되어야 한다. 즉, 배임죄의 대상이 되는 재산상의 이익도 '본인'에게 돌려주어야 할 뿐, 배임죄를 범한 사람의 소득이 아닌 것이다.

하지만 배임수재죄는 다르다. 배임수재는 사적인 영역에서의 뇌물죄와 유사한 죄로서, '타인의 사무를 처리하는 자가 그 임무에 관하여 부정한 청탁을 받고 재물 또는 재산상의 이익을 취득하거나 제3자로

---

1 여기서 '본인'이란 배임죄를 저지른 자(사무처리자)를 의미하는 것이 아니고, 사무를 위임한 '타인'을 의미하는 것이다. '사무'의 귀속주체로서 이를 위임한 '본인'이자 사무처리자 입장에서는 '타인'이라는 뜻인데, 일상적 표현처럼 해석하자면 얼핏 정반대의 뜻으로 읽혀 혼동하기 쉬우나 형법 규정의 표현이므로 그대로 사용하도록 한다.

하여금 이를 취득하게 함'으로써 성립한다. 부정한 청탁의 대가로 받은 금전 등의 이익은 물론 범죄행위로 얻은 위법한 소득이기는 하지만 배임수재 행위자의 소득으로, '본인'과는 관련이 없다. 그래서 배임죄와 달리 배임수재죄 조문에는 '본인'에게 손해를 입힌다는 말이 없다. 따라서 법인의 경영자가 횡령·배임죄가 아닌 배임수재죄로 형사 처벌을 받았다면, 배임수재액은 경영자 개인에게 귀속되는 소득일 뿐 법인의 소득으로 과세할 수는 없다.

즉, 배임수재가 성립할 경우 행위자 또는 제3자가 취득하게 되는 재물 또는 재산상의 이익은, 횡령처럼 '타인'의 소유도 아니고 배임처럼 '타인'에게 귀속되었어야 할 것도 아닌, 오로지 그 행위자 또는 제3자에게 귀속되는 소득인 것이다. 따라서 형법에서는 배임수재죄가 횡령죄 및 배임죄와 동일한 장(章)에 규정되어 있음에도 횡령·배임죄와 달리 필요적(필수적)으로 '몰수 및 추징'을 병과하여 배임수재액을 국고에 귀속시키도록 규정하고 있다(형법 제357조 제3항).

배임수재액의 소득 귀속이 법인인지 경영자 개인인지가 왜 중요할까? 바로 사외유출 때문이다. 사외유출(社外流出)이란 법인에게 귀속되었어야 할 소득이 회사 밖으로 흘러나가 다른 누군가의 소득이 되었다는 뜻이다. 이 경우 법인은 법인대로 법인세를 내고, 그 다른 누군가도 소득세를 내야 한다. 과세소득이 두 배가 되는 것이다. 배임수재액은 경영자 개인에게 귀속되는 소득이므로 종합소득세만 내면 끝난다. 하지만 횡령·배임액처럼 법인에 귀속된 소득이면 법인세를 낼 뿐만 아니라, 다시 경영자에 대한 사외유출로 인정되어 경영자에 대한 종합소득세가 과세된다. 다행히 이를 막을 방법이 아주 없는 것은 아니기 때문에 법인세 쪽에서 다시 살펴보도록 한다.

실제로 필자들이 조세소송을 담당하였던 사건에서 경영자가 배임수재죄로 확정판결을 받았음에도 불구하고, 과세관청에서 배임수재액을 법인의 소득으로 귀속시켜 법인세를 과세한 사안이 있었다. 납세자가 조세심판원 단계까지는 명확히 법리적으로 다투지 못하였으나[2] 조세소송 단계에서 필자들이 횡령·배임죄와 배임수재죄가 구별되고 배임수재액은 법인의 소득으로 귀속시킬 수 없다는, 어떻게 보면 매우 간단한 법리적 주장만으로 납세자의 승소를 이끌어내기도 하였다.

물론 형사법과 조세법은 엄연히 다른 분야이고 적용되는 법리가 다르기 때문에 형사처벌 내용을 근거로 곧바로 조세법상 과세 내용이 달라진다고 단언하기는 어렵다. 하지만 대법원은 "확정된 관련 있는 형사판결에서 인정된 사실은 이를 채용할 수 없는 특별한 사정이 나타나 있지 아니하는 한 사실 인정의 유력한 자료가 되어서 이를 함부로 배척할 수 없다"는 취지로 판결하여, 형사판결의 인정사실을 조세판결에서도 최대한 존중해야 한다고 보았다(대법원 2012. 8. 17. 선고 2010두23378 판결 등). 일반적으로 형사소송이 조세소송보다 빨리 진행되기 때문에, 조세사건에 관하여 관련 형사사건을 중요하게 챙겨야 하는 이유가 여기에 있다.

---

2 당시 납세자는 비슷한 사실관계를 통하여 배임수재죄뿐만 아니라 횡령죄로도 처벌받았기에 납세자나 과세관청 양측이 소득의 귀속에 대하여 더욱 혼동하기 쉬운 상황이기는 하였다.

/ 18 /

조세쟁송,[1] '계란으로 바위치기'일까

이영석 변호사

세금 내기를 좋아하는 사람이 있을까. 대부분은 피할 수만 있다면 피하고 싶을 것이다. 그렇다고 애초부터 위법한 방법까지 동원하여 세금을 회피하는 사람도 드물다. 각자 나름의 방법으로 궁리하여 '절세'할 방안을 찾는 정도이거나 별로 신경도 못 쓰다가 납세고지서가 나오면 그에 맞추어 세금을 납부하면서 살아가는 경우가 대부분일 것이다.

그런데 애석하게도 많은 사람들에게 예상치도 못했던 세무조사가 나오고, 당장 납득하기 어려운 이유로 과세된다. 과세되는 이유도, 납세자가 특정 거래 시에 과세된다는 사실 자체를 모른 경우, 신고의무를 모른 경우, 세율을 잘못 알았던 경우 등으로 다양하다. 심지어 사실 납세자가 중요한 사실을 착오하여 어떠한 잘못을 한 것이 아니라, 국가가 착오하여 뒤늦게 잘못 과세한 경우도 있다. 특히, 어떤 이유로든 시간이 흘러 뒤늦게 과세되는 경우에는 가산세[2]의 영향으로 납부

---

1 과세처분에 대한 재판상 및 재판 외 구제절차를 포함하여, 조세 법률관계에 있어서의 다툼을 '조세쟁송'이라고 표현한다.
2 납부불성실, 신고불성실 등 이름부터 전혀 유쾌하지 않은 가산세이다.

해야 할 세액도 거액에 이르게 된다. 어떤 경우에는 총 세액이, 문제되는 거래로 인해 납세자가 얻은 이익을 초과하기도 한다.

이러한 과세처분을 당했을 때, 대부분의 사람들은 평소 쉽게 느껴보지 못했을 '억울함'과 '두려움'의 감정이 앞서게 된다. 흔한 표현 그대로 "눈앞이 깜깜"해졌다고 호소하는 의뢰인을 여럿 보았다.

이렇게 납득하기 어려운 과세처분이 있는 경우, 이를 마음속부터 그대로 받아들일 사람은 별로 없을 것이다. "납세의 의무"는 헌법에서도 정한 국민의 당연한 의무라고 할 것이나, 이는 정당한 세금을 납부할 의무를 말하는 것이지, 국가의 착오로 인하여 부과된 위법·부당한 세금까지 납부할 의무를 말하는 것은 아니기 때문이다. 쉽게 감정적·현실적으로 생각하더라도, 억울하게 세금을 내고 나면 그 세금을 부과한 나라에서 정상적으로 살아간다는 것은 아마도 쉽지 않을 것이다. 국가의 다른 행정작용은 어떻게 믿을 수 있겠는가.

그렇다고, 납세자인 국민이 막강한 국가와 맞서 다투겠다는 결심을 하는 것도 일단 쉽지 않은 일이다. 다툼의 과정에서 시간과 비용이 많이 든다는 점에서 우선 주저하게 되고, 혹시 국가의 처분에 대하여 다툰다는 그 자체로 미움을 사게 되어 추후 다른 방식으로라도 불이익을 당하는 것이 아닌지 걱정이 앞서기도 한다. 그래서인지 세액이 상대적으로 적거나 당장 생각하기에 본인이 억울하다는 점을 증명하기 어렵다고 판단되면, 억울하다고 판단되는 과세처분이더라도 이를 다투지 않고 그대로 세금을 납부해버리고 마는 경우도 있어 보인다.

다만, 그러하더라도 억울한 마음은 평생 지워지지 않을 것이다. 그런데 국민이 국가를 상대로 다툰다는 것은 정녕 그 자체로 불가능하다고 생각해야할 정도로 어려운 일일까. 일단 국가가 부과한 세금이니, 억울하더라도 납부해야만 하는 것일까. 이 글을 읽는 독자들은 대부분 떠올리겠지만, 꼭 그렇지만은 않다.

우선 다행히 국가도 여러 역사적 과정을 거치면서, 억울한 과세처분에 대하여 납세자가 다툴 수 있는 방안을 열어두었다. 당연히, 국가가 국민에 비하여 막강한 힘을 가지고 있다는 것을 전제로 하여 다툼의 방법을 정하고자 하였다. 여러 단계로, 다양한 기관에서 판단을 받도록 한다든지, 다른 사건들에 비하여 다툼의 비용을 줄인다든지, 다툼의 과정에서 해당 처분의 적법성을 국가가 입증하도록 책임을 부여한다든지 등의 내용이 그것이다. 따라서 과세처분을 당하였는데 일단 스스로 판단하기에 억울하다면, 지레 포기하지 말고 다툴 방법을 찾아볼 만하다.

다만, 막상 다툼을 시작하고자 하더라도 우선 막막한 마음이 드는 것이 사실이다. 우선 다툴 수 있는 방법이 여러 가지이고 단계별로 절차가 정해져 있기 때문에, 당장 어떠한 절차를 먼저 시작하여야 하는지부터 고민이 될 수밖에 없다. 국가에 비하여 힘이 부족한 국민을 위해 다툴 수 있는 방안을 여러 가지로 열어 준 것이나, 그로 인해 어느 방안을 선택할지 여부에 대해 국민은 또 고민하게 되는 것이다.
그러면 결국 어떤 절차를 선택하여 다투어야 할까. 이 부분은 다음 장에서 소개하도록 한다.

19

조세쟁송시 선택할 절차는?

- 소송 이전의 조세불복 절차부터 현명히 대응해야

이영석 변호사

어느 날 갑자기 날아온 납세고지서. 그대로 납부하긴 억울하여 이를 다퉈야겠다고 결심한 상황을 가정하자. 이때 당장 현실적으로 고민되는 문제는 아마도 다음의 두 가지일 것이다. 첫째는 납세고지서가 정한 납부기한 내에 일단 세금을 납부하여야 하는가의 문제이고, 둘째는 구체적으로 언제까지, 어느 기관에서, 어떠한 방법으로 다툼을 시작해야 하는가의 문제이다.

우선, 다투고자 하는 과세처분대로 일단 세금을 납부해야 할까. 결론부터 보자면, 일단은 납부하는 것이 더 유리하다. 이는 체납자가 겪어야 할 중대한 불이익과 관련된 문제이다. 납세자가 과세처분을 다투더라도 해당 처분의 효력 및 집행이 정지되지는 않기 때문에, 세금을 납부하지 않으면 곧바로 '체납자'의 신세를 면할 수 없다. '체납자'가 되는 경우 체납처분이 이어질 수 있으며, 시간이 지남에 따라 고율의 가산금이 부과되고, 고액 체납자의 경우에는 명단까지 공개되는 등으로 불이익이 상당하다. 한편, 향후 최종적으로 다툼에서 승리하는 경우에는 소정의 환급가산금[1]도 받을 수 있다. 따라서 일단 체

---

1 다만, 체납시에 부과되는 고율의 가산금에 비하면 환급 가산금이 많지는 않다.

납자가 겪을 불이익을 피하기 위해서는 세금을 납부하고 다툼을 시작하는 것이 좋겠다.

다음, 언제까지, 어느 기관에서, 어떠한 방법으로 다툼을 시작해야 할까. 억울한 과세처분을 다툴 수 있는 방법은 여러 가지이고, 단계별로 정해져 있기 때문에, 납세자가 전체적인 구제절차의 대강을 잘 이해하고 이를 전략적으로 선택할 필요가 있다. 우선 구제절차는 "소송절차"와 "재판 이외의 구제절차"로 구분[2]할 수 있다. 이때 억울한 과세처분은 궁극적으로 소송절차를 통해 구제받을 수 있는 것이지만, '재판 이외의 구제절차'를 통해 더욱 신속하고 효율적인 권리 구제를 받을 수 있기 때문에 그 기능과 의미가 소송 못지않게 중요하다고 할 것이다.

"재판 이외의 구제절차"[3]의 의미를 더욱 떠올려보면, 소송을 거치기 전에 우선 거치도록 정해져 있다[4]는 점, 신속하게 진행되며, 만일 청구가 인용되는 경우 처분청에 '기속력'이 발생하고, 처분청이 해당 인용결정을 다툴 수 있는 방법도 없다는 점 등에서 의미가 깊다.

특히, '기속력'이란 행정청이 재결의 취지에 따르도록 행정청을 구속하는 힘을 말하는 것으로, 쉽게 표현하자면 처분청이 심사 또는 심

---

2 또한 다툼의 단계를 기준으로 보면, '과세처분' 이전에 다투는 "사전적 구제절차"와 그 이후에 다투는 "사후적 구제절차"로 구분한다.
3 아래에서 소개할 것이나, 주로 심사 또는 심판청구를 중심으로 운영되고 있다.
4 다만, 지방세의 경우에는 최근의 법 개정으로, 심판청구 등의 불복절차 없이 곧바로 소송절차를 통해 다툴 수도 있게 되었다.

판의 취지를 거스를 수 없다는 것을 의미한다. 이와 같은 '기속력'의 효력과 관련하여 처분청은 오랜 시간에 걸쳐 이를 거스르고자 하는 시도를 하였으나, 우리 판례는 일관되게 그러한 시도를 봉쇄하는 취지의 판결을 내려왔다.

가령, 납세자가 과세처분에 대하여 심판청구를 통해 다툰 결과 인용 결정이 되어 해당 과세처분이 취소되었는데, 이후 처분청에 대한 감사 결과 해당 처분은 과세하여야할 사안이라는 이유로 다시 종전의 과세처분과 동일한 취지의 과세처분을 한 경우[5]가 있었고, 심판청구 등의 과정에서 처분청이 과세처분을 직권취소하였음에도 불구하고 향후 동일한 취지의 과세처분을 한 경우[6] 등이 있었으나, 이러한 처분청의 후행 과세처분은 모두 위법하다고 결론났다.

위와 같은 조세불복 절차의 의미를 고려하였을 때, 억울한 과세처분을 다투는 과정에서 무리하게 소송 절차에만 집중할 것이 아니라 조세불복 단계에서부터 신중하고 현명하게 대응해 나갈 필요가 있다고 할 것이다.

그렇다면, 조세불복 절차는 어떻게 진행하면 될 것인가. 현재 우리 제도의 현실에서 특히 "조세불복" 절차는 세금의 유형이 국세, 지방세, 관세로 나뉘고, 불복 절차 발달 과정에서의 역사적 이유로 인하여

---

5 대법원 2019. 1. 31. 선고 2017두75873 판결, 대법원 2010. 6. 24. 선고 2007두18161 판결 등 다수
6 대법원 2017. 3. 9. 선고 2016두56750 판결, 대법원 2014. 7. 24. 선고 2011두14227 판결 등 다수

다소 다양하고 복잡한 면이 있다.

우선 개략적으로나마 조세불복 절차를 소개하자면, "사전적 구제절차"로서 '과세전적부심사'가 있으며, "사후적 구제절차"로서 처분청에 대한 이의신청, 국세청장(국세) 또는 도지사(시·군세)에 대한 심사청구, 조세심판원에 대한 심판청구, 감사원에 대한 심사청구 등이 마련[7]되어 있다. 과세전적부심사는 결정 전 통지를 받은 이후 30일 이내에 청구하여야 하며, 이외 사후적 구제절차는 과세처분을 받거나 이의신청에 대한 기각 결정을 받은 이후로부터 90일 이내에 청구하여야 한다. 한편 만일 조세불복 절차에서 최종적으로 기각 결정을 받았다면, 그로부터 90일 이내에는 소송을 제기하여야 한다.

이와 같이, 조세불복 절차는 다양하게 마련되어 있어 납세자로서는 어떠한 절차를 선택하여야 할지 고민이 될 수밖에 없다. 근래에 대체적으로는 조세심판원에 대한 심판청구가 그 중심을 이루고 있기는 하나, 각 절차마다 선행 결정례가 다르고 심리 방법이나 기간 등에 있어 차이가 있는 등 중요한 부분에서 납세자에게 유불리가 있을 수 있다.

따라서 다툼을 시작하는 단계에서부터 전문가와 상의하여, 어떠한 불복 절차를 선택할 것인지 여부에 대해 신중하게 고민하는 것이 바람직하다고 할 수 있다.

---

7 그 밖의 재판 이외 구제절차로서 국민권익위원회에 대한 고충민원신청도 있으나, 통상적으로 많이 사용되는 절차는 아니다.

20

늦어도 다시 한 번

- 부당이득반환청구로 잘못 낸 세금 돌려받기

백선아 변호사

납세자가 과세관청의 잘못된 부과처분으로 인하여 세금을 과다 납부하였다면, 조세심판원에 대한 심판청구나 감사원에 대한 심사청구 등의 조세불복절차를 통해 이를 돌려받을 수 있다.

이러한 조세불복은 언제든지 청구할 수 있는 것이 아니고, 국세기본법에서 "처분이 있음을 안 날로부터 90일 이내"에 청구하도록 기한을 정하고 있어 이 기간이 지나면 더 이상 불복청구를 할 수 없다.

90일이라는 불복청구기간은 상당히 짧은 기간으로, 세법을 잘 알지 못하는 일반인이 90일 내에 과세처분의 위법성을 판단하여 불복까지 제기하기란 쉽지 않은 일이다. 특히 법인이 아닌 개인의 경우에는 불복기간이 지나고 나서야 과세처분이 잘못되었음을 알게 되는 경우가 빈번하다.

이처럼 잘못된 부과처분이 있었으나 불복기간이 도과하여 더 이상 심판청구 등을 제기할 수 없는 경우, 차선의 구제수단으로 국가나 지방자치단체를 상대로 부당이득반환을 청구해 볼 수 있다. 부당이득반환청구 소송은 행정소송이 아니라 일반 민사소송이고, 불복기간과 상관없이 5년의 소멸시효가 지나기 전이라면 언제든 제기할 수 있다.

다만, 잘못된 부과처분이 있었다고 하여 모두 부당이득반환청구를 통하여 세금을 돌려받을 수 있는 것은 아니고, 그 처분이 "당연무효"에 해당하는 경우에 한하여 부당이득반환청구를 인정받을 수 있다.

어떠한 과세처분에 법을 위반한 하자가 있는 경우, 그 하자는 정도에 따라 취소사유에 그칠 수도 있고 당연무효사유가 되기도 한다. 그 하자가 취소사유에 그치는 경우라면, 일단 그 과세처분은 유효한 것으로 보게 되어 불복을 통하여 사후적으로 취소시키지 않는 한 그대로 효력이 유지된다. 그렇지 않고 하자가 취소사유를 넘어 무효사유에 이르는 경우라야 애초부터 과세처분의 효력이 없는 것이 되어 국가나 지방자치단체가 법률상 이유 없이 이득을 보고 있다는 이유로 부당이득반환청구를 할 수 있게 되는 것이다.

문제는 법원에서 과세처분의 무효를 극히 제한적으로만 인정한다는 것이다. 전통적으로 대법원에서는 이른바 "중대명백설"에 입각하여 과세처분의 하자가 당연무효사유인지 또는 취소사유인지를 판단해 왔다. 중대명백설에 따르면 과세처분의 하자가 ① 법규의 중요한 부분을 위반한 "중대"한 것으로서, ② 객관적으로 "명백"하여야만 무효사유가 된다.

잘못된 과세처분이란, 결국 과세관청이 세법 규정을 잘못 해석했거나 사실관계를 오인하였기에 생기는 것이다. 과세처분은 당연히 세법에서 정한 과세요건을 지켜 행해져야 하므로, 만약 요건이 충족되지 않았는데도 과세처분이 이루어졌다면 해당 처분은 국민의 재산권을 부당하게 침해한 것으로서 중대한 위법성이 있다. 판례에서도 과세처분의 하자의 "중대성"은 쉽게 인정해 준다.

하지만 "명백성" 요건의 경우 상황이 좀 다르다. 법원은 하자의 "명백성"을 인정하는 데에 인색한데, "세법 해석의 법리가 명백히 밝혀지지 않아서 해석의 다툼의 여지가 있었다면 과세관청이 이를 잘못 해석하였더라도 그 하자는 명백하다고 볼 수 없다"고 한다.

그러나 세법에 대한 해석방법이 이론의 여지없이 명확한 경우라면 애초에 과세관청이 잘못된 부과처분을 할 가능성은 아주 낮다. 실무상 어떠한 처분이 위법하다고 판단되는 경우란, 조문의 의미가 명확하지 않거나 법령이 미비하여 처분 당시 그 해석방법을 둘러싸고 서로 다른 의견이 존재하였던 경우가 많다. 이러한 상황에서 하자의 명백성에 관한 법원의 태도를 그대로 따르면, 사후에 어떠한 처분이 위법하다고 판단되는 경우에는 대체로 그 하자가 명백하지 않게 되어버리고 만다.

생각건대 법원이 하자의 당연무효를 판단함에 있어 보수적인 태도를 취하는 이유는 조세의 조기 확정을 통하여 법적안정성을 지키고자 함이거나 재정을 확보하기 위함일 것이다.

그러나 법규정의 미비나 불명확성으로 인하여 세법의 전문가인 과세관청이나 법원조차 그 해석이 어려운 상황에서 납세자에게 그 불명확성으로 인한 불이익을 모두 감당하라는 것은 부당하다. 뒤늦게나마 과세관청의 세법 해석이 위법하였다는 점이 밝혀졌다면, 국가로서는 잘못 걷은 세금은 돌려주어야 마땅할 것이다.

대법원에서도 과세처분의 당연무효성을 판단하는 기준을 완화하려는 움직임이 존재한다. "법리 해석에 다툼의 여지가 있는 때에는 하자가 명백하다고 할 수 없다"는 주류적 태도를 변경한 판례는 아직까지 없는 듯하지만, 그래도 전원합의체 소수의견 등에서 기존 중대명백설에 대한 비판이 제기되고 있다.[1] 또한, 최근 대법원은 종전의 태도에 따르면 하자의 명백성이 인정되지 않았을 만한 사안에서 무효를 선언한바 있다.

해당 판결에서는 지방세특례제한법상의 재산세 감면 규정 중 공공시설 토지[2]에 대한 감면 규정이 문제되었다. 이 규정에서는 "도시관리계획의 결정 및 지형도면의 고시가 된 토지"를 감면 대상 토지로 정하고 있었는데, 과세관청에서는 해당 조문의 입법취지상 도시관리계획 결정 단계를 넘어 이미 도시관리계획의 집행이 완료된 경우에는 감면 대상에 해당하지 않는다는 이유로 재산세 추징 부과처분을 하였다.

납세자는 이에 불복하여 행정소송을 제기하였고, 1심 법원은 감경조항의 문언이 명확하고 해석에 다툼의 여지가 없다는 이유로 처분이

---

1 대법원 2017다242409 전원합의체 판결의 반대의견 참조
2 「국토의 계획 및 이용에 관한 법률」 제2조 제13호에 따른 것이다.

무효라고 판단, 납세자의 손을 들어주었다. 이에 비하여 2심 법원에서는 문제된 감경조항의 입법 경위나 목적, 문언 체계 등에 비추어 보면 집행이 완료된 토지는 감경조항의 적용대상에 해당하지 않는다고 해석될 여지가 있어 이 사건 부과처분의 하자가 명백하지 않다고 판단하였다.

이와 같이 1심과 2심에서는 감경 규정의 해석에 관하여 서로 의견이 엇갈렸는데, 사실상 법원에서조차 세법 해석과 관련하여 의견이 서로 다르다면 그 자체로도 "법리 해석에 다툼의 여지가 있는 때"라고 볼 수도 있을 것이다. 그러나 3심인 대법원에서는 공공시설을 위한 토지일 것, 도시관리계획의 결정 및 지형도면의 고시가 되었을 것이라는 요건을 갖추면 감경 요건에 부합하는 것이고 그 밖에 다른 부가적인 요건은 감경조항에 규정되어 있지 않으므로, 감경조항의 적용대상이 되는 토지의 범위가 법문상 명확하다면서, 과세관청이 그 의미를 자의적으로 잘못 해석하였다면 중대하고 명백한 하자가 존재한다고 판단하였다.[3]

이 대법원 판결에서는 비록 기존의 "중대명백설"을 변경하지는 않았으나, 감경조항의 해석방법에 이론의 여지가 없다고 판단함으로써 결과적으로 "명백성" 요건을 완화하였다는 데에 의미가 있다.

지금까지 법원은 부당이득반환청구 소송에서 법적 안정성과 국민의 재산권 보호라는 두 가지 가치 중 전자에 무게를 두어 온 경향이

---

3 대법원 2019. 4. 23. 석노 2018다287287 판결

있다. 그러나 국민의 권리와 재산을 지키는 것이 국가 본연의 존립목적임을 고려할 때, 적어도 과세처분의 하자가 심히 중대한 경우에는 법원이 당연무효의 범위를 넓게 해석하여 잘못 걷은 세금을 되돌려주는 쪽으로 변화해 갔으면 한다.

참고로, 국민권익위원회에서도 행정처분에 대한 고충민원을 접수하여 해당 처분이 위법·부당한 경우 시정권고를 할 수 있다.[4] 이 시정권고는 비록 법적 강제력은 없으나, 권고를 받은 행정기관으로 하여금 국민권익위원회의 의결을 수용하도록 하는 사실상의 영향력이 있다. 국민권익위원회는 그 설치목적에 따라 엄격한 법적 요건에 구속받기 보다는 국민의 구체적인 권리구제 필요성을 중시하므로, 억울한 과세처분을 받은 납세자는 국민권익위원회의 문을 두드려볼 수 있다.

실제 국민권익위원회는 90일의 불복기간 내에 취소청구를 제기하지 못하고 고충민원을 제기한 사안에서, 불복기간이 경과하였더라도 과세관청의 직권 경정이 가능하므로 처분을 취소하는 것이 타당하다면서 납세자의 손을 들어준 경우도 있다. 그러므로 사안에 따라 법원에 소송을 제기하는 방법 이외에 국민권익위원회의 민원절차를 이용해 보는 것도 하나의 구제방법이 될 수 있을 것이다.

---

4 「부패방지 및 국민권익위원회의 설치와 운영에 관한 법률」 제46조

21

조세불복, 소송제기, 상소시에 부담할 위험은?

– 불이익변경금지원칙

이영석 변호사

과세처분이 이루어진 상황, 그리고 조세쟁송을 시작한 결과 각각의 불복기관 혹은 법원의 판단이 내려진 상황을 가정해 보자.

예를 들어, 2015년분 종합소득세로 1,000만 원을 납부하라는 과세처분을 받은 상황, 위 처분에 대하여 조세심판원에 심판청구를 한 결과 500만 원으로 감액한다는 재결을 받은 상황, 재차 위 재결에 대하여 소송을 제기하였으나 1심 법원은 해당 청구를 기각한 상황 등이다.

이와 같이 어떠한 기관(처분청, 재결청, 각급 법원 등)이 판단한 결과 얼마의 세금을 납부해야 한다는 결정이 있었던 상황에서 그 결정에 대해 납세자가 다투고자 할 때, 만일 승리하지 못한다면 납세자에게 어떠한 불이익이 있을까.

이는 이른바 '불이익변경금지원칙'과 관련된 문제이다. 국가가 부과한 과세처분에 대하여 다툼을 결심하는 것은 결코 쉽지 않은 일이다. 그런데 다투었으나 애초에 청구한 내용이 받아들여지지 않고, 오히려 종전보다 더욱 불리한 처분을 받을 수도 있다면 어떠할까. 어떠한 결정에 대해 다툰 결과 추후 더욱 불리한 결정을 받을 가능성이 있다면, 납세자로서는 다툼을 결정하는 것이 더욱 두렵고 어려울 수밖에 없을 것이다.

이러한 문제를 해결하기 위하여, 우선 조세심판에 대하여는 "불이익변경금지 원칙"을 명문으로 규정하였고, 이의신청 및 심사청구 등 다른 불복절차에는 위 원칙을 실무상 확대 적용함으로써, 결과적으로 조세불복 절차(모든 행정심판단계)에는 위 원칙이 모두 보장되고 있다.

구체적으로, 국세기본법 제79조 제2항에 의하면, "조세심판에 대한 결정은 심판청구를 한 처분보다 청구인에게 불이익이 되는 결정을 하지 못한다"고 규정한다. 이러한 "불이익변경금지 원칙"은 앞서 살핀 상황에서 알 수 있듯이, 권리구제를 받기 위해 불복청구를 한 사람에게 오히려 본래 처분보다도 불이익한 결정을 하는 경우에는 자칫 불복시도 자체를 위축시킬 우려가 있으므로, 구제신청권을 보장하여야 한다는 정책적 이유에서 마련된 것으로 해석된다.

관련하여, 특히 조세불복 단계에서 위 원칙이 문제되는 사례도 종종 있는데, 가령 심판청구에 대하여 "재조사결정"이 내려진 경우 처분청이 재조사를 거쳐 오히려 종전 처분보다 불리한 처분을 내릴 수도 있는지 여부와 관련된 상황이다.

구체적으로, 처분청이 甲의 종합소득세 신고내역에서 매출누락된 수입금액을 추가하여 2,000만 원의 2012년분 종합소득세 부과처분을 하자 甲이 불복하여 조세심판원에 심판청구를 하였는데, 조세심판원은 甲의 주장을 받아들여 소득금액을 추계하여 과세표준 및 세액을 경정하라는 결정을 내린 사례가 있었다. 그런데 처분청은 재조사 후 오히려 위 2012년분 종합소득세에 대하여, 당초 고지한 2,000만 원에서 900만 원을 추가로 부과하는 증액경정처분을 한 것이다. 위 증액경정처분에 대하여, 우리 대법원은 "재조사결정의 취지에 따른 후속처분이 심판청구를 한 당초 처분보다 청구인에게 불리하면 법 제79조 제2항의 불이익변경금지원칙에 위배된다"는 이유로 위 처분을 취소[1]하였다.

다만, 위 사례와 같이 '재조사결정' 이후의 재처분이 불이익변경금지원칙에 위배되는지 여부에 대하여는 아직까지 여러 면에서 처분청과 사이에 다툼이 많은 영역이므로, 만일 불복단계에서 재조사결정을 받은 경우에는 전문가와 상의하여 효과적인 대응방안을 마련하는 것이 현명하다고 할 것이다.

한편, 조세소송 단계에도 "불이익변경금지 원칙"이 적용될까. 아쉽게도, 현실적인 면에서 실질적으로 그렇지는 않다. 우선, 조세소송은 주로 행정소송의 방법으로 이루어지며 행정소송에도 민사소송에서와 마찬가지로 "처분권주의"[2]가 적용되는바, 조세소송에서도 상소법원이 당사자의 불복신청의 범위를 넘어서 원판결을 불이익 또는 이익으로 변경할 수는 없다. 위와 같은 측면에서는 조세소송 단계에서도 "불이익변경금지 원칙"이 적용되는 듯하다.

---

1 대법원 2016. 9. 28. 선고 2016두39382 판결
2 당사자가 신청한 범위를 넘어서 판단할 수 없다(민사소송법 제203조 참조)는 원칙을 말한다.

그러나 현실적으로는 납세자가 판결에 대하여 불복하는 경우 대체로 처분청도 해당 판결에 대하여 불복하기 때문에, 납세자의 기대와는 달리 상소심에서 원심보다 더욱 불리한 판결이 내려질 수 있다.

예를 들어, 1심 법원에서 과세처분을 모두 취소한다는 판결을 받았다 하더라도, 2심 법원에서 과세처분 중 일부만 취소한다는 판결을 받거나 심지어 과세처분 전부가 적법하므로 청구를 기각한다는 판결을 받을 수도 있는 것이다.

즉, "불이익변경금지원칙"의 측면에서 납세자가 조세불복 단계에서 부담하는 위험과 조세소송 단계에서 부담하는 위험은 차이가 있다. 조세쟁송 전략을 마련함에 있어서는 이러한 점도 현명히 고려할 수 있어야 한다.

/ 22 /

조세불복과 불변기간

신경화 변호사

"기간"이란 어느 시점부터 어느 시점까지의 계속된 시간을 말하는데, 일정한 기간의 경과에 대하여 법률효과를 발생시키는 제도에는 시효와 제척기간이 있다. "시효"란 일정한 사실 상태가 일정 기간 계속된 경우에 진정한 권리관계와의 일치 여부를 묻지 않고, 그 상태를 존중하여 일정한 법률효과(권리의 취득 또는 소멸)를 발생시키는 제도이다. "제척기간"이란 일정한 권리에 관하여 법률이 미리 정하고 있는 권리의 존속기간을 말한다. 시효의 경우 당사자의 행위·의사표시 등에 의하여 중단, 포기, 단축 등이 가능하나, 제척기간은 그 기간의 경과 자체만으로 권리소멸의 효과를 발생시켜 그 기간의 중단이나 기간이익의 포기, 단축 등이 불가능하다.

세금의 부과 및 불복과 관련된 기간은 대부분이 제척기간으로써 당사자에 의한 기간의 중단이나 연장이 불가능하며, 그 경과만으로 부과권(과세관청) 내지 불복의 권리(납세자)가 소멸한다. 특히, 조세불복과 관련된 기간은 불변기간이 대부분으로써(국세기본법 제56조 제6항) 한번 지나면 다시 시작하거나 되돌릴 수 없으므로, 그 시기와 종기를 잘 알아 적절한 시점에 대처하는 것이 매우 중요하다.

조세쟁송은 조세불복절차와 조세소송으로 나눌 수 있는데, 국세의 경우 행정심판전치주의를 취하고 있어 조세심사·심판절차를 거쳐 행정소송을 제기하여야 한다.

법인세의 경우 신고·납부를 하게 되므로 신고·납부하였던 세액에 이상이 있는 경우 경정청구부터 조세불복 절차를 시작하는 경우가 많으며, 과세예고통지 등을 받는 경우 그에 대한 적부심사를 청구하여 불복절차를 진행하는 경우도 있다.

이에 대하여 국세기본법은 각 절차별로 기간을 정하여 그 기간 내에 절차를 개시할 것을 요구하고 있다.

- 경정청구: 과세표준신고서를 법정신고기한까지 제출한 자 중 통상의 경정청구 사유가 있는 경우 최초신고 및 수정 신고한 국세의 과세표준 및 세액의 결정 또는 경정을 "법정신고기한이 지난 후 5년 이내에(국세기본법 제45조의2 제1항)", 후발적 경정청구 사유가 있는 경우 국세부과권의 제척기간이 경과한 후라도 "그 사유가 발생한 것을 안 날부터 3개월 이내에 국세기본법 제45조의2 제2항)" 경정청구를 할 수 있다.

- 과세 전 적부심사: 세무조사 결과에 대한 서면통지 또는 과세예고통지를 받은 자는 통지받은 날부터 30일 이내에 과세 전 적부심사를 청구할 수 있다.

- 이의신청·심사청구·심판청구: 해당 처분이 있음을 안 날(처분의 통지를 받은 때에는 그 받은 날)부터 90일 이내에 제기하여야 한다(국세기본법 제61조 제1항 및 제68조 제1항). 감사원법에 의한 심사청구는 심사청구의 원인이 되는 행위가 있음을 안 날부터 90일 이내에, 그 행위가 있은 날부터 180일 이내에 심사의 청구를 하여야 한다(감사원법 제44조 제1항).

- 조세소송: <u>심사청구 또는 심판청구에 대한 결정의 통지를 받은 날부터</u> <u>90일 이내</u>에 제기하여야 한다. 다만, 국기법상 결정기간 내에 결정의 통지를 받지 못한 경우에는 결정의 통지를 받기 전이라도 그 결정기간이 지난 날부터 행정소송을 제기할 수 있다(국세기본법 제56조 제2항).

세법에서 규정하고 있는 기간의 계산은 세법에 특별한 규정이 있는 것을 제외하고는 민법에 따른다(국세기본법 제4조, 지방세기본법 제23조). 그리하여 기간을 일, 주, 월 또는 연으로 정한 때에는 기간의 초일은 산입하지 아니하며(기간이 오전 영시로부터 시작하는 때에는 초일 산입), 기간 말일의 종료로 기간이 만료(기간의 말일이 토요일 또는 공휴일에 해당한 때에는 기간은 그 익일로 만료한다)하는 것이 원칙이다.

위와 같은 방법에 의하여 기간 산정시 초일 산정에 유의하여야 하는데 "처분이 있는 날(처분의 통지를 받은 때에는 그 받은 날)"로부터 기간을 산정하는 경우 해당 처분문서의 "송달일"이 언제인지 관리하는 것이 특히 중요하다.

세법에서 규정하는 서류는 그 명의인의 주소, 거소(居所), 영업소 또는 사무소 등에 교부, 우편 또는 전자송달의 방법으로 하여야 하는데 (국세기본법 제8조 제1항, 제10조 제1항), 교부 또는 우편 송달의 경우 송달할 장소에서 서류를 송달받아야 할 자를 만나지 못하였을 때는 그 사용인이나 그 밖의 종업원 또는 동거인으로서 사리를 판별할 수 있는 사람에게 서류를 송달할 수 있다(국세기본법 제10조 제4항).

이때 위 조항에서 정하고 있는 "사용인이나 그 밖의 종업원 또는 동거인으로서 사리를 판별할 수 있는 사람"의 범위와 관련하여 사무실이나 아파트 경비원이 받아 명의인에게 전달한 경우 언제 문서가 송달되었다고 볼 것인지 문제될 수 있다. 법원은 아파트 경비원에게 한 송달이 유효하기 위하여서는 그 아파트에 거주하는 입주자들이 명시적 또는 묵시적으로 경비원에게 등기우편물의 수령 권한을 위임한 사실이 인정되어야 한다고 하여 경비원에 의한 고지서 등의 수령에 대하여 송달의 효력을 인정한 사례[1]와 등기우편물 수령 권한을 위임받지 못한 경비원에 대한 송달을 부정한 사례[2]도 있어, 구체적인 사례에 따라 경비원의 수령에 송달의 효력을 부여하고 있다.

실제 있었던 사건 중, 납세고지서가 회사의 창립일로써 자체 휴무일이었던 금요일에 정문경비원에 의하여 수령되었고, 그 다음 주 월요일부터 수요일이 명절 연휴이어서 해당 회사의 세무담당자에게 납세고지서가 목요일에 송달되었던 사례가 있었다. 이때, 세무담당자는 본인이 납세고지서를 수령한 목요일을 송달일로 보고 기간 계산을 하여 그때부터 87일째 되는 날 조세심판을 청구하였다.

그 후 해당 사안이 행정소송으로 이어졌는데, 법원은 정문경비원이 납세고지서를 수령하였던 그 전주 금요일을 송달일로 보아 해당 회사의 조세심판이 90일의 제척기간 이후 청구되어 부적법하므로, 이를 전심절차로 하여 제기된 행정소송 또한 부적법하다고 각하 판결을 하였다.

---

[1] 대법원 2000. 7. 4. 선고 2000두1164 판결
[2] 대법원 1998. 9. 11. 선고 98두10400 판결

납세의 고지·독촉·체납처분 또는 세법에 따른 정부의 명령에 관계되는 서류의 송달을 우편으로 하는 경우 필히 등기우편으로 하여야 하는바(국세기본법 제10조 제2항), 등기관리 시스템에 의한 수령일자 입증이 용이하여 납세자가 이를 놓칠 경우 다른 일자를 송달일자로 주장하기 어렵게 된다.

위와 같이 절차적 하자로 인한 불복절차 실패를 피하기 위하여 납세자는 우편송달되는 세무 관련 문서를 관리할 때 그 등기정보 역시 철저히 관리하여 적법한 송달일을 잘 알고 있어야 할 것이다.

주요 세목별 쟁점사항

/ 23 /

세금, 사회문제의 만능해결사인가

최성아 변호사

인간에게 피할 수 없는 두 가지는 죽음과 세금이라는 말이 있듯이 세금은 우리 생활에서 떼려야 뗄 수 없는 존재이다. 헌법 제38조는 "모든 국민은 법률이 정하는 바에 의하여 납세의 의무를 진다"라고 규정하고 있는 것에서 보듯이, 납세의 의무는 국방의 의무, 근로의 의무, 교육의 의무와 함께 대한민국 국민의 4대 의무 중 하나이다.

그런데 과연 세금은 무엇이고, 왜 걷는 것인가? 세금은 국가나 지방자치단체가 정부나 지방정부를 운영하기 위해 국민으로부터 법에 따라 걷는 돈으로서, 국가는 국민에게 세금을 통해 다양한 문명 혜택을 제공하고, 사회문제를 해결하며, 국민은 그것을 누리게 된다. 이러한 측면에서 '세금은 문명사회의 대가[1]'라고 표현되기도 한다.

한편 시대에 따라 세원 및 사회문제도 달라졌고, 이에 따라 세제도 바뀌어 왔다. 세금은 시대 변화에 따라 변화하기도 하고, 세원 발굴의 목적으로 신설되기도 하며, 사회문제를 해결하기 위한 방편으로도 다양한 신종 세금이 등장한다.

---

1 Oliver W. Holmes Jr.(1841~1935), 미국의 법학자, 연방 대법관

가령 과거 역사 속에는 난로세, 창문세, 수염세, 오줌세 등의 이색 세금이 존재했다. 부자에게 더 많은 세금을 걷기 위해 난로 개수에 따라 세금을 부과하는 난로세를 둔다거나 창문 개수에 따라 세금을 부과하는 창문세를 두기도 하였다. 러시아에서는 종교적 이유 또는 귀족이라는 이유로 수염을 기르는 사람들이 있었는데 이를 좋게 보지 않은 정부가 수염에 세금을 붙였고, 로마에서는 양털 옷의 세정제로서 오줌이 귀해지자 오줌에 가격을 붙인 오줌세를 도입하여 로마군대의 자금 마련 역할로 이용했다고 한다.

현대사회에서도 각종 신종 세금에 대한 논의가 다양한데, 특히 구글세로 대표되는 디지털세, 출국세 또는 국외전출세, 로봇세, 비만세 내지 건강세, 싱글세(1인 가구 과세), 반려동물 보유세 등에 관한 논의가 활발한 편이다. 이들 중 일부는 이미 우리나라를 비롯해 일부 나라에 도입된 것도 있고, 아직 도입 여부에 대해 찬반 논쟁이 뜨거운 것들도 있다.

먼저, 디지털세(Digital Tax)는 구글세로도 불리는데, 구글, 애플, 페이스북, 아마존 등 글로벌 디지털 대기업의 조세회피에 대응하기 위하여 고안된 조세로서, 기업의 고정사업장 소재지 여부와 상관없이 매출이 발생한 국가에 의해 자국 내 매출액에 대해 일정 세율로 부과되는 세금을 말한다. 일종의 소비세를 기업에 부과하는 것이며, 해외기업에 대해서는 관세로서의 성격도 가진다. EU는 온라인 타깃광고, 디지털 중개활동, 데이터 판매 등의 매출액에 3%의 세율로 부과되는 디지털서비스세 도입을 구상하고 있다. 현재 프랑스는 2019년부터 글로벌 디지털대기업의 타깃광고, 통신 중개 등의 매출액에 3%의 세율로 디지털서비스세(Digital Service Tax)를 부과하고 있으며, 영국은 2020년 4월부터 소셜 미디어, 검색, 온라인 마켓플레이스 등의 매출액에 2%의 세금을 부과할 예정이다.

현재 경제협력개발기구(OECD), G20 등 주요국이 주도하고, 130개국이 참여해 디지털세를 어떻게 거둘지에 대해 논의를 진행하고 있으며, 2020년 말에는 디지털세 도입 방안 초안이 나올 예정이다. 국내에서도 디지털세 도입 논의가 이루어지고 있는데, 기획재정부는 국세청, 조세재정연구원, 관련 기업을 포함한 민간 태스크포스(TF)를 운영해 국익을 최대한 확보할 수 있도록 OECD 등 주요국의 디지털세 논의에 적극 참여할 계획임을 밝히고 있다.

다음, 출국세 또는 국외 전출세(Exit Tax 또는 Expatriation Tax)라 함은 주식에 대한 양도소득세가 원칙적으로 거주지 국가에서 과세하도록 되어 있음으로 인하여 거주자가 비거주자로 전환된 이후에 주식을 양도하는 경우에 있어서는 주식양도차익이 발생하였음에도 불구하고 어느 나라에서도 납세의무를 부담하지 않게 되는 과세공백을 시정하기 위하여 마련된 세금을 말한다. 2015년 초 양도차익이 이미 형성된 부분에 대해서는 당해 양도소득이 형성된 국가에게 과세권을 인정하자는 OECD의 권고에 따라 국외출국세 도입이 일반화되었고, 우리나라에서는 2016. 12. 20. 내국법인의 주식을 보유한 대주주가 2018. 1. 1.부터 이민 목적으로 출국하는 경우에 대하여 적용되도록 하여, 위와 같은 출국세가 소득세법에 도입되었다.

다음, 로봇세란 로봇이 생산하는 경제적 가치에 대해 부과하는 세금으로서 인간의 일자리를 대체할 로봇에게 세금을 부과하여, 일자리를 잃은 사람을 지원하는 것이 목적이라고 한다. 로봇세를 도입하면 고도의 자동화로 인한 실직 사태의 속도를 늦추고 실직자 재교육 재원 마련에 기여할 수 있다는 찬성 입장과 로봇 업계와 관련 기술 발전을 저해할 뿐만 아니라 로봇의 윤리 문제와 세금 문제는 별개로 생각해야 한다는 반대 입장이 팽팽히 대립하고 있다.

다음, 비만세, 건강세란 설탕세로 대표되는데, 가당음료에 과세를 하여 설탕소비 감소를 통해 비만과 당뇨를 예방함으로써 결과적으로 의료비용 절약을 도모할 수 있다고 보아 그 도입을 주장하는 입장과 아직은 시기상조이고 세금 이외의 다른 해결방안을 모색해 보아야 한다는 반대 입장의 의견대립이 있다.

이 외에도 소득이 있는 49세 이하의 미혼 남녀로부터 세금을 걷어 국가 재원으로 삼자는 싱글세(1인 가구 과세), 유기되는 반려동물 수가 매년 증가하면서 관련 비용이 늘자 반려동물을 보유한 가구가 일정 비용을 부담하는 제도적 장치를 마련하자는 취지에서 반려동물 보유세 등을 도입하자는 논의도 나오고 있다.

시대가 급변하고, 다양한 사회적 요구를 충족시키기 위한 재원 마련을 위한 세수 확보가 중요해 지다 보니 여러 가지 신종 세금이 논의되고 있으나, 국민에게 경제적 부담을 주는 세금은 신중한 접근과 충분한 공감대를 형성한 뒤 사회적 합의를 거쳐 도입하는 것이 사회

갈등을 줄이는 방법이 될 것이다. 뿐만 아니라 다양한 사회 문제의
해결은 해당 문제의 성격을 고려한 다각적인 접근이 필요한바, 세금
만이 사회문제의 만능해결사가 될 수는 없을 것이다.

추징에 놀란 가슴 가산세에 미어진다

백선아 변호사

가산세의 종류와 세율

세금은 법상 정해진 기한 내에 내야 한다. 그런데 바쁜 생활에 치이다 보니 미처 제때 신고를 하지 못하는 경우도 있고, 혹은 세법을 제대로 몰라 신고를 하지 못하거나 원래 금액보다 적게 내는 경우도 있다. 아니면 세금 내기가 아까워 내지 않고 버티고 있는 경우도 있을 것이다.

이유가 어찌 되었든 납세자가 세금을 납부하지 않거나 늦게 내는 경우, 국가나 지자체에서는 본세 추징과 별도로 징벌적 성격의 "가산세"를 부과하게 된다.

가산세에는 여러 종류가 있는데, 국세기본법에서 규정하고 있는 ① 무신고가산세(납세의무자가 과세표준 신고를 하지 않는 경우에 부과), ② 과소신고·초과환급신고가산세(과세표준 신고는 하였으나 납부하여야 할 세액보다 적게 신고하거나 환급받을 세액을 과다 신고한 경우 부과), ③ 납부지연가산세[1](납세의무자가 법정납부기한까지 세금을 납부하지 않거나 과소납부

---

1 구 납부불성실가산세. 2020. 1. 1.부터 명칭이 변경되었다.

또는 초과환급한 경우 부과), 그리고 ④ 원천징수납부 등 불성실가산세(원천징수의무자가 징수 세액을 납부하지 않거나 과소납부한 경우 부과)가 대표적이다.

보통 과세표준을 신고하지 않거나 과소신고하는 등 신고의무를 위반하였다면 납부 또한 제대로 하지 않았을 것이므로, 무신고가산세와 과소신고가산세에는 납부지연가산세가 한 세트로 따라붙는 경우가 대부분이다.

이렇게 부과되는 가산세는 본세만큼이나 부담이 되곤 한다. 가산세율이 생각보다 무척 높은데다가 특히 납부지연가산세는 납부기한이 경과된 일수에 따라 눈덩이처럼 계속 불어나기 때문에, 일반인들은 은행 이자율 정도로만 생각했다가 실제 부과된 가산세 금액을 보고 깜짝 놀라기 십상이다. 국세의 부과제척기간은 5년(무신고의 경우 7년, 부정행위의 경우 10년)이므로, 일반적인 경우라면 최대 5년 치의 납부지연가산세가 부과될 수 있다.

현행 국세기본법에서는 무신고의 경우 납부하여야 할 세액의 20%를, 과소신고의 경우 과소신고분 세액(또는 초과신고한 환급세액)의 10%를 가산세로 내도록 규정하고 있고, 여기에 따라붙는 납부지연가산세는 [무납부(과소납부)세액 × 0.025% × 경과일수[2]]로 계산하도록 정하고 있다.

---

2 경과일수는 납부기한(환급받은 날) 다음 날부터 자진납부일 또는 납세고지일까지의 일수이다.

이해를 돕기 위해 간단한 예시를 한번 들어보자.

A법인이 2019년 1기에 내야 할 부가가치세를 잘못 계산하여 과소신고하였다. 정당한 세액을 계산해보니 납부할 세액은 5,000만 원이었는데 2,500만 원만 신고·납부하였고, 2년이 흐른 뒤 2021년 7월 26일에 과세관청에서 이 사실을 알고 미납 부가가치세를 추징한 경우, 부과되는 가산세는 다음과 같다.

ⓐ 과소신고가산세: 25,000,000원 × 10% = 2,500,000원
ⓑ 납부지연가산세: 25,000,000원 × 730일 × 0.025% = 4,562,500원

한편, 무신고가산세와 과소신고가산세의 경우 사후에라도 성실한 신고를 장려하기 위하여 일정 기간 내에 제대로 신고하는 경우 가산세를 일부 감면해주고 있는데, 무신고가산세는 신고기한 도과 후 1개월 이내에 신고한 경우 50%를 감면해주고, 과소신고가산세는 신고기한 도과 후 6개월 내 수정신고한 경우 50%를 감면해준다.

그렇지만, 제일 좋은 방법은 제때 세금을 내는 것이므로 미리 신고·납부의무를 다하여 가산세 부담을 지지 않도록 해야 하겠다.

가산세 면제 사유

가산세는 그 이름은 세금이지만 실제로 그 법적 성질은 행정벌적 성격 내지 일종의 행정상 제재이다. 따라서 납세의무자가 의무위반에

대하여 책임이 없다면, 가산세를 부과하지 않아야 타당할 것이다.

이에 따라 「국세기본법」과 「지방세기본법」에서는 납세자가 의무를 이행하지 아니한 데에 "정당한 사유"가 있는 경우 가산세를 면제하도록 규정하고 있다.

그렇다면 무엇이 "정당한 사유"일까? 제일 먼저 생각나는 것이 '세금을 내야 하는지 정말 몰랐다'라는 이유일 것이다. 그러나 '법률의 부지는 용서받지 못한다'는 말처럼, 납세의무자가 나름대로 세법을 해석하여 납세의무가 없다고 잘못 판단한 경우, 이러한 법령의 부지·착오 등은 의무위반을 탓할 수 없는 정당한 사유에 해당하지 않는다.[3] 공인회계사 등 조세전문가에게 자문을 구하는 등 노력을 기울였더라도 마찬가지이다.[4]

세법에서는 "정당한 사유"라는 불확정적인 개념만을 두고 있을 뿐 구체적인 사유를 열거하고 있지 않다. 법원에서는 "정당한 사유"의 의미를 "단순한 법률의 부지나 오해의 범위를 넘어 세법해석상 의의(疑意)로 인한 견해의 대립이 있는 등으로 인해 납세의무자가 그 의무를 알지 못하는 것이 무리가 아니었다고 할 수 있어서 그를 정당시할 수 있는 사정이 있을 때 또는 그 의무의 이행을 그 당사자에게 기대하는 것이 무리라고 하는 사정이 있을 때 등 그 의무를 게을리 한 점을 탓할 수 없는 정당한 사유가 있는 경우"라고 해석하고 있다.

---

3 대법원 2004. 6. 24. 선고 2002두10780 판결 등 다수
4 대법원 2009. 6. 11. 선고 2007두10211 판결

예를 들어, 납세자가 기존 국세청 예규나 국세청 법령심사위원회 의결사항의 해석 기준에 따라 주거용 건물 면적을 산정하여 과세표준을 신고하였다고 하자. 그런데 이후 감사원 지적에 의하여 국세청 내부의 해석 기준이 변경되었고, 과세관청이 변경된 산정방법에 따라 주거용 건물 면적을 재산정하여 과세처분을 하면서 가산세까지 부과하였다면, 납세자로서는 본세는 물론이고 가산세까지 납부하기에는 너무나 억울한 마음이 들 것이다.

법원은 위와 같은 사안에서 본세의 과세처분에는 문제가 없지만, 가산세의 경우에는 주거전용 면적에 대한 세법해석상의 견해대립이 있어 납세의무자에게 의무이행을 기대하기 어려운 사정이 있다면서 가산세를 부과할 수 없다고 판단하였다.[5]

생각건대, 납세자에게 과세관청보다 높은 수준의 세법해석을 기대하기는 어려우므로, 과세관청이 기존의 유권해석에 따라 당초에는 과세를 하지 않았다가 추후 해석방법을 변경하고 과세처분을 하였다면, 납세자가 자신의 납세의무를 인지할 수 있으리라고 기대할 수 없다. 그런데도 본세와 더불어 가산세까지 부과한다면, 납세의무자에게 너무 가혹한 처사가 될 것이다.

그렇다면 과세관청의 공식적인 입장표명은 없었으나, 세무공무원의 비공식적인 설명을 믿고 신고·납부한 경우에는 어떨까? 대법원에서

---

5 대법원 2009. 2. 26. 선고 2008두23207 판결

는 "납세의무자가 세무공무원의 잘못된 설명을 믿고 그 신고·납부의무를 이행하지 아니하였다 하더라도 그것이 관계 법령에 어긋나는 것임이 명백한 때에는 그러한 사유만으로 정당한 사유가 있다고 볼 수 없다"고 하였다.[6]

필자는 토지 취득세와 관련한 가산세 사건을 진행한 적이 있는데, 이 사건이 바로 납세공무원이 건네준 납세안내문에 따라 취득시기를 잘못 알고 신고를 한 사안이었다.

지방세법에서는 "사실상 취득한 때"를 취득시기, 즉 취득세의 신고·납부 기준일로 규정하고 있는데, "사실상 취득한 때"의 의미를 해석하기가 어려워서 종종 문제가 되곤 한다.

이 사건에서도 토지를 "사실상 취득한 때"가 언제인지 문제되었는데, 납세공무원이 해당 토지의 취득세 신고 기준일이라고 알려 준 시점은 언뜻 그럴싸해 보이기는 하지만, 사실 지방세법에 따른 적법한 날짜가 아니었다. 세법에 익숙하지 않은 납세자는 공무원의 안내만을 믿고 취득세 신고를 이행하였는데, 추후 과세관청에서 취득세 신고를 늦게 했다며 가산세를 부과한 것이다.

억울했던 납세자는 이러한 처분에 불복하였고, 다행히 법원에서는 세무공무원의 잘못된 설명이 관계 법령에 어긋나는 것임이 명백하지 않았다고 하면서 원고에게 취득세 신고의무 이행을 기대할 수 없는

---

6 대법원 2003. 1. 10. 선고 2001두7886 판결

정당한 사유가 있다고 인정하였다.

실무상 "정당한 사유"를 인정받는 것은 쉬운 일이 아니고, 법원에서는 이를 매우 제한적으로만 인정하고 있다. "정당한 사유"를 후하게 인정하여 가산세를 쉽게 면제해준다면, 세금을 제때 제대로 납부한 납세자에 비하여 납세의무를 해태한 납세자를 오히려 우대하는 결과가 되어버리므로 법원의 태도가 이해가 가지 않는 것은 아니다. 납세의무를 제대로 이행하지 않은 납세자는 세금을 내지 않고 있던 기간만큼의 이자이익 등 기회비용을 얻게 되기 때문이다.

그렇지만, 현재 가산세율은 상당히 높은 편이고 특히 납부지연가산세의 경우 상한도 없고 그 세율이 1년에 9%가 넘으므로,[7] 그 부담이 상당하다. 따라서 과세관청이 공적으로 표명한 견해를 믿었고 그 과정에 납세자의 과실이 없었다는 등의 억울한 사정이 있다면, 가산세만이라도 감면받을 수 있도록 적극적으로 "정당한 사유"를 주장해볼 필요가 있다.

---

7 납부 지체 1일당 세액의 0.025%가 가산되므로, 이를 1년으로 환산하면 9.125%가 된다.

/ 25 /

위험한 부당무신고·부당과소신고 가산세

백선아 변호사

일반 가산세율은 무신고의 경우 20%, 과소신고의 경우 10%이지만, "사기 기타 부정한 행위"를 통하여 무신고·과소신고한 경우 가산세율은 40%까지 올라가고, 부과제척기간 또한 5년에서 10년으로 늘어난다.

이때 사기 기타 부정한 행위란, 이중장부의 작성 등 장부의 거짓 기장, 거짓 증빙 또는 거짓문서의 작성 및 수취, 장부와 기록의 파기, 재산의 은닉, 소득, 수익, 행위, 거래의 조작 또는 은폐, 고의적으로 장부를 작성하지 아니하거나 비치하지 아니하는 행위 또는 계산서, 세금계산서 등의 조작, 전사적 기업자원 관리설비(ERP)의 조작 또는 전자세금계산서의 조작, 그 밖에 위계에 의한 행위 등을 의미한다.

이처럼 "사기 기타 부정한 행위"가 있을 경우 가산세가 가중 부과 되는 것을 부당무신고가산세 및 부당과소신고가산세라고도 하는데, 비단 세율이 높아져 가산세 부담이 커진다는 것 말고도 무서운 점이 따로 있다.

국세기본법 시행령에서는 "사기나 그 밖의 부정한 행위란「조세범 처벌법」제3조 제6항에 해당하는 행위(조세포탈죄의 성립요건이 되는 행위)를 말한다"고 정하고 있기 때문에, 만약 부정행위가 있었음이 인정되어 부당무신고·부당과소신고가산세가 부과되었다면, 필연적으로 조세포탈, 즉 형사처벌의 문제로 불거지기 때문이다.

아래 사례들을 통하여 구체적으로 어떠한 행위가 부당무신고가산세 또는 부당과소신고가산세 부과 대상인 "사기 기타 부정한 행위"로 문제가 될 수 있는지 살펴보도록 하자.

사실과 다른 세금계산서의 경우

A회사는 B회사로부터 물건을 공급받고 대금을 지급하되, 세금계산서는 C회사 명의로 발급하기로 합의하였다.

이처럼 세금계산서상의 공급자와 실제 공급자가 서로 다른 경우 해당 세금계산서는 "사실과 다른 세금계산서"로서, 「부가가치세법」에서는 이에 대하여 가산세를 부과하고 매입세액을 불공제하는 불이익을 주어 규율하고 있다. 또한 「조세범 처벌법」에서는 "사실과 다른 세금계산서"를 발급·수취하는 행위 자체를 형사처벌 대상(1년 이하의 징역 또는 세액의 2배 이하 상당 벌금)으로 규정하고 있다.

그렇다면 공급자가 거짓으로 기재된 "사실과 다른 세금계산서"를 교부받아 매입세액을 공제받은 경우, 그러한 행위는 "사기 기타 부정한 행위"에 해당하는가?

대법원에서는 위와 같이 "사실과 다른 세금계산서"를 교부받은 행위가 "사기 기타 부정한 행위"에 해당하려면, 납세자가 "사실과 다른 세금계산서"를 통하여 매입세액을 공제 또는 환급받는다는 인식 이외에, "사실과 다른 세금계산서"를 발급한 자가 그 세금계산서상의 매출세액을 제외하고 부가가치세의 과세표준을 신고하는 등의 방법으로 그 세금계산서상의 부가가치세 납부의무를 면탈함으로써 결과적으로 국가의 조세수입 감소를 가져오게 될 것이라는 점에 대한 인식이 있어야 한다고 판시하고 있다.[1]

즉, A회사의 입장에서 보면 "사실과 다른 세금계산서"를 수취하여 매입세액 공제를 받았더라도, C가 해당 세금계산서상의 매출세액에 대하여 부가가치세를 납부하리라고 믿고 있었다면 결국 국가의 조세수입이 감소하는 결과를 인식하거나 의도하지 않은 것이므로, 이러한 경우에는 "사기 기타 부정한 행위"로 보아 부당신고가산세를 부과하거나 조세포탈죄로 처벌하지 않겠다는 것이다.

「조세범 처벌법」에서는 세금계산서 관련 범죄에 대하여 별도로 규정하고 있고 그 성립요건 또한 다소 광범위하기 때문에, 조세포탈죄를 판단함에 있어서는 세금계산서를 이용한 "사기 기타 부정한 행위"의 범위를 엄격하게 해석하는 것이 옳다고 생각된다.

---

1 대법원 2019. 9. 9. 선고 2019두31730 판결

명의신탁의 경우

다음으로, "사기 기타 부정한 행위"와 엮여 자주 문제가 되는 것으로 명의신탁이 있다. 주식이나 부동산을 명의신탁하고, 해당 물건과 관련된 증여세, 양도소득세나 종합소득세 신고를 신탁자가 아닌 수탁자 명의로 이행한 경우, 이는 "사기 기타 부정한 행위"에 해당하는가?

결론부터 말하면, 대법원에서는 명의신탁 행위만 있는 경우에는 "사기 기타 부정한 행위"에 이르렀다고 보지 않지만, 명의신탁과 더불어 또 다른 적극적인 부정행위가 수반된 경우에는 "사기 기타 부정한 행위"를 인정하는 경향이 있다.

몇 가지 사례를 들어보자. A가 매제 B 명의로 보유하던 주식을 자녀 C에게 증여하면서 B가 C에게 증여를 하는 것처럼 증여계약서를 작성하고, 법정신고기한 내에 증여세 과세표준 신고를 하지 않았다. 처분청은 허위로 증여계약서를 작성한 것을 "사기 기타 부정한 행위"로 보아 C에게 부당무신고가산세를 부과하였다.

이에 대하여 대법원에서는, 명의신탁된 주식을 수증자에게 증여할 때 명의신탁자가 이를 회수하여 직접 증여하는 형식을 취하지 않고 명의수탁자가 곧바로 수증자에게 양도한 것처럼 주식양도계약서를 작성한 사실만 가지고는 사기 기타 부정한 행위를 통하여 증여세를 포탈하였다고 단정하기 어렵다고 보았다.

즉, 증여계약서에는 가장의 증여자 B가 기재되어 있기는 하나 증여세의 주된 납세의무자인 수증자 C는 제대로 명시되어 있으며, 실제로 수증자 C가 기한 후 신고를 통하여 증여세를 물납한 점 등을 고려하면, 허위의 주식양도계약서를 작성한 것만으로는 사기 기타 부정한 행위로 증여세 과세표준을 무신고하였다고 보기 어려워 부당무신고가산세를 부과할 수 없다는 것이다.[2]

또 다른 사례를 보자. A가 B에게 주식을 명의신탁하고 해당 주식과 관련된 이자 및 배당소득에 관하여 B명의로 종합소득세 신고를 하였다. 이 경우 A의 소득으로 신고할 때와 비교하여 세율 구간 차이에 따라 종합소득세 산출세액이 달라져 조세를 회피하는 결과가 될 수 있는데, 그럼에도 법원에서는 명의신탁의 설정과 유지행위에 조세포탈 목적에서 비롯된 것은 아니고 명의신탁 행위를 적극적인 부정행위로 볼 수 없다는 이유로 부당과소신고가산세 부과처분은 위법하다고 판단하였다.[3]

한편, 또 다른 사례에서는 부모가 자녀에게 차명주식을 증여하면서 자녀들이 차명주주로부터 직접 주식을 매수하는 것처럼 보이기 위하여 허위의 주식매매계약서를 작성하고, 주식매매대금이 실제로 지급된 것과 같은 외관을 만들기 위하여 자녀들 명의의 예금계좌에서 차명주주 명의의 예금계좌로 금원을 이체하였다.

이와 같이 명의신탁 외에 증여를 매매로 꾸미는 등의 적극적인 부정행위가 있던 사례에서, 대법원은 조세포탈죄의 "사기 기타 부정한

---

2 대법원 2019. 7. 25. 선고 2017두65159 판결
3 대법원 2017. 4. 13. 선고 2015두44158 판결

행위"에 해당한다고 판단한 바 있다.[4]

이러한 대법원의 태도를 종합해보면, 조세포탈을 궁극적 목적으로 한 것이 아닌 명의신탁이라면 "사기 기타 부정한 행위"에 해당하지 않을 가능성이 높다.

하지만, 명의신탁 이외에 거래의 본질을 속이기 위한 다른 부정행위가 개입되고, 이러한 부정행위의 목적이 조세포탈에 있음이 밝혀진 경우에는 명의신탁 및 일련의 부정행위가 "사기 기타 부정한 행위"로 인정될 가능성이 높아질 것이다.

기업 자문을 하다 보면, 사업상의 부득이한 이유로 허위세금계산서를 발급·수취하거나 차명계좌를 이용하는 경우를 심심치 않게 보게 되는데, 비록 행위자 입장에서는 탈세하고자 하는 의도가 없었더라도 과세관청에서는 "사기 기타 부정한 행위"로 보아 부당무신고·과소신고가산세를 부과하거나 조세포탈로 고발할 수 있고, 조세포탈 혐의에서 벗어날 때까지 꽤나 고초를 겪을 수 있으므로 유의하여야 한다.

---

4 대법원 2010. 6. 30. 선고 2010도10968 판결

26

법원도 헷갈렸는데 가산세까지 물려야 할까

박소연 변호사

납세자가 신고·납부한 금액보다 더 많은 세금이 추가부과될 때에는 어김없이 가산세도 함께 부과된다. 아예 신고를 하지 않았다는 이유로 부과되는 무신고가산세, 신고는 하였으나 적게 신고한 경우 부과되는 과소신고가산세, 세금을 제때 납부하지 않았다는 이유로 부과되는 납부지연가산세[1] 등이 대표적이다.

그러다보니 조세소송을 진행하다 보면 주위적으로는 본세가 위법하니 취소해달라는 주장을 하되, 예비적으로 설령 본세가 적법하더라도 납세자가 세금을 제때에 신고·납부하지 않은 것에 '정당한 사유'가 있으므로 적어도 가산세 부과는 취소되어야 한다는 주장을 추가하는 경우가 많다.

이러한 '정당한 사유'는 불확정 개념으로써 기준이 모호한데, 법원에서 인정하는 정당한 사유의 범위는 매우 좁고 한정되어 있다. 법원은 "단순한 법률의 부지나 오해의 범위를 넘어 세법해석상 의의(疑意)로 인한 견해의 대립이 있는 등으로 인해 납세의무자가 그 의무를 알

---

1 과거에는 납부불성실가산세였으나 2020. 1. 1.부터 명칭이 변경되었다.

지 못하는 것이 무리가 아니었다고 할 수 있어서 그를 정당시할 수 있는 사정이 있을 때 또는 그 의무의 이행을 그 당사자에게 기대하는 것이 무리라고 하는 사정이 있을 때"[2]를 정당한 사유가 있는 경우로 인정해주고 있는데, 실제 재판에서 정당한 사유가 인정되는 경우는 매우 드문 것이다.

즉, 법령 규정 자체의 해석에 명백한 견해의 대립이 존재하는 경우 정도에만, 그것도 제한적으로 정당한 사유가 인정될 뿐, 규정 자체의 의미에 대한 다툼이라기보다는 특정한 사안에 특정 세법 규정을 적용할 수 있는지 여부에 대하여 다툼이 있다면 - 대부분의 조세 불복이 여기에 해당할 것이다 - 납세자측이 자진하여 신고·납부하기 위하여 행해야 할 분석과 판단의 난이도가 아무리 높다고 하여도 정당한 사유로는 거의 인정받지 못하는 것이다.

만일 가산세가 세금을 지연납부한 것에 대한 지연이자적 성격만을 갖고 있다면 본세가 적법한 이상 가산세 역시 부과되는 것이 타당하다고 할 것이다. 납세자로서는 그 당시에는 납부의무가 있는 줄 몰랐다 하더라도 결과적으로 세금을 내지 않음으로써 그만큼의 금융이익을 부당이득으로 얻은 셈이기 때문이다.

그러나 현행 가산세 세율을 살펴보면[3] 무신고가산세 20%, 과소신고가산세 10%, 납부지연가산세 연 9.125%[4] 등 연 2% 미만인 시중금

---

2 대법원 1992. 10. 23. 선고 92누2936, 2943 판결, 1995. 4. 28. 선고 94누3582 판결 등
3 사기 그 밖의 부정한 행위로 인한 부당무신고·과소신고가산세율이 40%인 것은 논외로 한다.
4 과거 연 10.95%였던 것이 2020. 1. 1.부터 1.825% 인하되었다.

리나 2.1%[5]인 환급가산금과 비교할 때 엄청난 고율이다. 매년 성실하게 법인세나 소득세 신고를 하는 사람이더라도 세법에 무지하거나 실수로, 혹은 적법한 납세의무 이행을 위한 판단 과정이 매우 어려워서 일부 세액을 누락할 수 있는데, 3년 후 세무조사로 인해 추징된다고 가정하면 최소한 37%[6]가 넘는 가산세를 부담해야 되는 것이다.

이것은 단순히 본세를 지연납부한 것에 대한 지연이자적 성격뿐만 아니라 정당한 세액을 신고납부하지 않은 것에 대해 납세자를 징벌하는 제재적·행정벌적 성격이 병존하기 때문에 가능한 세율일 것이다.

필자가 최근 납세자를 대리하여 4년간 수행하였던 조세소송이 있었다. 1심과 2심에서 승소한 후 과세관청에서 상고를 하여 대법원까지 가게 되었는데 알고 보니 거의 동일한 쟁점으로 다른 법원에서 납세자가 1, 2심을 모두 패소한 사건 역시 동시에 대법원에 계류 중이었던 것이다. 결국 대법원에서는 납세자 패소 취지로 우리 사건을 고등법원에 파기환송하였고 재상고까지 하였으나 결국 패소 확정되었다.

본세와 관련하여서는 사건 수임 당시부터 해석이 엇갈릴 수 있는 부분이라 생각했고 실제로도 하급심 판결이 엇갈리게 났으니 법원의 최종판단이 그중 한 결론으로 수렴한 것에 대해서는 수긍할 수 있었다. 그러나 이 사건에서 가장 아쉬운 것은 가산세 부분이었다.

---

5   2019. 3. 20. 개정된 국세기본법 시행규칙 제19조의3
6   과소신고가산세 10% + 납부지연가산세 9.125×3

이 사건은 1, 2심을 모두 승소하였으므로 가산세를 면제할 정당한 사유가 있다는 납세자의 예비적 주장에 대해서는 파기환송심에 이르러서야 최초로 판단이 이루어졌다. 필자는 본세 신고·납부 당시에 법령 내지 사실관계의 해석에 있어 납세자가 대법원과 같은 판단을 할 것을 기대하기 어려운 사정이 있었고, 무엇보다 1, 2심 재판부 역시 동일한 법령과 사실관계를 두고 납세자의 손을 들어주었다는 점에 비추어볼 때에 가산세까지 부과하는 것은 지나치게 가혹하다는 주장을 피력하였으나 파기환송심과 재상고심에서는 일반적인 납세자 패소 판결에서와 크게 다르지 않은 이유로 이 주장을 배척하고 말았다.

가산세가 본세를 지연납부한 것에 대한 지연이자적 성격도 있다는 점을 감안한다면 정당한 사유를 좁게 해석하는 법원의 입장도 어느 정도 수긍이 가지 않는 것은 아니다. 그러나 위에서 살펴본 바와 같이 현행 가산세는 단순한 지연이자적 성격 이외에 납세자가 성실납세를 하지 않은 책임을 묻는 제재로서의 성격이 병존한다. 아무리 정당한 사유의 판단에 납세자의 고의·과실을 묻지 않는다고 하더라도, 동일한 법령과 사실관계에 대하여 최고 전문가인 판사들조차도 일률적인 판단을 내리지 못하여 판결이 엇갈렸던 사안에서까지 납세자에게 자진신고납부하지 않은 점에 대한 책임을 물리는 것이 과연 타당한가.[7]

---

[7] 그렇다면 납세자가 가산세를 납부하지 않기 위해서는 일상의 매 순간순간 마치 본인이 세무조사를 하는 세무공무원인 것처럼 - 다소 무리하거나 불합리해 보이는 부분까지 - 모든 과세가능성을 염두에 두고 가장 많은 액수의 세금을 납부한 후 부당하다고 생각되는 세액에 대해서 경정청구 및 불복을 진행하는 수밖에 없다는 결론에 도달한다. 그런데 어떤 경우에는 불복을 하더라도 납세자가 자진하여 신고·납부한 사실을 두고 과세관청 측에서 납세자 스스로 과세가 정당하다고 인정하였다거나 과세요건 사실을 자인해놓고 이후 말을 바꾸었다며 납세자를 공격하기도 한다는 점을 생각해보면, 납세자로서는 빠져나갈 구멍이 전혀 없다는 생각마저 들게 된다.

물론 하급심에서 제출되지 않았던 증거가 상급심에서 새로이 제출되었다거나 하급심에서 터무니없는 법리오해나 사실오인을 하였다는 등의 사정이 있다면 단순히 심급간 판결이 엇갈린다는 이유만으로 가산세를 면제해주는 것은 타당하지 않을 것이다. 그러나 그 정도에 이르지 않는다면 각 심급별로 재판부가 내린 판단은 단순히 '틀린 판단'이 아니라 여러 해석의 가능성 중 하나로서 그 권위를 존중받아야 마땅하다. 그리고 이러한 점이 가산세 감면 요건인 정당한 사유의 판단에 적극적으로 고려되기를 바란다.

결국 이 문제는, 이미 많은 이들이 지적하고 있듯, 단순한 지연이자적 성격의 가산세와 제재적 성격의 가산세를 명확하게 분리하여 규정하고, 전자는 본세가 원래의 기한보다 늦게 납부되는 경우에는 거의 예외없이 부과하되, 후자는 정당한 사유의 범위를 보다 폭넓게 인정함으로써 해결될 수밖에 없다고 할 것이다.

억울하게 세금을 납부하였다고 과세당국과 법원에 대해 불신을 가진 납세자들이 가산세만이라도 감면받았다면 많은 경우 과세처분에 수긍하였을 것이라는 점을 고려해 볼 때 더더욱 그러하다.

27

세금체납으로 인한 이삼중의 고통

최성아 변호사

세금을 제때에 신고·납부하지 않으면 어떤 불이익이 발생할까? 본세에 가산세를 추가로 납부하는 것으로 모든 문제가 해결이 되는 것일까?

대부분의 경우는 신고·납부를 해태한 것에 대한 제재로서 가산세를 추가로 납부함으로써 해결이 되나, 과세되는 세금 액수 및 납세자의 추가 행위에 따라 생각지도 못한 꼬리에 꼬리를 무는 민형사상 여러 가지 문제에 봉착할 수도 있다. 복잡다단한 과세현실 속에서 마냥 남의 일로 치부할 수만은 없는 문제이다.

A는 자신이 속한 종중에 신탁된 재산이 수용됨에 따라 수용보상금을 지급받고, 양도소득세를 신고·납부하였는데, 이후 종중 신탁재산이 상속재산으로 인정됨으로써 수십억 원에 이르는 거액의 상속세 및 추가 양도소득세를 부과받고, 그 가족들은 증여세를 부과받게 되었다. 부과된 총 세액이 실제 A가 위 재산으로부터 받은 이익을 초과할 정도로 고액이어서 A는 현실적으로 위 세금을 납부할 여력이 없었는데, A가 위와 같은 세금을 체납하자 곧 고액체납자로서 명단공개가 되었을 뿐만 아니라 출국금지조치도 당하였다. 이후 A는 본인 재산 중 일

부를 친인척에게 기존 금전차입금에 대한 담보 목적으로 양도를 하였는데, 이에 과세관청은 A를 상대로 사해행위 취소소송을 제기함과 동시에 체납처분면탈죄로 형사고발을 하였다. 이로써 A는 거액의 세금을 추징당함과 동시에 민형사상 제재까지 받는 처지에 처하게 되었다. A는 왜 이런 극한의 상황까지 처하게 된 것일까?

먼저, 최초 신고·납부한 양도소득세가 잘못되었기 때문이다. A는 세무사에게 세금신고를 일임하였고, 그 과정에서 신탁재산의 성격에 대하여 변호사에게도 자문을 받는 등 전문가의 도움을 받아 양도소득세를 신고하였기 때문에, 세법에서 정한 절차 및 내용에 맞게 세금신고를 하였다고 믿었다. 그러나 과세관청은 신탁재산의 성격에 대하여 다르게 판단하여 위와 같이 과세를 하였으며, A는 이의신청 및 조세심판, 조세소송을 통해 불복하였으나 최종적으로는 패소하고 말았다.

결과적으로 납세자가 패소하였으니 납세자의 최초 신고가 잘못된 것이라 하겠으나, 신고 과정에서 납세자는 할 수 있는 최선의 주의의무 및 노력을 기울여 세금신고를 하였기에 최소한 신고·납부 과정에서 납세자의 고의나 자의에 기한 어떤 잘못이 있다고 말하기는 어려워 보인다.

둘째, 세금이 체납된 상태에서 본인 소유의 재산을 처분했기 때문이다. 이는 납세자의 자의에 기한 행동이었다. 납세자는 기존에 빌린 돈을 갚기 위한 것이라고만 생각을 하면서 자신의 재산을 처분했을 뿐, 체납상태에서 행한 자신의 행동이 어떠한 파장을 가져올지 전혀 예측하지 못했을 것이다. 그러나 이러한 납세자의 행동은 조세채권을 침해하는 행위로 인정될 수 있다. 이 경우 과세관청은 민사상으로는 처분된 재산을 납세자의 본래 재산으로 환원시키기 위한 방법으로 사해행위 취소소송을 제기하고, 형사상으로는 체납처분면탈죄로 형사고발을 하여 그 책임을 묻는다. 과거에는 사해행위 취소소송을 제기하면서 형사고발까지는 하지 않는 경우가 많았으나, 요즘은 민형사상 법적 조치를 모두 취하는 것이 과세실무이다.

사해행위 취소소송이라 함은 채무자가 채권자를 해함을 알면서 재산을 감소시키는 법률행위를 한 경우에, 채권자가 그 법률행위를 취소하고 재산을 원상으로 회복하게 하는 소송으로서 취소원인을 안 날로부터 1년, 법률행위가 있은 날로부터 5년 이내에 제기하여야 하는 소송을 말하고(민법 제406조), 체납처분면탈죄라 함은 납세의무자 또는 납세의무자의 재산을 점유하는 자가 체납처분의 집행을 면탈하거나 면탈하게 할 목적으로 그 재산을 은닉·탈루하거나 거짓계약을 하였을 때 3년 이하의 징역 또는 3천만 원 이하의 벌금에 처하는 한편(조세범 처벌법 제7조 제1항), 이러한 사정을 알고도 위의 행위를 방조하거나 거짓 계약을 승낙한 자는 2년 이하의 징역 또는 2천만 원 이하의 벌금에 처하는(조세범 처벌법 제7조 제3항) 범죄를 말한다.

이처럼 한 번 일이 꼬이게 되면 걷잡을 수 없이 사태가 수렁으로 빠져버리게 되는 극단적인 경우도 존재할 수 있다. 위 사례의 경우, 납세자가 처음 세금 신고를 할 때에는 고의나 자의에 기한 잘못이 없었다고 할 것이나, 그 이후에 재산을 처분하는 행위에 있어서는 더욱 신중을 기해 행동했더라면 좋았을 것이라는 안타까움이 남는다.

/ 28 /

원천징수를 둘러싼 삼각관계

- 세금은 내가 내고, 환급은 다른 사람이?

최성아 변호사

세금의 부담주체와 납부주체가 동일한 것이 일반적인데, 다른 경우가 원천징수로 인한 경우이다. 즉, 조세의 납부는 납세의무자 본인이 국가에 대해 직접 이행하는 것이 원칙이지만, 이에 대한 예외로써 원천징수는 세액 징수의 편의성 및 징세비용의 절감을 도모하기 위하여 제3자로 하여금 본래 납세의무자로부터 일정한 세액을 징수하여 납부하게 한다.

원천징수제도는 소득금액 또는 수입금액을 지급하는 자(원천징수의무자)가 지급받는 자(원천납세의무자)의 부담세액을 조세권자인 정부를 대신하여 징수하는 제도로서 납세의무자가 실체법적으로 부담하고 있는 납세의무의 이행이 원천징수라는 절차를 통하여 간접적으로 실현되는 제도이다. 원래의 납세의무자인 소득자가 지급해야 할 부담세액을 과세관청에 직접 납부하지 않고 원천징수의무자가 이를 지급받아 과세관청에 신고·납부함으로써 납세의무는 원천납세의무자와 과세당국 간에 발생하는 반면에, 납세의무 이행에 관한 절차는 원천징수의무자와 과세당국 간에 이루어짐에 따라 원천납세의무자와 원천징수의무자 그리고 과세당국의 삼각관계가 발생하게 된다.

납세의무 발생과 그 이행 절차 간의 차이로 인하여 원천징수를 둘러싼 여러 문제점이 발생하게 된다. 원천납세의무자에 대한 국세부과제척기간이 도과한 경우 원천징수의무자에 대해 원천징수의무를 부과할 수 있는지, 원천징수를 불이행한 경우 원천납세의무자에 대한 과세가 가능한지 또는 원천납세의무자가 원천징수 누락된 소득을 포함하여 종합소득세 과세표준 신고를 통해 납부할 수 있는지, 원천납세의무자가 원천징수세액에 대해 직접 불복할 수 있는지, 원천징수의무자가 잘못된 원천징수에 대해 불복을 제기하지 않은 채 원천납세의무자를 상대로 구상권을 행사하는 경우 원천납세의무자는 어떻게 해야 하는지 등 원천징수의무자, 원천납세의무자, 과세관청 3자 간을 둘러싼 다양한 법률관계 문제가 존재한다. 구체적인 예를 들자면, 아래와 같다.

　먼저, 원천납세의무자에 대한 국세부과제척기간이 도과한 경우 원천징수의무자에 대해 원천징수의무를 부과할 수 있는지에 대하여 대법원 판례는 가공비용을 법인 임원 등에게 상여 처분하고 법인에게 소득금액변동통지를 하였으나, 법인이 원천징수세액을 납부하지 않자 원천징수분 갑종근로소득세를 부과하였는데, 법인이 소득 귀속자에 대한 소득세 부과제척기간이 만료되었음을 이유로 원천징수의무자에 대한 납세고지가 위법하다고 다툰 사안에서, 원천징수의무자의 본래 납세의무가 제척기간 만료로 소멸되었더라도 원천징수의무자로부터 원천징수하는 소득세는 소득금액변동통지를 받은 날이 속하는 다음 달 10일로부터 5년간 부과권을 행사할 수 있다고 판단하였다(대법원 1993. 8. 27. 선고 93누6058 판결).

둘째, 원천징수의무자가 원천징수를 누락하거나 원천징수할 세액에 미달하게 징수한 경우, 과세관청이 원천납세의무자의 소득세 또는 법인세를 결정 또는 경정하여 직접 원천납세의무자에게 납세고지를 할 수 있는지, 또는 원천납세의무자가 원천징수 누락된 소득을 포함하여 종합소득세 과세표준 신고를 통해 납부할 수 있는지에 대하여, 대법원 판례는 이를 긍정하고 있다(대법원 1981. 9. 22. 선고 79누347 전원합의체 판결).

또한, 최근 조세심판원은 원천징수는 원천징수 납부만으로 당해 소득금액 또는 수입금액에 대한 납세의무자의 납세의무가 종결되는 완납적 원천징수에 대해서는 누락된 세액에 대하여 원천징수의무자를 상대로 징수고지할 수 있을 뿐이고, 납세의무자의 납세의무가 종결되지 않는 예납적 원천징수의 경우(누락된 원천징수 대상소득이 종합소득세 과세표준, 퇴직소득 과세표준, 법인세 과세표준이 되는 경우)에는 당해 소득이 원천납세의무자의 종합소득세 과세표준 등에서 제외되는 것은 아니라고 판단하고 있다(조심 2008중2506, 2008. 9. 17.).

셋째, 원천징수 대상소득이 아닌 것으로 판명된 경우 잘못 납부된 원천징수세액은 누가 불복을 제기할 수 있는지 관련하여, 원천납세의무자가 원천징수세액에 대해 직접 불복할 수 있는지가 문제 된다.

대법원은 원천납세의무자는 과세권자가 직접 그에게 원천세액을 부과한 경우가 아닌 한 과세권자의 원천징수의무자에 대한 납세고지로 인하여 자기의 원천세 납세의무의 존부나 범위에 아무런 영향을 받지 아니하므로 이에 대하여 항고소송을 제기할 수 없다고 판단하고 있다(대법원 1994. 9. 9. 선고 93누22234 판결).

한편, 2003. 12. 30. 국세기본법 개정시 근로·퇴직·연금 등 원천징수 대상소득만 있어 연말정산으로 납세의무가 종결된 자에 대하여도 원천징수의무자가 해당 소득세를 연말정산하여 납부한 경우, 원천납세의무자에게 경정청구권을 인정하였고, 2006. 12. 30. 국세기본법 개정시에는 원천징수의무자가 원천징수세액 납부 및 지급조서를 제출한 경우 비거주자 및 외국법인의 국내원천소득 중 일부 소득에 대하여 원천납세의무자에게 경정청구권을 인정함으로써 제한적이나마 원천납세의무자는 경정청구에 대한 거부처분에 대해 다툴 수 있게 되었다.

또한, 2019. 11. 11. 국회 기획재정위원회 조세소위원회에서 분리과세되고 있는 이자·배당·연금·기타소득에 대해서도 거주자인 원천징수대상자 및 원천징수의무자에게 경정청구권을 인정하는 국세기본법 개정안 통과에 잠정합의가 됐는바, 경정청구 대상이 보다 확대될 방침이다.

넷째, 원천징수의무자가 잘못된 원천징수에 대해서 불복을 제기하지 않은 채 원천납세의무자를 상대로 해서 구상권을 행사하는 경우 원천납세의무자는 어떻게 해야 하는지 관련하여, 법인에 대한 세무조사 과정에서 수익이 누락되거나 비용이 과다 계상되면 이를 법인의 소득으로 가산하여 법인세를 부과하면서, 그 누락된 소득이 법인의 주주나 임직원 등에 대한 배당이나 상여 등으로 지급된 것으로 보아 이른바 소득처분을 하는 경우에 있어 문제가 된다.

이때 일반적으로 법인에게 소득의 귀속권자를 알려주는 소득금액 변동통지를 하고, 원천징수의무자인 법인으로부터 세금을 징수한다. 그런데 이러한 소득세 원천징수 절차가 위법한 경우, 법인이 소득금액변동통지처분을 다툰다면 개인에 대한 소득세 부과처분의 적법성도 함께 판단될 수 있을 것이나, 법인이 다투지 않고 세금을 모두 납부한 뒤 개인에게 구상권을 행사하면 개인은 소득세 과세가 위법함을 어떻게 다투어야 하는지가 문제된다.

종래는 민사소송에서 법인의 구상권 행사가 부당함을 다투었으나, 이는 잘못 징수된 세금에 대한 반환은 건드리지 못한 채 법인과 개인 간에 세금 부담 문제만 다투게 되는 것이어서 그 해결에 한계가 있었다.

이에 최근 대법원은 개인이 소득세를 수정신고한 뒤 소득세 감액경정을 청구하는 방법으로 조세소송을 제기한 사건(법인에 대한 소득금액변동통지로 개인의 소득이 변동된 경우 개인은 소득금액변동통지를 받은 달의 다음다음 달 말일까지 소득세를 추가 신고·납부하여야 함)에서 법인이 원천징수세액을 납부하였는지와 무관하게 개인이 추가신고한 과세표준과 세액 전부에 대하여 경정을 청구할 수 있다고 판단함으로써(대법원 2016. 7. 14. 선고 2014두45246 판결) 개인이 직접 국가를 상대로 조세소송을 통해 처분의 위법성을 다툴 수 있게 되었다.

내가 왜 다른 사람 세금까지 내야 합니까?

- 제2차 납세의무

최지영 변호사

A는 형이 사업을 시작하면서 주식회사를 설립한다고 하여, 형에게 도움을 주고자 설립 시에 20%의 주식을 인수하였다. 그런데 형의 사업이 생각과 달리 좌초되면서 회사를 청산하였는데, 얼마 뒤 A 앞으로 A가 형이 운영하던 법인의 제2차 납세의무자로 지정되었으니 1억 원 상당의 세금을 납부하라는 납부통지가 왔다. A는 왜 본인도 아닌 법인에게 부과된 세금을, 그것도 1억 원이라는 거액을 대신 납부하여야 하는 것일까?

A는 형의 권유로, 반쯤은 회사가 잘되면 배당이라도 받겠지 하는 생각으로, 또 한편으로 나중에 문제가 되더라도 출자한 돈만 날리면 되는 것 아닌가 하는 가벼운 생각으로 주식을 인수한 것이었다. 그러나 A의 생각은 일반적으로는 맞지만, 세금 문제에서는 꼭 그렇지가 않다.

우리 상법은 주주의 유한책임 원칙을 천명하고 있다. 주주의 유한책임 원칙이란 주주는 주식의 인수가액의 한도에서만 출자의무를 부담할 뿐, 회사 채무에 대하여는 직접 책임을 부담하지 않는다는 원칙이다. 이러한 유한책임이 보장되기 때문에 회사는 투자를 유치하기 쉽고, 주주도 예측 불가능한 손해 없이 출자를 결정할 수 있다. A가 문제가 되더라도 출자한 돈만 날리면 그만이라고 생각한 것은 바로 이 "주주의 유한책임 원칙"에 근거한 것이다.

그러나, 주주의 유한책임 원칙의 예외로서, 세법에서는 "제2차 납세의무"를 규정하여 납세의무의 확장을 허용하고 있다. 제2차 납세의무는 본래의 납세의무자의 재산으로 조세 충당이 부족한 경우 본래의 납세의무자와 일정한 관계가 있는 자에게 납세의무를 확장하는 제도로서, 그중 실무상 가장 빈번히 문제가 되는 것이 "과점주주의 제2차 납세의무"이다.

과점주주란 주주 또는 유한책임사원 1명과 그의 특수관계인의 소유주식 또는 출자액 합계가 50%를 초과하면서 그에 관한 권리를 실질적으로 행사하는 자들을 의미하는데, 특수관계인에는 친족이 포함되므로 소규모 가족기업으로 운영하는 많은 중소기업의 주주들이 과점주주에 해당하게 된다. 위 사례에서 A도 가벼운 마음에 형의 사업을 돕게 되었지만, A와 형의 주식을 합하여 50%를 초과하면 일응 과점주주에 해당하고, 과점주주에 해당하는 A는 법인이 체납한 세금 중 자신이 보유한 20%의 지분 비율로 제2차 납세의무를 부담하게 되는 황당한 경우를 맞이하게 되는 것이다.

그나마 A와 같이 스스로 주식을 인수한 경우라면 덜 억울할 수 있다. 가족기업으로 운영되는 형태의 중소기업에서는 친·인척의 부탁을 받고 인감증명서와 도장을 빌려주는 경우가 종종 있는데, 본인도 모르게 주주명부에 등재되고, 그에 따라 제2차 납세의무자로 지정되는 사태가 발생할 수 있다. 과세관청은 명확한 증거가 없는 이상 확보된 주주명부나 주식이동상황명세서 등을 토대로 기계적으로 제2차 납세의무자를 지정하게 되고, 그렇게 되면 납세자가 명의를 도용당하였다거나 실질적 주주가 아니라 형식상 주주에 불과하다는 사실을 입증하여야만 제2차 납세의무에서 벗어날 수 있는데, 그 과정이 녹록치 않다.

그러나 제2차 납세의무는 그 본질이 본래의 납세의무자를 대신해서 납부하는 보충적인 의무인 만큼, 무조건 제2차 납세의무를 부과하고 후에 납세자로 하여금 부당성을 입증하도록 하는 것보다는 과세관청 스스로 제2차 납세의무에 관한 법조항을 엄격히 해석·적용하고, 실질을 살펴 신중하게 제2차 납세의무자를 지정할 필요가 있다.

이와 관련하여 최근 대법원이 과점주주의 제2차 납세의무의 인정에 관하여 적용요건을 엄격하게 해석하여야 한다는 취지의 판결을 내놓아 주목된다(대법원 2019. 5. 16. 선고 2018두36110 판결).

대상 판결은 A 법인이 체납한 법인세에 대하여 A 법인의 과점주주인 B 법인(1차 과점주주)이 과세관청으로부터 납부통지된 제2차 납세의무를 이행하지 않자, 과세관청이 B 법인의 과점주주인 C 법인(2차 과점주주)을 제2차 납세의무자로 지정하고 위 법인세를 납부통지한 사안에서, 국세기본법 제39조 제2호는 제2차 납세의무자로 '과점주주'만을 규정하고 있을 뿐, '과점주주'의 '과점주주'가 또 다시 제2차 납세의무를 진다고 규정하고 있지 않으므로, C 법인을 제2차 납세의무자로 지정하고 법인세를 납부통지한 처분은 법문언을 확장해석한 것으로서 위법하다고 판시하였다.

대상 판결에 의하면 모회사 - 자회사 - 손자회사 등으로 여러 단계의 법인으로 지배구조를 편성한 경우 모회사가 자회사에 대하여, 자회사가 손자회사에 대하여 각 제2차 납세의무자로 지정될 수 있으나, 모회사는 손자회사의 체납세액에 대하여 제2차 납세의무를 부담하지 않게 된다. 그러나 이와 같은 결론은 제2차 납세의무의 적용요건을 엄격하게 해석한 결과이지, 무조건 모회사와 손자회사의 단절을 인정하는 것은 아니다.

대상 판결의 원심에서도 "조세를 회피하기 위해 최종 과점주주가 지배구조 내에 여러 단계의 체납 법인들을 통해 제2차 납세의무를 면탈하는 등의 문제는 사안에 따라 실질과세원칙 등으로서 해결해야 할 것"이라고 판시하여 여전히 실질과세원칙에 따른 조세포탈의 방지책은 유효하게 적용될 수 있는 여지를 두고 있다.

대상 판결의 사안은 보기에 따라 단계적 지배구조의 모회사가 제2차 납세의무를 부담하는 것이 타당하다고 볼 수 있다. 그러나 제2차 납세의무는 조세징수의 확보와 조세회피의 규제를 위해 필수불가결한 제도인 한편, 헌법상 자기책임원칙, 재산권 보장, 주주의 유한책임원칙 등 개인의 권리보호에 대한 중대한 예외를 구성하는 것이기도 하다. 특정 사안의 조세 부과를 위해 제2차 납세의무를 확장해석하는 것을 경계해야 하는 이유가 여기에 있다.

그간 과세관청은 실질적 운영자가 법인제도를 악용하여 재산을 은 닉하고 손실을 회사에 떠넘기는 모양을 취하였다고 판단되는 경우 제 2차 납세의무를 적극 활용하여 온 것이 사실이다. 그러나 조세징수를 확보하는 것만이 반드시 조세정의를 실현시키는 것은 아니다.

대상 판결의 원심 판시와 같이 제2차 납세의무의 규정으로 해결되 지 않는 조세포탈의 결과가 우려된다면 법을 개정하거나, 구체적 사 안별로 부당한 조세회피의 의도와 행위를 입증하여 실질과세를 적용 하여 과세할 일인 것이다. 궁극적으로 조세정의는 조세법률주의와 실 질과세원칙을 상호보완적으로 적용할 때 실현된다.

/ 30 /

대법원 판례로 보는 실질과세원칙

박지인 변호사

조세법령이 규정한 과세요건을 회피하기 위해 다양하고 창의적인 묘수를 짜내는 납세자들이 있다. 이들은 세법 전문가의 조언을 얻어, 실질적으로는 과세요건에 해당함에도 형식적으로는 그렇지 않은 법적 외관을 형성한다.

만약 조세법률주의라는 원칙만을 내세워 이러한 행위에 과세를 하지 않을 경우, 실질적으로 동일한 행위로 소득을 올렸음에도(동일한 담세력) 선량한 납세자만이 세금을 납부하게 되는 결과가 발생한다(불공평한 결과). 실질과세원칙은 이러한 조세 불평등을 방지하기 위하여 강조되었고, 국세기본법 제14조 및 개별세법의 유사 규정(가령, 국제조세 조정에 관한 법률 제2조의2)은 이를 명문화하고 있다.

이러한 실질과세원칙의 적용과 관련하여 종래 대법원은 엇갈리는 태도를 보인 바 있다. 소득세법상 법인에 부동산을 양도할 경우 양도 가액을 실지거래가액에 의하고, 개인에 부동산을 양도할 경우 양도가액 및 취득가액을 기준시가에 의하였던 때가 있었다. 이에 세법에 밝은 자들은 실제로는 법인에게 자산을 양도하면서 형식적으로 거래 중

간에 개인을 끼워 넣어 양도소득세를 절감하려는 시도를 하였다. 그런데 대법원은 비슷한 시기(1991. 5. 14. 선고, 1991. 12. 13. 선고)에 유사한 행위(양도소득세 부담을 덜기 위해 거래 중간에 개인을 개입시킨)에 대하여 상반되는 결론을 내린 것이다.

대법원은 ① 원고가 1974. 12. 30. 제1토지를 취득하고, ② 원고가 1984. 12. 26. 제1토지와 甲 소유의 제2토지(인접토지)를 교환하였으며, ③ 원고와 甲이 1984. 12. 31. 제1, 2토지를 한국외환은행에 양도한 사안에서는 과세관청이 한 거래의 재구성이 위법하다고 보았다(대법원 1991. 5. 14. 선고 90누3027 판결). 반면 매도인인 원고가 소외 회사가 아파트건축을 위하여 토지를 매수한다는 사실을 알면서도, 소외 회사 앞으로 토지를 양도하게 되면 실지거래가액에 따른 양도소득세를 부담하게 된다는 이유로 ① 소외 회사의 대표이사 개인 명의로의 양도를 고집하여 결국 그와 같은 내용의 계약서를 작성하고 대표이사 개인 앞으로 소유권이전등기를 경료하였다가, ② 이후 회사 앞으로 소유권이전등기를 경료한 사안에서는 과세관청이 한 거래의 재구성을 인정한 것이다(대법원 1991. 12. 13. 선고 91누7170 판결).

위 두 판결은 종래 실질과세원칙에 대한 대법원의 상반된 입장에서 비롯된 것이다. 대법원은 납세자가 취한 법률관계가 가장행위에 해당한다고 볼 특별한 사정이 없는 이상, 과세관청으로서는 납세의무자가 선택한 법률관계를 존중하여야 하며, 실질과세의 원칙에 의하여 납세의무자의 거래행위의 효력을 부인하려면 법률에 개별적이고 구체적인 부인규정(예 부당행위계산부인)이 마련되어 있어야 한다고 보았다(같은 취지로 90누3027 판결). 그러나 다른 한편으로는 납세자가 선택한 거래형식이 가장행위의 정도에 이르지 않거나 구체적인 규정에 해당하지 않더라도 국세기본법상의 실질과세의 원칙에 관한 규정에 근거하여 이를 부인할 수 있다고도 보았다(같은 취지로 91누7170 판결).

이후 대법원은 전원합의체 판결(대법원 2012. 1. 19. 선고 2008두8499 전원합의체 판결)을 통해 대립하여 존재하여 오던 기존의 태도를 정리하였다. 그 요지는 ① 개별적이고 구체적인 부인규정에 해당하지 않더라도 국세기본법 제14조의 규정에 의하여 실질과세의 원칙을 적용할 수 있고, ② 당사자가 선택한 법률관계의 효력을 부인할 수 있는 가장행위를 민법 제108조 등의 가장행위와 동일한 개념으로 이해할 필요는 없고, 실질과세의 원칙을 적용할 영역은 민법상 가장행위의 정도에는 이르지 못하지만 외관과 실질이 괴리되어 있고 그 실질을 외면하는 것이 심히 부당하다고 볼 수 있는 경우이며, ③ 실질과세의 원칙이 적용되기 위해서는 조세의 부담을 회피할 목적으로 과세요건사실에 관하여 실질과 괴리되는 비합리적인 형식이나 외관을 취한 경우이어야 한다는 것이다.

실질과세의 원칙을 적용하면 영악한 납세자들이 취한 법적형식을 부인하고 세금을 징수할 수 있는바, 공평과세의 원칙을 달성할 수 있다. 그러나 실질과세원칙을 이유로 함부로 납세의무자의 범위를 확장하거나 거래형식을 부인하는 경우 조세법률주의가 형해화되어 법적 안정성이 위협받는바, 전원합의체 판결이 명시한 기준을 엄격히 적용할 필요가 있다.

31

세무조정의 개념 및 손해배상책임

- 세무조정의 의미와 그에 따른 손해배상책임 그리고 변호사의
  세무조정 수행 가능성

정민지 변호사

법인의 손익계산서상 손익은 수익에서 비용을 차감하여 계산되며 (손익=수익-비용), 손익의 계산기준은 회계기준이다. 한편, 세금 계산의 기초인 과세소득은 익금에서 손금을 차감하여 계산되며(과세소득=익금-손금), 과세소득의 계산 기준은 세법이다. 수익과 익금, 비용과 손금은 차이점도 있지만 비슷한 부분이 많다. 그래서 과세소득을 계산할 때 익금에서 손금을 차감하는 방법으로 계산하지 않고, 회계상 손익을 계산한 후 회계기준과 세법이 차이가 나는 항목을 가산 또는 차감하여 계산한다(손익+가산항목-차감항목=과세소득).

가산항목을 익금산입 또는 손금불산입으로 표현하고, 차감항목을 손금산입 또는 익금불산입으로 표현한다. 이에 따라 세무조정이란 회계상 손익을 기초로 과세소득을 계산하기 위해 익금산입·손금불산입 항목을 가산하고, 손금산입·익금불산입 항목을 차감하는 과정을 의미한다. 법인세와 개인의 사업소득세를 계산하는 과정에서 이러한 세무조정이 필요한 것이다.

이러한 세무조정의 효과는 절대적이지 않다. 세무조정은 회계상 손익에서 출발하기 때문에 회계상 손익이 변경되면 세무조정 세부 항목과 금액이 바뀔 수 있기 때문이다. 또한, 세무조정 후 세금신고를 완료했더라도 최초 신고시 세무조정이 누락되었거나 오류가 있었다면 경정청구나 수정신고를 통해 세무조정 내용을 수정할 수 있다는 점에서도 세무조정의 효과는 절대적이지 않다.

한편, 세무조정은 크게 결산조정사항과 신고조정사항으로 구분된다. 결산조정사항은 재무제표에 비용으로 반영한 경우에만 세법상 손금으로 인정되는 사항이고 신고조정사항은 재무제표에 반영하지 않아도 세무조정으로 손금 또는 익금으로 인정되는 조정사항이다. 따라서 결산조정사항을 세무조정하기 위해서는 먼저 회계상으로 비용이 계상되어 있는지 확인해야 한다.

이처럼 세무조정을 하기 위해서는 회계상 손익, 세법, 회계상 손익과 세법상 과세소득의 차이 조정 방법을 모두 숙지해야 하기 때문에 세무조정은 쉽지가 않고 오류가 발생하는 경우도 있다. 이러한 이유로 세무조사 과정에서 국세청 조사관들은 세무조정을 다시 확인하기 위해 세무신고내역 뿐만 아니라 항상 세무조정의 근거자료를 요청하므로 세무조정을 수행하는 담당자와 납세자 모두 세금신고 전에 세무조정 내용을 꼼꼼히 확인해야 하고 향후 세무조사 대응을 위해서라도 세무조정의 근거 자료를 잘 갖춰 놓아야 할 것이다.

최근 세무조정 과정에서의 잘못에 대해 세무법인의 손해배상책임을 인정한 판례[1]가 있다. 판례의 사실관계에 의하면 세무법인에 소속된 세무사가 매도가능증권평가이익 익금산입 세무조정을 누락하는 실수를 하였는데 매도가능증권평가이익이 약 8천3백억 원으로 거액이어서 해당 세무조정누락으로 약 170억 원의 가산세가 원고에게 과세되었다. 그 후 해당 세무법인이 추가로 발견한 이월결손금을 공제받는 등의 과정을 거쳐 최종적으로는 본세를 제외한 가산세는 약 54억 원으로 확정되었다. 이에 대해 위 판례는 세무법인의 대표와 세무법인에게 원고가 주장하는 손해액 중 일부인 10억 원을 배상할 것을 명하였다. 판례에서 문제된 세무조정의 보수가 7백만 원인 점을 감안하면 세무조정 담당자의 책임은 무겁다는 점을 알 수 있으므로 세무조정 담당자는 세무조정 수행 시 신중해야 할 것이다.

참고로, 변호사의 세무조정 업무 수행가능성에 대한 논란이 있는데, 이는 세무사법 개정과 관련이 있다. 2017. 12. 26. 법률 제15288호로 개정되기 전의 세무사법은 변호사에게 세무사 자격을 부여하고 있었다. 즉, 위 세무사법에 의하면 2003년 12월 31일부터 2018년 이전에 변호사 자격을 취득한 자는 세무사 자격이 있고, 2018년 이후에 변호사 자격을 취득한 자는 세무사 자격이 없었다. 그런데 세무사법은 위 세무사 자격이 있는 변호사에게 세무사등록부에 등록을 금지함으로써 세무사 자격이 있는 변호사의 세무대리 업무를 금지하고 있었던 것이다.

---

1 대법원 2019. 6. 13. 선고 2019다2834 판결, 서울고등법원 2019. 1. 18. 선고 2017나8854 판결

2018. 4. 26. 헌법재판소는 세무사 자격이 있는 변호사에게 세무사 등록부에 등록을 금지함으로써 세무대리업무를 금지한 세무사법의 위헌성을 확인하고 헌법불합치 결정을 하였다.[2] 헌법재판소의 결정에 의하면 세무사법은 2019년 12월 31일까지 유효하며, 2020년 1월 1일부터 효력이 상실된다. 즉, 2003년 12월 31일부터 2018년 이전에 자격을 취득한 변호사는 2020년부터 세무사 등록을 할 수 있게 된 것이다. 다만, 변호사의 구체적인 세무사 등록 절차와 수행가능 업무범위를 규정하는 세무사법이 아직 입법되지는 않았다.

이와 관련하여 현재 국회에는 3가지 세무사법 개정안이 상정된 상태이다. 정부안은 실무교육을 이수하고 변호사에게 세무대리 업무를 허용하는 방안이다. 김정우 의원 등 국회의원이 상정한 개정안은 장부작성업무와 성실신고확인업무를 제외한 세무대리 업무를 허용하는 방안이며, 이철희 의원 등 국회의원이 상정한 개정안은 실무교육 없이 세무사 자격이 있는 변호사에게 세무대리 업무를 전부 허용하는 방안이다. 이 중 어느 안이 통과되는지에 따라 세무사 자격이 있는 변호사의 세무 관련 수행 업무 범위와 세무사 등록 절차가 결정될 것으로 보인다.

---

2 헌법재판소 2018. 4. 26. 선고 2015헌가19 결정

32

사랑하지만 세금 때문에 이혼하기로…

정승택 변호사

요즘 절세 목적으로 또는 일방 배우자에게 체납된 세금이 있을 경우 이를 회피하기 위해 '위장이혼'을 하는 부부가 있다는 뉴스가 심심치 않게 들린다. 위장이혼 또는 가장이혼은 법률용어는 아니나 대체로 형식상으로는 이혼신고를 하여 호적을 정리하고 법률혼 관계를 청산하되, 사실혼 관계는 유지한다는 의미로 쓰인다.

우리나라 조세법은 주택에 대한 양도소득세 및 종합부동산세를 인별 과세가 아니라 세대별 기준으로 과세하고 있다. 이를 피하기 위해 서류상 위장이혼을 통해 1주택을 만든 후 비과세로 주택을 처분하여 다주택자 중과세를 피하는 경우가 있다.

이에 대한 최근 판례가 있어서 소개하고자 한다.

A는 9채의 아파트를 소유하고 있다가 협의이혼 시 8채를 배우자에게 재산분할해 주고 A는 남은 한 채를 양도해서 1세대 1주택으로 양도세 비과세를 받았다. A는 협의이혼 후에도 전처와 사실혼 관계를 유지하며 같은 아파트에 거주했고, 심지어 A가 아파트를 양도한 후 3개월이 지나고 다시 전처와 혼인 신고를 했다. 국세청은 위장이혼으

로 보고 1세대 3주택 이상에 대한 양도세 1억 8,000만 원을 과세하였다. 이에 대하여 납세자는 실제 이혼인데 억울하다며 소송을 제기하였다.

1심과 2심 법원은 위장이혼임이 인정되고 실질과세원칙과 합목목적 해석을 근거로 설사 법률상 이혼을 하였더라도 양도소득세 계산 시 세대분리의 효력을 인정할 수 없다고 하면서, 국세청의 손을 들어주었다.

그러나 대법원은 "양도소득세를 회피할 목적으로 이혼했다거나 이혼 후에도 사실상 혼인관계를 유지했다는 사정만으로 그 이혼을 무효로 볼 수 없다"고 전제하며, "양도자는 아파트의 양도 당시 이미 이혼한 배우자와는 분리되어 따로 1세대를 구성하므로 비과세 대상인 1세대 1주택에 해당하고, 양도소득세를 회피할 목적으로 이혼하였거나 이혼 후에도 사실상 혼인관계를 유지하였다는 사정만으로 그 이혼을 무효로 볼 수 없다"는 이유로 납세자의 손을 들어주었다(대법원 2017. 9. 7. 선고 2016두35083 판결).

또 다른 사례는 자식과의 상속 분쟁을 피하기 위해 남편 사망 직전 이혼해 36억 원대의 재산을 분할받은 여성에게 '위장이혼'이라며, 국세청이 증여세를 부과한 경우이다. 1심, 2심은 이혼 후에도 부인이 남편의 병간호를 계속했고, 전 부인이 낳은 자식과의 상속분쟁이 예상되는 상항임을 근거로 위장이혼이라고 보았다. 따라서, 이는 재산분할이 아닌 증여에 해당한다고 하여 국세청의 손을 들어 주었다.

그러나, 대법원은 달랐다. 부부가 적법하게 이혼한 이상 이혼에 다른 목적이 있더라도 법에 따라 재산분할이 이루어진 것이라고 설시하며, 위에서 설명한 판례와 동일한 논리로 증여세 부과는 부당하다고 하였다.

다만, "일단 부부가 적법하게 이혼한 이상 이혼에 다른 목적이 있더라도 법에 따른 재산분할이 이루어진 것으로 인정하되, 재산분할의 규모가 일반적인 통념상 타당하거나 알맞다고 여겨지는 수준을 벗어난 경우 그 부분만큼만 세금을 매길 수 있다"고 하여 일정부분 한도 설정 및 해석의 여지를 남겨놓기는 하였다.

악용 가능성이 있는 이러한 사례를 인정해 주는 것이 정의에 부합하느냐고 반문하는 경우가 다수 있을 수 있다. 그러나, 법률가 입장에서 보면 대법원은 "일시적으로나마 법률상의 부부관계를 해소하려는 당사자 간의 합의 하에 협의이혼 신고가 된 이상, 그 협의이혼에 다른 목적이 있다 하더라도 양자 간에 이혼의 의사가 없다고는 말할 수 없고, 그 협의이혼은 무효로 되지 아니한다"는 법리를 예전부터 설시해 왔다.[1] 그리고 위의 판결도 이러한 논리의 연장선상에서 실질과세원칙과의 조율을 고민했던 것이다.

가정법원의 협의이혼 절차에 따라 이혼한 만큼, 과세당국이라도 그 효력을 쉽게 부인할 수는 없다. 민법 제838조의 가정법원에 이혼의 취소를 청구하여 법원의 판결을 받아야 비로소 당초 이루어진 이혼의 효력이 부인될 수 있기 때문이다. 이러한 친족상속법상의 절차를 무시하고 실질과세원칙을 적용하기에는 무리가 있어 보인다. 또한 단순

---

1 대법원 1993. 6. 11. 선고 93므171 판결. 일시적 해소목적의 협의이혼의 신고도 유효하다고 본 판결이다.

거래영역이 아닌 가족관계에서는 더욱 실질과세원칙을 적용하기에는 한계가 있다고 판단한 것으로 보인다.

2018년 세법개정으로 현재 소득세법 제88조는 "1세대란 거주자 및 그 배우자(법률상 이혼을 하였으나 생계를 같이하는 등 사실상 이혼한 것으로 보기 어려운 관계에 있는 사람을 포함한다)"라고 명시적으로 규정해서 절세목적의 탈법적 위장이혼을 입법적으로 해결하였다.

개정입법을 보니 위장이혼과는 반대로 법률상 이혼을 하지 않았지만 별거 중이거나 왕래가 없어 남보다 못한 사실상 이혼 상태에 있는 배우자는 실질과세원칙을 적용해 주어야 공평한 것이 아니냐는 생각이 문득 스친다. 가정사는 본인들만 아는 문제인데, 이래저래 어려운 문제이다.

/ 33 /

이혼을 하더라도 세금문제는 깔끔하게…

정승택 변호사

통계청의 자료를 보면 2018년 이혼 건수는 10만 8,700건으로 전년 대비 2,700건이 증가하면서 2.5% 늘어났고, 연령별 이혼율은 남자는 40대 후반이 1,000명당 8.6건, 여자는 40대 초반이 1,000명당 8.8건으로 가장 높은 것으로 나온다.

특히, 혼인 지속기간 20년 이상의 이혼이 전체 이혼의 33.4%로 가장 많은 것으로 집계되었는데, 참고 지내다가 아이들이 어느 정도 성장한 후에 이제는 각자의 길을 떠나는 아름다운(?) 이별이 많아져서 그런 것 같다.

이혼을 하려면 이혼의사의 합치를 전제로 해서 재산분할, 위자료, 양육권 등의 문제가 정리되어야 한다.

특히, 위자료로 부동산을 주는 경우는 조심해야 한다. 위자료를 지급해야 할 채무를 부동산으로 대물변제한 것이기 때문에 유상으로 양도된 것으로 보아 양도소득세가 부과[1]되기 때문이다. 이와는 달리 재산분할청구권의 행사를 통해 부동산이 이전된 경우는 증여세나 양도소득세부과 대상이 되지 않는다. 재산분할이란 부부의 공동노력으로

---

[1] 대법원 95누4599 판결

형성된 재산을 이혼으로 인해 나누는 것이기 때문에, 원래 본인 소유의 몫을 찾아오는 것으로 보기 때문이다. 그러므로, 이와 같이 재산분할에 의한 이전에는 공유물 분할에 관한 법리가 적용된다.

시간이 흘러 배우자가 재산분할로 받은 부동산을 처분할 경우, 취득가액을 '재산분할 시'가 아니라 '상대방 배우자의 최초 취득 시'를 기준으로 하여 양도차익을 산정하게 된다.

실제로 우리나라에서는 귀책배우자라 하여도 재판상 위자료를 일정 금액 이상으로는 잘 인정해주지는 않고, 실제로 재산분할과 위자료가 동시에 심리되면서 전체 액수가 화해나 조정의 대상이 되는 경우가 많다. 따라서, 협의이혼 시 재산분할과 위자료 약정을 할 때 '현금의 지급은 위자료로, 부동산의 양도는 재산분할로 정리'하는 것이 세금 문제에 관한 한 가장 유리한 방법이 될 것이다.

재판상 이혼이 진행되더라도 실제로는 화해나 조정으로 종결되는 경우가 많으므로, 향후 과세관청의 조사에 대비하여 그 문서에 재산분할임을 명시하고 그 가액도 정확히 기재할 필요가 있고 등기시에도 막연히 '증여'라고 기재[2]해서 낭패를 보는 경우가 없어야 할 것이다.

최근에 특이한 사례를 상담받은 적이 있다. 강남의 어느 집에 전세로 들어가서 살고 있는 지인인데, 집주인인 남편의 외도와 이로 인한 이혼으로 인하여 집의 소유권의 1/2이 부인에게 위자료로 넘어가게

---

2 이혼등기 전이라면 6억 원에 대한 배우자공제를 주장할 수 있겠지만, 이혼등기 후라면 거액의 증여세가 부과될 수도 있다.

되었다. 지인은 부인과 예전부터 친했었는데 현금이 필요했던 부인은 집을 팔고자 해도 전남편과 합의가 안 되자 홧김에 지인에게 지분을 싼값에 팔아 버렸다.

지인은 갑자기 세입자에서 집의 공유자가 되어서 전남편에게 1/2에 대한 전세금반환청구권을 행사하자, 양도소득세 부담과 1/2지분매도가 어려운 전남편은 나머지 지분도 우는 심정으로 지인에게 헐값에 팔아버렸다.

결국, 이 집은 지금 재건축을 앞두고 엄청나게 올랐고, 이혼으로 인한 혜택은 세입자가 모두 가져간 상황이 되었다.

40세가 넘어서 최대의 절세전략은 이혼하지 않는 것이라는 어느 세무사의 세언(稅言)(?)이 생각난다.

/ 34 /

가상화폐도 세금을 내야 하나요?

임재억 변호사

어떠한 거래가 발생하고, 이를 통해 수익이 생긴다고 생각해보자. 이러한 수익이 크고, 계속적이고 반복적으로 발생을 한다면 새로운 稅源의 탄생을 알리는 신호가 될 것이다. 과세관청은 "소득 있는 곳에 세금 있다"는 명제를 구현하기 위해 현행 법률의 틀 안에서 부과가 가능한지를 고민하게 될 것이고, 다른 나라는 어떻게 하는지도 살피며 세금부과를 할 것인지 말 것인지, 부과한다면 어떻게 할 것인지, 언제부터 할 것인지를 결정하게 될 것이다. 게다가 단순히 세원의 문제가 아니라 규제 측면에서도 필요하다면 더더욱 과세관청에서 적극적으로 나설 명문이 될 것이다.

최근 비트코인을 비롯한 가상화폐들의 등장과 유통으로 인하여 세금과의 관계에 대한 관심이 커지고 있다. 돈을 벌게 되는 좋은 수단이고, 그 수익률이 높을 뿐만 아니라 과세대상이 아니라면 매력적인 투자처가 될 수 있을 것이다. 그 때문인지는 몰라도 비트코인은 한때 가격이 한 달 만에 두 배로 급등했다가 정부의 규제 분위기로 40%까지 급락하기도 한, 많은 이들의 관심 대상이 되었다. 비록 비트코인이 가진 익명성으로 인하여 각종 범죄에서의 불법적인 거래 수단으로 활용되기도 하며, 상속세, 증여세 등의 탈세 수단으로도 악용될 우려가 증가하고 있지만, 비트코인 거래소는 꾸준히 증가하고 있고, 비트코인을 사용할 수 있는 인터넷 쇼핑몰, 배달 앱, 동영상 스트리밍 서비스 등도 다양하게 생겨나고 있다.

현재, 비트코인은 아직 우리나라 통화당국에서 화폐로 취급받지는 못하고 있다. 가상화폐는 디지털신호에 불과하여 '지급수단'이 아니며, 발행된 증표 또는 그 증표에 관한 정보로서 발행자에 의해 현금 또는 예금으로 교환이 보장되지 않는다는 점에서 '전자화폐'와도 차이가 있다.

그럼에도 불구하고 더 이상 법 외의 영역에 둘 수 없어 암호화폐 등을 제도권에 편입하는 내용의 '특정 금융거래정보의 보고 및 이용 등에 관한 법률(특금법) 개정안'이 본회의 통과를 앞두고 있고, 기획재정부도 가상자산 소득세 과세 방침을 정하고 내년 세법 개정안에 구체적인 과세 방안을 담기로 하였다.

가상화폐에 대하여 미국(재산으로 분류되어 주식과 동일한 방식으로 과세), 일본(기타소득으로 과세), 호주(시세차익을 소득으로 과세) 등 주요 국가에서 법률 개정을 통해 세금을 부과하고 있는 즈음에, 우리도 소득세법 개정을 통해서 양도소득 또는 기타소득으로 구분할지를 정해야할 것이고, 주식·부동산처럼 양도소득의 범위에 포함시킨다면 과세근거자료 확보를 위해 각 거래소에서 가상자산 거래 내역을 모두 받고, 거래소별로 시세가 조금씩 다른 가상자산의 기준시가를 산정하는 것도 필요할 것이다. 다른 한편으로, 기타소득의 한 유형인 상금, 복권 당첨금, 원고료, 사례금 등과 같이 가상화폐를 추가하는 방안을 고려할 수 있을 것이다.

또한, 가상통화 매도시 부과되는 거래세 도입도 쉽게 예상된다. 비상장주식의 증권거래세와 동일한 0.5%의 세율이 적용될 가능성이 높을 것이다.

하지만 가상통화 과세제도가 도입된다 하더라도 이를 당장 실현하기는 쉽지 않은 난관이 있을 것으로 본다. 미국과 일본의 경우에도 기본적으로 자진신고를 하지 않으면 과세당국이 가상통화 매매내역을 알 길이 없고, 거래사이트는 과세자료 제출에 협조적이지 않다. 우리의 경우에도 거래가 잦은 가상통화에 대해서 모든 매매차익을 일일이 계산하는 것이 쉽지 않으며, 거래사이트도 과세당국에 협조할 수 있는 제도적인 시스템이 준비되어 있지 않다.

기재부가 다양한 형태의 금융소득을 통합적으로 과세하는 방안을 장기적으로 추진하기로 하였는데, 가상화폐에 대한 과세는 결국 한 사람이 가지고 있는 모든 금융투자 포트폴리오의 이익과 손해를 통틀어 이익이 났을 때만 과세하는 금융소득 통합과세 체계에도 편입될 것으로 보인다.

최근 가상화폐와 관련하여, 빗썸이라는 암호화폐 거래소가 국세청으로부터 800억 원 가량의 세금을 부과받았다. 이는 "외국인들"이 암호화폐 거래를 통해 돈을 벌면 암호화폐 거래소가 원천징수 의무자로서 원천징수해서 납부했어야 한다는 것을 전제로 하고 있다. 아마도 이번 과세는 양도소득이 아닌 기타소득으로 과세한 것으로 보이며 적용되는 세율은 22%인데, 그 소득의 원천이 양도차익일 경우에는 양도차익의 22% 또는 양도금액 전체의 10% 중 작은 금액을 부과하게 되는바, 국세청 입장에서는 양도차익을 파악하기 곤란하였을 것이므로 양도금액 전체의 10%를 원천징수한 것으로 보인다. 만약 양도차익의 22%가 더 낮은 금액이라면 그것은 해당 외국인이나 거래소가 소명해서 환급을 받아가라는 취지로 해석할 수 있다. 이러한 국세청의 조치는 올해 세법개정안에 암호화폐인 가상자산 과세 근거 마련을 위하여 사전 단계로서 pilot test 성격이 있는 것으로 보이며, 임박한 부과제척기간을 도과하지 않기 위한 선제적인 조치로 생각된다.

하지만 암호화폐가 조세법률주의에 따라 '국내 자산'에 해당하는지, 빗썸과 같은 암호화폐 거래소가 자본시장법상 투자중개업자가 아닌데 '소득을 지급하는 자'인 소득세법상 원천징수의무자에 해당하는지, 국적을 떠나서 세법상의 외국인(비거주자)에 해당하는지 등등에 관한 다툼이 예상되는바, 내국인을 위한 과세를 시행하기 이전에 암호화폐의 현실과 추후 세원으로 편입되었을 때의 여러 문제점들을 사전에 파악하기 위한 선행사례가 될 수 있다는 점에서 그 추이를 지켜볼 필요가 있을 것이다.

특히, 이는 빗썸 외의 다른 거래소 뿐만 아니라 다른 가상자산들에 대한 향후 과세의 근거가 어떻게 확보되는지를 가늠할 수 있는 계기가 될 수 있다는 점에서 중요한 의미를 가진다.

35

근로소득을 사업소득으로 신고하면 어떤 문제가 생길까

박소연 변호사

갑이 사업체의 실질적 소유자인 을과 약정을 하고 사실은 근로자에 불과한 자신의 이름으로 사업자등록을 마친 후 당해 사업체에 귀속된 사업소득에 대하여 종합소득세를 신고·납부하였다면 어떤 문제가 생길까?

실제로 이러한 경우에 대하여 과세관청에서 갑 명의의 종합소득세 신고를 부인하고 새로이 근로소득에 대한 과세처분을 하면서 무신고가산세와 납부지연가산세[1]를 부과한 사안이 있었다. 갑 명의의 기납부세액은 실질적으로 을이 납부한 것으로 보아 을의 누락된 사업소득에 대하여 과세처분을 하며 이에 충당하였다.

어떤 이유에서였는지 갑은 본세(근로소득에 대한 소득세) 과세처분에 대하여서는 조세심판까지만 다투고 더 이상 불복하지 아니한 반면, 가산세에 대해서는 중대명백한 하자가 있어 무효라며 법원에 소를 제기하였다.

---

[1] 당시에는 납부불성실가산세였으나 현재 납부지연가산세로 용어가 변경되었으므로 편의상 변경된 용어를 기준으로 서술한다.

이에 대하여 1, 2심 판결[2]은 "갑이 사업소득에 대하여 종합소득세 과세표준 확정신고를 한 것은 단순히 소득의 종류를 잘못 평가한 것에 그치는 것이 아니라 자신이 사업자인 것처럼 가장하여 자신의 근로소득을 감춤과 동시에 다른 납세의무자(을)에게 귀속되어야 할 사업소득에 관한 종합소득세과세표준을 신고한 것에 불과하여 과세관청이 갑의 근로소득을 파악하여 과세권을 행사하고 조세채권을 실현하는 데 현저한 지장을 초래하는 행위이므로 이를 갑의 근로소득에 관한 종합소득세과세표준의 적법한 신고로 볼 수 없다"는 이유로 신고불성실(무신고)가산세를 부과하는 것은 적법하지만,

"갑의 기납부세액 납부의 법률효과는 갑에게 귀속될 뿐이며, 실제 사업자인 을이 갑 명의로 직접 납부행위를 하였거나 그 납부자금을 부담하였다고 하더라도 달리 볼 수 없다"며 납부지연가산세는 위법하다고 판시하였다.

그러나 대법원에서는 "종합소득금액이 있는 거주자가 법정신고기한 내에 종합소득 과세표준을 관할 세무서장에게 신고한 경우에는 설령 종합소득의 구분과 금액을 잘못 신고하였다 하더라도 이를 무신고로 볼 수는 없으므로, 그러한 거주자에 대하여 종합소득 과세표준에 대한 신고가 없었음을 전제로 하는 무신고가산세를 부과할 수는 없다"고 최종 판단하여[3] 결과적으로 갑은 모든 가산세 부과를 면하게 되었다.

---

2   서울행정법원 2017. 7. 14. 선고 2016구합9640 판결, 서울고등법원 2018. 1. 9. 선고
    2017누66345 판결
3   대법원 2019. 5. 16. 선고 2018두34848 판결

소득세법에서 종합소득을 '이자소득·배당소득·사업소득·근로소득·연금소득·기타소득'의 6가지로 구분하고 있지만 이들 각자는 별개의 과세단위를 구성하는 개별세목이 아니라 1년의 종합소득세 과세단위를 구성하는 소득의 종류일 뿐이다.

따라서 설령 실질이 사업소득이 아닌 근로소득이라 하더라도 이를 자신에게 귀속되는 종합소득세의 과세표준으로 신고한 이상 이를 무신고로 볼 수는 없는 것이고, 세금을 실질 사업주가 대납해주었다 하더라도 납부지연가산세를 부과할 수 없다는 점에서[4] 지극히 당연하고 타당한 판결이 아닐 수 없다. 또한 애초부터 탈루된 세액이 없음에도 불구하고 가산세만을 목적으로 한 무리한 과세가 아니었나 하는 생각도 든다.

한편, 본세는 상기 사안에서 다투지 않았으므로 판결문에 드러나지 않았으나, 만일 갑이 본세 역시 소송의 대상으로 삼았다면 어떤 판결이 내려졌을 것인지도 생각해봄 직하다.

납세자가 실질과는 다른 형식을 취하여 거래를 하였다고 하더라도 조세 회피 목적이 없는 이상 이를 함부로 부인할 수 없다는 것이 실질과세원칙에 관한 법원의 입장이다.[5] 따라서 만일 근로소득을 사업소득으로 신고하면서 회피된 세액이 있었다면 실질과세원칙을 적용

---

4 과세관청의 논리대로라면 A와 B 사이에 어떠한 원인관계가 있어 A가 납부하여야 할 세금을 B의 자금으로 대납하는 경우 모두 납부지연가산세 부과의 대상이 될 것이다.
5 대법원 2012. 1. 19. 선고 2008두8499 전원합의체 판결 이후 다수의 판결

하여 기존의 종합소득세 신고를 증액하는 경정처분이 가능할 것으로 보이나, 회피된 세액이 없거나 오히려 더 많은 세액을 신고하였던 경우라면 근로소득을 기준으로 한 감액경정처분은 실질과세원칙의 적용 한계를 넘는 것으로 위법하다고 보여진다. 다만, 납세자 입장에서 기존에 사업소득을 기준으로 신고납부한 세액과 비교할 때 과세관청의 감액경정처분을 다툴 소의 이익이 있는지 여부가 문제될 수는 있을 것이다.

또한 소득세와는 별개로 부가가치세법상 원래는 을이 발급하고 수취하여야 할 세금계산서를 갑이 발급하고 수취한 점이 문제될 수 있는데, 이 경우 위장거래에 해당되어 을은 세금계산서 미발급·미수취죄, 갑은 가공 세금계산서발급·수취죄가 성립할 수 있고, 그와 별도로 조세범 처벌법 제11조의 명의대여행위죄로 처벌받을 수 있다는 점 역시 유의해야 할 것이다.

36

계약은 깨져도 기타소득은 남는다

- 위약금과 배상금

강정호 변호사

기타소득은 이자소득·배당소득·사업소득·근로소득·연금소득·퇴직소득 및 양도소득 이외의 소득 중에서 소득세법에 특별히 열거되어 있는 소득을 말한다(소득세법 제21조 제1항). 소득세가 과세되는 기타소득의 종류는 매우 다양하고 서로 연관성도 없다. 금융소득(이자·배당소득), 노동소득(사업·근로소득)처럼 어떤 유형으로 묶을 수 있는 소득에는 이미 이름이 붙어 있고, 기타소득은 말 그대로 어느 유형으로도 이름 붙이기 어려운 소득들만 모아 놓았기 때문이다.

누구나 한 번쯤 꿈꾸어 보는 기타소득은 대부분 과세된다. 오디션 프로그램에 우승해서 받는 상금(소득세법 제21조 제1항 제1호), 복권 당첨금(제2호), 경마·경륜·스포츠토토 환급금(제4호), 슬롯머신 등의 당첨금(제14호) 등은 과세되는 기타소득이다. 소유자가 없는 숨겨진 보물을 발견해도 기타소득이다(제12호). 이러한 기타소득이라면 소득세를 조금 내더라도 언제나 환영이다.

반면 별로 반갑지 않은 기타소득도 있다. 대표적인 것이 위약금과 배상금, 부당이득 반환시 지급받는 이자(제10호)인데, 내 의도와 상관없이 어쩌다 계약이 깨지는 바람에 저절로 얻게 되는 소득이다. 그중에서 알 것도 같고 모를 것도 같은 위약금과 배상금에 대하여 살펴보자.

위약금과 배상금은 사실 거의 같은 말이라서 구별의 실익이 크지 않다. 하지만 굳이 위약금과 배상금의 작은 차이를 찾아보려면 민법을 보아야 한다. 민법 제398조 제4항은 "위약금의 약정은 손해배상액의 예정으로 추정한다"고 규정되어 있다. 위약금(違約金)은 말 그대로 뜻풀이 하면 '계약을 위반하였기 때문에 지급하는 금전' 정도가 될 것인데, 그 의미가 불분명하기 때문에 만일 위약금을 주기로 했으면 법에서 정한 용어인 손해배상금(배상금)을 미리 정한 것으로 추정하라는 뜻이다. 이 경우 위약금과 손해배상금(배상금)은 완전히 같은 말이다.

하지만 '추정'은 이를 뒤집는 증거가 나오면 뒤집힌다. "마땅히 그런 것으로 본다"는 '의제'와는 다르다. 그러면 위약금이 손해배상금이 아닌 다른 것으로 뒤집히면 무엇이 될까? 위약벌이라고 하는데, 위약벌은 손해배상금과는 별도로 지급해야 하는 금전으로 계약 위반에 따른 일종의 위자료이다. 따라서 위약금이 위약벌이 되면 배상금과 별도로 따로 지급받을 수 있다.

소득세법은 위약금과 배상금의 작은 차이보다는 얼마를 과세할지에 더 관심이 있다. 소득세법 시행령은 위약금과 배상금을 "재산권에 관한 계약의 위약 또는 해약으로 받는 손해배상(보험금을 지급할 사유가 발생하였음에도 불구하고 보험금 지급이 지체됨에 따라 받는 손해배상을 포함한다)으로서 그 명목여하에 불구하고 본래의 계약의 내용이 되는 지급자체에 대한 손해를 넘는 손해에 대하여 배상하는 금전 또는 그 밖의 물품의 가액을 말한다(소득세법 시행령 제41조 제8항)"고 규정하고 있다.

말이 좀 어렵긴 하지만 계약이 깨지는 바람에 지급받은 금전은 위약금이든 손해배상금이든 명목 상관없이 자신이 입은 손해 부분은 원래 자기 재산을 돌려받는 것이니 별도의 소득이 아니고, 자신이 입은 손해를 넘는 금액에 대해서만 위약금과 배상금으로 과세하겠다는 뜻이다.

그래서 상대방이 계약을 위반하는 바람에 큰 손해를 입고 손해배상 청구소송을 해서 승소하여 손해배상금을 지급받는다면, 승소해서 다행이라고 한숨 돌리고 그냥 끝낼 것이 아니라 손해배상금 중에 나의 손해를 넘어서는 이자 부분이 있는지 여부를 따져서 기타소득으로 소득세를 납부하여야 한다.

한발 더 나아가면 패소한 피고도 원고의 기타소득 납세에 협력해야 한다. 피고는 기타소득의 원천징수의무자로서 원고에게 손해배상금을 지급할 때 이자에 해당하는 부분의 20%를 원천징수해서 다음 달 10일까지 국세청에 납부해야 한다.

승패를 오가는 소송의 당사자가 된 와중에 이런 부분까지 신경쓸 여력도 없고, 현실적으로 손해배상금 중 손해액을 넘어서는 부분을 특정하기 어려운 것도 사실이다. 하지만 막상 이런 부분이 과세되는 경우도 드물지 않다는 점을 유념해야 한다.

/ 37 /

뇌물과 함께 세금을

최성아 변호사

공무원 등이 뇌물로 금품을 받은 경우, 일명 김영란 법으로 불리는 부정청탁 및 금품등 수수의 금지에 관한 법률(약칭: 청탁금지법) 형법상 뇌물죄로 벌금 또는 징역형의 형사처벌을 받게 되고, 그 액수만큼 몰수 내지 추징을 당하게 된다는 것은 여러 언론기사를 통해 익히 잘 알려진 사실이다.

이외에 추가하여 소득세 등의 세금도 부과가 되는데, 뇌물죄로 처벌받은 공무원 당사자가 아닌 이상 일반인들은 아직까지 잘 인지를 못하고 있는 부분이다. 나아가 소득세뿐만 아니라 경우에 따라서는 가산세까지 붙게 되면 뇌물수수액의 60% 이상 가까운 금액을 세금으로 내야 하는 경우까지 발생한다.

우리 세법은 뇌물·알선수재 및 배임수재에 의하여 받은 금품은 기타소득으로(소득세법 제21조 제1항 제23호 및 제24호), 불법정치자금에 대해서는 상속세 또는 증여세를 과세하도록 규정하고 있다(조세특례제한법 제76조 제2항 및 제3항).

뇌물 등으로 받은 금품을 '위법소득'이라고 일컫는데, '위법소득'이란 법령에 의하여 정의되지 아니한 강학상의 용어로서 일반적으로 절도·강도·사기·공갈·횡령·수뢰·도박 등 형사상 범죄행위에 의한 소득이거나, 행정법규 등의 단속법규에 위반한 행위에 의한 소득 내지 법률상 허가를 요하는 행위를 허가없이 하거나 등록을 요하는 행위의 경우 등록을 하지 않은 상태에서의 행위로 인해 얻은 소득 등을 포괄하는 개념이다.

위법소득 중 일부는 법인세법이나 소득세법에서 과세대상으로 규정하고 있으나, 세법상 명문의 규정이 없는 위법소득에 대하여 과세가 가능한지에 대해서 견해 대립이 있는 부분이다.

한편, 뇌물을 기타소득으로 보아 종합소득세를 매길 수 있도록 규정된 것은 2005. 5. 31. 소득세법이 개정되면서부터인데, 소득세법에 뇌물을 과세대상으로 명시한지 10년 이상이 지났음에도 불구하고 여전히 뇌물수수에 대한 세금 분쟁이 끊이지 않고 있다. 이처럼 뇌물에 대한 세금 분쟁이 존재하는 것은 뇌물을 수수한 뒤 원귀속자 내지 증뢰자에게 반환하였음을 이유로 과세대상 소득이 실현되지 않았다고 주장하거나 뇌물을 개인적으로 사용하지 않고 기부 등을 하였음을 이유로 필요경비로 인정해달라는 주장을 하면서 세금부과처분에 대해 다투기 때문이다.

뇌물을 반환했다면 소득세를 안 내도 되는 것일까? 소득세를 안 내도 된다는 입장의 주된 논거는 '소득이 있는 곳에 세금이 있다'는 과세 기본원칙 내지 조세공평주의이다. 소득세법은 개인의 소득이라는 경제적 현상에 착안하여 담세력이 있다고 보여지는 것에 과세하려는데 그 근본취지가 있다 할 것이므로 과세소득은 이를 경제적 측면에서 보아 현실로 이득을 지배 관리하면서 이를 향수하고 있어 담세력이 있는 것으로 판단되어야 할 것인바, 위법소득이더라도 원귀속자에게 환원조치가 취해졌다면 수뢰자에게 담세력이 있다고 할 수 없으므로 과세소득에 해당되지 않는다고 할 것이다. 대법원(대법원 1983. 10. 25. 선고 81누136 판결 등)도 이와 동일한 입장으로서 그 소득을 얻게 된 원인관계에 대한 법률적 평가가 반드시 적법·유효한 것이 아니어도 과세소득이 되나, 귀속자에게 환원이 되게 되면 담세력을 상실하였으므로 과세대상이 되지 않는다고 보고 있다.

그렇다면 뇌물죄로 처벌받으면서 뇌물 상당액에 대한 추징선고를 함께 받아 추징금을 납부한 경우는 어떻게 될까? 이와 관련한 사건에서 원심은 확정된 형사판결에 따라 추징금을 납부하였다고 하더라도 이는 뇌물수수가 형사적으로 처벌대상이 되는 범죄행위가 됨에 따라 그 범죄행위에 대한 부가적인 형벌로서 추징이 가하여진 결과에 불과한 것일 뿐이고, 위와 같은 추징금 납부를 원귀속자에 대한 환원조치와 같게 볼 수 없다는 이유로 과세처분이 적법하다고 보았으나, 대법원은 위법소득에 대하여 몰수나 추징이 이루어졌다면 위법소득에 내재되어 있던 경제적 이익의 상실가능성이 현실화되는 후발적 사유가 발생하여 과세처분이 위법하다고 보았고, 후발적 경정청구가 가능하다고 판시하여(대법원 2015. 7. 16. 선고 2014두5514 전원합의체 판결) 범죄행위로 인한 위법소득이 추징된 경우에도 과세대상이 된다던 기존의 판결을 뒤집었다.

한편, 만약 뇌물을 소위 나눠먹기 한 경우에는 어떻게 될까? 뇌물을 받은 이들 모두가 뇌물수수액에 대한 소득세를 내야 한다.

뇌물을 받게 되면 본인은 물론 주변인들도 형사처벌에 세금 폭탄까지 맞게 되는 만큼 뇌물을 받고 들키면 바로 갚으면 세금을 비켜나갈 수 있다는 생각을 할 것이 아니라 애초에 뇌물을 받을 생각을 하지 말아야 할 것이다.

/ 38 /
유튜버도 세금을 내야 하나요

임재억 변호사

얼마 전 교육부와 한국직업능력개발원은 "2019년 초·중등 진료교육 현황조사"의 결과를 발표했다. 그중 초등학생의 경우 장래희망 직업의 1위는 운동선수였고, 2위는 교사, 3위는 미디어 크리에이터였다. 미디어 크리에이터는 흔히들 유튜버(Youtuber)[1]를 말하는데, 초등학생들도 스마트폰을 손쉽게 사용하면서 유튜버가 단순한 호기심을 넘어 장래희망 직업의 상위권에 진입하게 된 것이다.

유튜버는 연예인만이 출연하는 공중파 텔레비전의 경계를 급속도로 허물면서 일반인도 누구나 쉽게 접근할 수 있고, 헤아릴 수 없이 다양한 콘텐츠로 다가가기 때문에 누구나 한번쯤은 꿈꿔보았을 것이다. 심지어 변호사협회에서도 유튜버 관련 강좌에 200여 명이 몰려 성황을 이루기도 한 점을 보더라도 유튜버는 더 이상 남의 일만은 아닐 것이다. 필자도 몇 해 전 "○○남자"라는 영국인 유튜버들을 만나서 법률자문을 하는 과정에 유튜버의 다양한 활동, 수익모델 등에 대해서 접하게 되었는데, 이제는 너무나 일반화되어 단순히 상품홍보 및 광고 외에 선거에서 후보자를 알리는 수단으로까지 진화하고 있다.

---

[1] 동영상 플랫폼인 유튜브에 정기적으로 영상을 올리고 활동하는 사람을 말한다.

유튜버를 호기심과 재미로 시작하게 되더라도 제작한 콘텐츠가 인기를 끌게 되어 구독자 수가 늘어나게 되면 광고수익 등이 발생하게 될 것이고, 이 무렵이 되면 서서히 세금과 관련된 부분에 관심을 가져야 할 것이다.

예를 들어, 매입세액 공제의 효과를 누리기 위한 목적 등으로 사업자등록은 어느 시점에 할 것인지, 개인사업이 아닌 법인등록은 매출액 얼마쯤에 하는 것이 세율 측면에서 유리할 것인지, 누군가와 함께 작업을 할 경우에 동업의 형태로 신고하는 것이 유리한지, 한 명은 대표 나머지는 직원으로 하는 것이 유리한지에 대한 고민이 필요하다. 특히, 키즈 유튜버의 경우에는 아이 혼자서 콘텐츠 제작을 하기보다는 부모가 함께 제작을 하는 경우가 대부분인 점을 고려할 때 법인 설립을 통해서 가족들의 역할에 대한 인건비 처리 및 부모·자식 간의 증여세 문제에 대해서 보다 명료하게 대처할 수 있을 것이다.

유튜버가 얻는 수익의 종류로는, 광고주가 구글을 통해서 광고를 노출하는 것에 대한 구글 애드센스[2] 수익, 유튜버가 직접 광고영상을 제작하여 업로드하는 것에 대한 유료 광고 수익, 협찬수익, 별풍선처럼 라이브 방송 시 받는 후원금 형태의 슈퍼챗 수입 등 다양하다.

이러한 다양한 종류의 수익과 관련하여, 유튜버는 MCN[3]이라고 하는 일종의 소속사에 속하는 경우도 있고, 소속사 없이 활동을 하기도 하는데, MCN과 계약을 체결한 경우에는 구글이 MCN에 보내주는 수익에서 광고수익 등을 배분함과 동시에 원천징수를 한 후 수령을

---

2 구글에서 운영하는 광고 프로그램을 말한다.
3 MCN(Multi Channel Network)로서 인터넷 스타들의 콘텐츠를 유통하고 저작권 관리 등의 일을 대행하는 업체를 말한다.

하므로 수익이 그대로 노출이 되지만, MCN과 별도의 계약없이 활동을 하는 경우에는 수익이 노출되지 않는다. 다만, 외국환거래규정에 따라 '지급인, 수령인별로 연간 미화 1만 불을 초과하는 경우 익월 10일까지 외국환은행의 장은 지급 등의 내용을 국세청장에게 통보해야 하는 의무'가 있어, 연간 미화 1만 불 초과 소득자의 경우에는 국세청이 이미 자료를 확보하고 있다는 점을 유념해야 할 것이다.

또한, 유튜버들은 세무상 적법하게 비용으로 인정받기 위해서 관련 증빙을 제대로 갖추어 두어야 한다. 특히, 카메라, 컴퓨터, 조명, 마이크 등의 기본적인 설비뿐만 아니라 제작하는 콘텐츠의 분야에 따라 먹방이면 식비, 뷰티면 화장품, 옷, 게임이면 게임아이템, 여행이면 항공비, 숙박비, 여행경비 등에 대한 증빙의 수집은 물론이고 구체적으로 해당 콘텐츠의 제작과 관련한 어떠한 단계에서 사용되었는지를 구체적으로 기록하여 정리해둘 필요가 있다. 고수익의 유튜버들이 세금신고가 적정한지를 살펴보는 첫 단계가 신고한 매출금액과 그에 따른 비용의 적정성인 점에 비추어 본다면, 누락된 매출 여부와 신고한 비용의 적정성에 대한 대비는 가장 기본적이면서 필수적이라고 하겠다.

특히, 연예인들의 소득과 관련하여 지출한 경비들이 부인되는 사례들이 적지 않은데, 유튜버들에 대해서도 세무당국의 시각에서 보기에 따라서는 제작하는 콘텐츠의 내용과 작업방식에 따라 비용으로 신고한 내역들에 대한 꼼꼼한 검증의 대상이 됨을 잊지 말아야 할 것이다.

한편, 유튜버가 벌어들인 소득과 관련한 세금신고로는 크게 종합소득세와 부가가치세의 신고·납부를 잘 챙겨야 한다. 우선, 소득과 관련해서는 사업자등록 여부를 불문하고 종합소득세의 신고·납부 의무가 발생한다(MCN으로부터 원천징수납부 후 초과납부 금액이 없는 경우는 제외하며, 법인인 유튜버의 경우에는 법인세 신고·납부의 대상이 된다).

다음으로, 부가가치세와 관련해서는 사업자등록을 한 유튜버의 경우, 구글 애드센스 수익만 있는 경우 외화 획득 용역으로써 국내에서 외국법인에게 공급하는 용역으로 영세율이 적용되어 실제 납부할 부가가치세는 없지만 신고 자체는 해야 하고, 각종 첨부서류(외국환은행이 발급하는 외화입금증명서 또는 인보이스, 영세율매출명세서)의 제출도 필요하다. 또한 사업자등록을 한 경우에 사업 관련한 비용(고가의 DSLR 카메라, 조명, 마이크, 컴퓨터, 인테리어 소품, 화장품 등)을 부가가치세 신고 시 반영한다면 환급도 가능하다.

게다가, 경우에 따라서는 중소기업특별세액감면, 청년창업기업세액감면, 청년고용세액공제감면 등을 통한 혜택도 있으니, 피할 수 없는 세금에 대해서 합법적인 공제감면도 누릴 수 있을 것이다.

2018년 말 구글코리아에 대한 전격적인 세무조사가 있었고, 최근에도 고소득 유튜버들에 대한 세금추징이 지속적으로 이어지고 있다. 최근 국세청은 유튜버에 대한 새로운 업종코드를 부여함으로써 보다 체계적으로 납세실적에 대한 데이터를 축적하고 있을 뿐만 아니라, 플랫폼의 영상 조회 및 구독자 수 등을 분석해 수익규모를 파악하는 등 모니터링과 더불어 세무조사에 착수할 가능성이 높은 점을 고려할 때 유튜버들의 현명한 대처가 필요하다.

몸은 해외에, 마음은 국내에, 세금은 어디에?

백선아 변호사

케이팝(K-Pop)이 주도하는 신한류의 열풍이 대단하다. 대중음악 분야뿐만 아니라 영화, 스포츠 등 다양한 분야에서 문화와 언어의 장벽을 뚫고 해외 각지에서 성공을 거두는 모습을 보면, 그야말로 국경의 의미가 없어진 시대가 된 것 같다. 그렇다면 과세관청의 입장에서는 어떨까? 아마도 과세당국 또한 국경을 넘어 과세권을 행사하고 싶지 않을까?

실제로 개인들의 해외활동이 증가하면서 납세자와 과세당국 간에 '거주자' 개념을 둘러싼 분쟁 또한 급증하였다. 몇 년 전 유행(?)했던 선박왕, 완구왕, 구리왕 등의 사건들도 모두 소득세법상 "거주자" 해당 여부가 다투어진 사례들이다.

우리나라 소득세법은 "거주자"에게 소득세 납부의무를 지우고 있는데, 이때 "거주자"란 "국내에 주소를 두거나 183일 이상의 거소를 둔 개인"을 말한다. 여기서 문제는 "183일 이상의 거소"라는 기준은 정량적 기준이므로 이에 따른 객관적인 판단이 가능하지만, "주소" 기준에 대하여 소득세법 시행령에서는 "국내에서 생계를 같이하는 가족 및 국내에 소재하는 자산의 유무 등 생활관계의 객관적 사실에 따라 판정한다"고 규정하여[1] 질적인 판단을 요구하고 있다는 점이다.

위의 같은 시행령 조문에서는 국내에 거주하는 개인이 계속하여 183일 이상 국내에 거주할 것을 통상 필요로 하는 직업을 가지고 있거나, 국내에 생계를 같이하는 가족이 있고 그 직업 및 자산상태에 비추어 계속하여 183일 이상 국내에 거주할 것으로 인정되는 등의 몇 가지 요건을 충족하는 경우 국내에 "주소"가 있는 것으로 간주하도록 규정하여 주소지 판단 기준을 나름대로 구체화하고 있다.[2]

그러나 "생계를 같이한다"는 의미가 무엇인지 명확하지 않고, "직업 및 자산상태에 비추어 183일 이상 계속하여 국내에 거주할 것으로 인정되는 때"를 판단함에도 역시 질적인 판단이 개입되어야 하므로, 납세자 입장에서는 예측가능성이 떨어지기는 마찬가지이다.

필자가 담당했던 소송 중에 조기유학을 떠난 A가 소득세법상 거주자에 해당하는지 문제된 사건이 있다. A는 초등학교부터 대학교, 그리고 대학원 과정까지 모두 해외에서 수료하였는데, 그 과정에서 생활비나 교육비는 대체로 국내에 거주하는 부모가 부담하였다.

이 사건에서 국세청은 국내에 생계를 같이하는 가족(부모)이 있으므로 A가 거주자라고 주장하였으나, 필자는 A는 국내 주민등록표가 말

---

1 소득세법 시행령 제2조 제1항
2 소득세법 시행령 제2조 제3항

소된 반면 해외 영주권을 취득하였고, 해외 체류일에 비하여 국내 체류일이 미미하며, 어릴 때부터 현재까지 모든 생활관계의 기반을 해외에 두고 있어 거주자로 볼 수 없다고 반박하였다. 이에 대하여 법원은 A의 과거부터 현재까지의 생활관계로 보아 다시 국내에 생활근거지를 둘 것이라 보이지 않는다는 이유로 비거주자라고 판단해 주었다.

이와 달리 다른 사건에서는 해외에서 사업을 하는 B의 국내 체류일보다 해외 체류일이 많다 하더라도, 국내에 재산이 있고 생계를 같이하는 가족이 있으므로 거주자로 보아야 한다는 판단을 받은 적도 있다.

개인적으로 "거주자" 내지 "주소"라는 개념은 여러 가지 기준을 종합하여 판단해야 하는 것은 맞지만, 기본적으로는 "거주"라는 사실이 어느 공간에서 이루어졌는지가 가장 중요하게 작용해야 한다고 생각한다. 소득세법 시행령상의 여러 기준은 "거주"라는 사실이 발생한 소재지를 판단하기 위한 보조적 역할에 그쳐야 한다고 본다.

만일 1년 내내 해외에 거주하고 국내로 복귀할 계획도 전혀 없는 자가 그곳에서 모든 인간관계와 사회관계를 맺고 생활의 모든 터전을 마련하여 정착하였음에도 불구하고 단지 현지에서의 소득이 부족하여, 혹은 보다 풍족한 생활을 위하여 국내에서 생활비만 보조받고 있다면, 이를 이유로 그를 국내 거주자라고 판단할 수 있을 것인가. 사람은 돈을 벌지 못하면 그곳에 "거주"하는 것이 아닌가.

아무튼 소득세법에서 질적인 기준을 통하여 거주자를 판단하도록 규정하고 있는 탓에, 일반인은 물론이고 세법 전문가라 하더라도 국제적인 생활관계를 형성하고 있는 어떠한 개인이 거주자인지, 비거주자인지 판단하기가 매우 어려운 것이 사실이다. 납세자의 예측가능성과 법적안정성을 제고하려면 체류일수를 기준으로 하는 단일 기준을 마련하거나, 체류목적이나 거주 형태 등의 객관적 요소에 보다 가중치를 부여하는 등으로 거주자 판단기준을 개편할 필요성이 있어 보인다.

이중거주자일 경우

한편, 국가별로 거주자 해당 여부를 판정할 때 각국 국내법상 한 개인이 두 개 국가에서 모두 납세의무자가 되는 "이중거주자"의 문제가 발생할 수 있다. 이러한 경우 조세조약을 맺은 국가 간에는 해당 조약에 따라 거주지국을 결정하게 되며, 최근 법원에서 다투어지고 있는 거주자 개념을 둘러싼 분쟁은 대부분 이런 경우이다.

OECD 모델조세조약에서는 차례대로 항구적 주거지, 중대한 이해관계의 중심지, 일상적 거소, 국적지의 순서로 이중거주자의 거주지국을 판단하되, 이에 따라서도 판단할 수 없을 때는 양국 간 상호합의에 의하도록 규정하고 있다. 즉, 먼저 항구적 주거를 두고 있는 국가의 거주자로 판단하되, 양 체약국에 모두 항구적 주거를 가지고 있는 경우 인적·경제적 관계가 더 밀접한 체약국(중대한 이해관계의 중심지)의 거주자로 보는 식이다.

이와 관련하여, 최근 대법원에서는 일본에서 활동하고 있는 프로축구선수가 한·일 조세조약상 우리나라와 일본 중 어느 국가의 거주자에 해당하는지 다투어진 적이 있다.

위 사건의 원고는 일본의 한 회사와 계약을 체결하고 해당 회사가 운영하는 축구구단에서 3년간 프로축구선수로 활동하였는데, 그로부터 지급받은 연봉에 대하여 어느 국가에 종합소득세를 납부해야 하는지 문제되었다.

원심인 부산고등법원에서는, 원고는 우리나라와 일본 양국 모두의 거주자에 해당하는데 일본에는 회사로부터 계약기간 동안 제공받은 주거가 있었을 뿐이지만 국내에는 원고 소유의 아파트를 보유하면서 그곳을 주민등록지로 하고 있었으므로, 항구적 주거를 두고 있는 우리나라의 거주자로 보아야 한다는 취지로 판단하였다.[3]

그런데, 대법원에서는 위와 같은 원심의 판단을 뒤집고 파기환송하였다. 대법원의 논리는 다음과 같다.

먼저, 원고의 일본 주거지는 원고의 가족이 장기간 함께 생활한 장소로서 단순히 단기체류를 위한 곳이 아니라, 계약기간 동안 계속 머물기 위한 항구적 주거에 해당한다고 판단하였다.

---

3 부산고등법원 2018. 10. 5. 선고 2018누21545 판결

이와 같이 양국에 모두 항구적 주거가 있는 경우 두 번째 기준인 "중대한 이해관계의 중심지"가 어디인지에 따라 거주지를 판단하여야 하는데, 원고는 대부분 일본에 체류하면서 경기, 훈련, 합숙, 공공행사 일정을 따르면서 한국 방문 시 구단의 허가를 받아야 하는 반면, 우리나라에서는 사회활동이나 사업활동을 하고 있지 않으므로, 원고와 인적·경제적으로 더욱 밀접하게 관련된 국가는 우리나라가 아닌 일본이라는 것이다.[4]

여행 등을 위하여 일시적·단기적으로 체재하는 곳이 항구적 주거가 아님은 당연하나, 위 사례처럼 계약기간 동안 사용하기 위하여 마련된 주거 또한 항구적 주거에 해당한다는 판단은 눈여겨볼 만하다. 위 판례의 취지에 따르면, 꼭 해외에서 활동하는 선수들뿐만 아니라 여러 나라를 오가며 결제활동을 하는 사업가나 일반인들도 "계속해서 이용할 수 있는 주거"가 마련되어 있는 국가를 거주지로 주장해 볼 수 있을 것이다.

---

4 대법원 2019. 3. 14. 선고 2018두60847 판결

/ 40 /

우리나라에 구글의 고정 사업장이 없다고?

박지인 변호사

구글은 전 세계를 평정한 글로벌 IT기업으로 2018년에만 국내에서 구글플레이 앱 판매로 5조 4,098억 원(정부 추산)의 매출을 올렸다. 하지만 구글이 한국에 내는 전체 세금 납부액은 연간 200억 원 안팎에 불과하다. 이는 구글이 고정사업장을 싱가포르에 소재한 구글아시아퍼시픽(싱가포르의 법인세율은 17%이다)에 두고 있어, 국내소비자를 대상으로 얻은 사업소득에 대한 과세를 받지 않아 발생하는 문제이다.

법인세법 제94조 제1항은 외국법인의 국내사업장에 대해 "국내에 사업의 전부 또는 일부를 수행하는 고정된 장소"로 정의하고 있으며, 다른 항에서 이를 예시하거나 소극적 요건 등을 규정하고 있다. 우리나라가 체결한 조세조약에서도 고정사업장의 개념을 법인세법과 유사하게 정하고 있다(한국 미국 조세조약 제9조 참조).

법인세법상 국내사업장이 있는 외국법인은 내국법인과 마찬가지로 국내원천소득을 종합하여 신고·납부하여야 하는 반면, 국내사업장이 없는 외국법인은 국내원천소득별로 원천징수 분리과세된다. 따라서 조세조약상 고정사업장의 개념은 외국법인의 과세방법을 정하는 기준이 되는 것이다.

그렇다면 외국법인의 국내 고정사업장이 있는지 여부는 어떻게 판단할까? 블룸버그 사건(대법원 2011. 4. 28. 선고 2009두19229, 19236 판결)을 통하여 이에 대해 살펴보자.

블룸버그의 사업활동은 세계 각국의 금융정보 등을 수집 → 미국 본사에서 정확성 검증 → 가공·분석 후 미국 소재 주컴퓨터에 입력 → 고객과의 판매계약 체결 → 노드장비·수신기를 통한 정보 전달로 요약된다. 블룸버그는 우리나라에서 노드장비 및 블룸버그 수신기를 설치하여 고객에게 전달하는 활동만 하였다.

대법원은 블룸버그의 사업활동 중 본질적인 부분은 정보를 수집하고 이를 가공·분석하여 그 부가가치를 극대화하는 부분과 이를 판매하는 부분이라고 보았다. 따라서 블룸버그가 우리나라에서 행한 활동이 당해 기업의 전체 사업활동 중 본질적이고 중요한 부분을 구성한다고 볼 수 없으므로, 노드 장비와 블룸버그 수신기의 국내소재지에 블룸버그의 고정사업장이 존재한다고 할 수 없다고 판단하였다. 덧붙여 블룸버그 홍콩지점의 한국담당 직원들이 한국을 방문하여 고객의 사무실 등에서 판촉활동 및 교육훈련을 하였지만, 이 역시 블룸버그의 본질적이고 중요한 사업활동으로 볼 수 없다고 하였다.

그렇다면 어떤 경우에 IT기업의 고정사업장이 인정될 수 있을까? 전자상거래를 하는 기업이라면 컴퓨터 서버가 고정사업장이 될 수 있다. 이에 세계적인 IT기업으로부터 세금을 걷기 위한 방안으로 IT기업의 국내 고정사업장 설치를 유도하거나 의무화하여야 한다는 주장이 제기되고 있다.

"더블 아이리시 위드 어 더치 샌드위치(Double Irish With a Dutch Sandwich)"라는 창의적 전략[1]으로 전 세계적으로 절세를 하고 있는 글로벌 IT기업에 과연 국세청이 사업소득 과세를 할 수 있을 것인가?

---

1 애플이 미국 외 매출에 대한 원천지 과세를 회피하기 위해 개발하였고, 현재 대부분의 글로벌 IT기업이 활용하고 있는 전략이다.

/ 41 /

가지급금, 가수금이 뭐죠?

– 가지급금으로 인한 세법상 불이익과 주의사항

정민지 변호사

가지급금이란 실제 현금의 지출은 있었지만 거래의 내용이 불분명하거나 거래가 완전히 종결되지 않아 계정과목이나 금액이 미확정인 경우, 그 지출액에 대한 일시적인 채권을 표시하는 계정과목이다. 가수금이란 실제 현금의 수입은 있었지만 거래의 내용이 불분명하거나 거래가 완전히 종결되지 않아 계정과목이나 금액이 미확정인 경우, 현금의 수입을 일시적인 채무로 표시하는 계정과목을 의미한다. 사례를 들어 설명하면 소형법인의 경우 대표이사가 개인적 목적으로 법인의 자금을 인출하면 법인 재무제표상 가지급금으로 계상되고 대표이사가 개인 돈을 법인 운영을 위해 사용하는 경우 법인 재무제표상 가수금으로 계상된다. 세법상 가지급금은 명칭 여하에 불구하고 당해 법인의 업무와 관련이 없는 자금의 대여액을 말한다.

세법은 법인이 업무와 관련이 없는 자금의 대여거래를 규제하기 위해 가지급금에 대한 여러 불이익을 규정하고 있다. 첫 번째 불이익은 인정이자 인식이다. 가지급금은 주로 법인이 특수관계인에게 자금을 대여하는 경우에 발생한다. 세법은 법인이 특수관계 있는 자에게 자금 대여를 한 경우 세법상 시가인 인정이자율과 비교하여 그 차액을 법인세 과세표준에 가산할 것을 규정하고 있다. 즉, 법인이 특수관계인과 인정이자율보다 낮은 이자율로 자금을 대여하는 약정을 맺어도 세법은 법인이 인정이자율 만큼 이자를 수취해야 한다고 보아 인정이자금액과 실질이자금액의 차이금액을 법인세 과세표준에 가산하여 법인세를 과세한다. 인정이자는 자금을 대여한 법인의 법인세를 증가시킬 뿐만 아니라 소득처분을 통해 거래상대방인 특수관계인에게도 세금이 과세된다. 특수관계인이 법인의 임직원이면 상여로 소득처분이 되고 법인의 주주면 배당으로 소득처분이 된다. 두 번째 불이익은 지급이자 손금불산입이다. 세법은 법인이 자금을 차입하여 특수관계인에게 업무와 관련 없이 자금을 대여하는 거래를 규제하기 위해 차입금 적수 대비 가지급금 적수 비율만큼 이자비용을 손금에 포함시키지 않음으로써 법인세를 과세한다. 세 번째 불이익은 가지급금에 대한 대손충당금과 대손금의 손금불산입이다. 대손충당금이란 매출채권·대여금·기타 이에 준하는 채권에 대한 차감적 평가계정으로 미래에 발생할 대손에 대비하여 설정하는 충당금이다. 세법은 원칙적으로 채권의 합계액의 1%(금융기관 등은 2%)만큼 손금으로 인정하지만 업무와 관련 없는 자금거래를 규제하기 위해 가지급금은 대손충당금 설정 채권에서 제외하도록 규정하고 있다. 세법은 원칙적으로 세법이 정한 대손사유가 발생하면 채권금액만큼 손금인식을 허용하여 법인세를 감소시키지만 가지급금은 대손사유가 발생해도 손금인식을 허용하지 않는다.

가지급금이란 법인의 대여금의 일종이므로 가지급금을 소멸시키는 방법은 원칙적으로 특수관계인이 법인에게 대여금을 상환하는 것이다. 중소기업의 경우 대표이사가 자금을 인출하면서 가지급금으로 계상한 경우가 많다. 대표이사의 자금부담을 완화하면서 가지급금을 해소하기 위해 통상적으로 사용되는 방법들이 몇 가지 있다. 첫 번째는 대표이사가 급여를 수령하여 법인에게 가지급금을 상환하는 방법이다. 이 경우 대표이사의 근로소득에 종합소득세가 과세된다. 두 번째 방법은 대표이사가 퇴직금을 수령하여 법인에게 가지급금 상환하는 방법이다. 이 경우 대표이사에게 퇴직소득세가 과세된다. 세 번째 방법은 대표이사가 주주인 경우 법인으로부터 배당금을 수령하여 가지급금 상환하는 방법이다. 이때는 대표이사에게 배당금에 대해 배당소득세가 과세된다. 네 번째는 대표이사가 주주인 경우 대표이사가 보유한 법인의 주식을 법인에게 양도하는 방법이다. 이 경우 대표이사에게 주식양도로 인한 소득세 과세된다. 과거 비상장 중소기업 양도소득세율이 10%로 비교적 낮았기 때문에 많이 사용된 방법이었으나 2015년 말 세법개정으로 대주주의 양도소득세율은 20%로 상승하였고 2020년부터 과세표준 3억 원을 초과할 경우 주식양도소득세율은 25%로 상승되어서 자기주식 양도거래로 인한 세금 부담을 무시할 수 없다.

대법원[1]은 세법상 업무와 관련없는 가지급금 등을 판단할 때 법인이 특수관계인로부터 지급받아야 할 매매대금 등의 회수를 정당한 사유 없이 지연시키는 것은 실질적으로 매매대금 등이 계약상의 의무이행기한 내에 전부 회수된 후 다시 가지급된 것과 같은 효과를 가져온

---

1 대법원 2007. 10. 25. 선고 2006두11125

다는 점에서 그 매매대금 등을 회수하여야 할 날에 업무와 무관하게 그 미회수 금액 상당액을 가지급금으로 지출한 것으로 본다. 이러한 논리에 의하여 대법원은 일반적인 대여금 뿐만 아니라 법인이 특수관계인으로부터 미회수한 주식양도대금, 분양미수금도 업무무관 가지급금으로 판단한 적이 있으므로 특수관계인으로부터 상거래 채권을 지연회수하지 않도록 주의해야 한다.

세법은 업무무관 가지급금을 규제하기 위해 여러 불이익을 규정하고 있기 때문에 세무조사가 나올 경우 조사관들은 늘 특수관계인과의 거래의 세부정보(거래의 시기, 금액, 사유 등)를 자세히 확인한다. 앞서 보았듯 특수관계인에게 가지급금을 보유한 법인 측면에서 세금 불이익도 있지만 가지급금을 회수하는 과정에서 특수관계인에게 추가 세금부담이 발생하는 경우도 많다. 따라서 특수관계인과 자금 대여거래를 할 경우에는 가지급금 유지로 인한 세금효과 뿐만 아니라 가지급금 회수과정에서 발생하는 특수관계인의 세금부담도 미리 고려해야 한다. 또한, 특수관계인으로부터 채권을 지연회수할 경우 그 채권이 가지급금이 될 수 있으므로 특수관계인과의 거래시에는 상거래로 발생한 채권을 지연회수하여 가지급금으로 판단되지 않도록 주의해야 한다.

/ 42 /

복잡한 구조재편 관련 세금

임재억 변호사

　물건을 사고팔 듯이 회사의 사업부 또는 회사를 통째로 사거나 팔 일이 있을 것이다. 이런 거래가 한 번이 아니고 여러 번 연속해서 있을 수도 있을 텐데, 이 경우 무엇을 먼저 고민하게 될까? 아마도 원하는 거래구조에 도달하는 방안 중 어떠한 형태가 가장 효율적이고 가장 위험이 적은지를 살펴보게 될 것이다. 그중에서 대다수가 채택하는 구조재편의 형태는 유사해 보이더라도 참여하는 거래 당사자들의 사정에 따라서 효율성과 위험은 천차만별로 달라질 수 있다. 그중에서 아마도 가장 큰 영향을 미치는 것이 무엇이냐고 묻는다면, 금전적인 측면에서 세금 부담이 어떻게 되는지에 대한 고민일 것이다. 물론, 각종 면허, 인·허가, 거래실적, 고용 등의 승계도 때로는 여러 복잡한 문제를 야기하지만 말이다.

　구조재편이라고 하면 아마도 1997년경 IMF 외환위기를 빼고는 얘기하기 어려울 것이다. 그동안 책에서만 보고, 해외사례에서만 보던 합병과 분할이 '빅딜'이라는 형태로 수시로 일어났고, 기본적으로 상법을 비롯한 많은 관련 법령의 개정을 촉발시켰던 계기가 IMF 외환위기였다. 그 이후 구조재편에 대한 경험이 점차 누적되면서 세법 분야에 있어서도 수많은 개정이 있었고, 현재까지도 세법개정안에서 빠

지지 않는 분야가 구조재편 분야라고 할 것이다.

　우리나라의 구조재편 관련 세제는 다른 법률들도 마찬가지 듯이 주로 미국, 독일, 일본 등 국가의 법제를 참고하였고, 각 나라의 과세원칙과 과세특례의 근거를 일부씩 가미하고 있어, 법률의 개정 시에도 여러 나라의 세제에 대한 복합적인 영향을 받고 있는 실정이다.

　이 분야의 세제가 주목을 받는 이유는 과세관청 입장에서는 합병과 분할 등을 통해서 여러 당사자들(당사 회사들과 이들의 각 주주들)에 대해서 과세의 계기가 발생하게 되며, 대상 세금이 결코 적지 않다는 것이다. 또한, 합병과 분할 등을 비롯한 구조재편 세제에서는 적격합병 또는 적격분할 등 일정한 요건을 충족하면 당장 내야 할 세금을 나중에 납부해도 되도록 미뤄주는 효과가 있기 때문에 이러한 특례를 적용받기 위해서는 신중히 검토할 필요가 있고, 설령 적격합병 및 적격분할에 해당하였더라도 그 이후에 지켜야 하는 사후관리 사항들이 있으므로 미루어서 나중에 납부할 수 있는 세금을 갑자기 그것도 가산세까지 포함하여 한꺼번에 납부하지 않도록 대비할 필요가 있다.

　한편, 구조재편의 단골 유형으로는, 합병, 인적분할, 물적분할, 사업양수도가 있으며, 현물출자, 주식양수도, 지주회사의 설립, 자산양수도 등도 넓은 범주로 보아 포함할 수 있을 것이다. 예를 들어, 합병의 경우를 살펴보면, 합병법인(합병매수차손익, 취득세, 세무조정사항과 감면 및 세액공제의 승계, 이월결손금 승계), 피합병법인(양도손익), 피합병법인 주주(의제배당), 합병법인 주주(의제배당)에 대한 과세문제가 발생한다. 이에 대해, 일정한 요건을 갖추었을 때 적격합병이라는 이름으로 세금의 납부를 연기해주는데, 사업목적 요건, 지분의 연속성 요건, 사업의 계속성 요건, 근로자 승계 요건 등을 충족해야만 하고, 이를 일정 기간 동안 지키지 않을 경우에는 사후관리 위반이라는 이름으로 추징을 받게 된다(이와 같은 체계는 합병뿐만 아니라 인적분할, 물적분할의 경우에도 마찬가지이다).

또, 이러한 합병이 불공정합병 등으로 특수관계인인 법인주주에게 이익을 주었을 경우에 대한 과세(개인이면 증여세 대상) 문제도 아울러 발생하게 된다.

이러한 복잡한 과세체계에 대해서 너무나도 잘 알고 있는 과세관청의 입장에서는 거액의 세금을 징수할 수 있는 기회를 적격합병이라는 이름으로 연기되고 있는 상황에 대해서 주시하고 있을 수밖에 없다. 특히, 과세특례를 적용받기 위한 법률상의 추상적인 요건에 부합하는지 여부에 대해서는 끊임없는 사실관계 다툼이 지속되어 오고 있다. 예컨대, 적격합병의 요건 중 '사업의 계속성 요건'과 관련하여 현행 법인세법상 '사업'이 무엇을 말하는지에 대해서 명시적인 규정이 없어, 개별 합병 건마다 이를 적용함에 있어 납세자와 과세관청 간에 의견대립이 발생하는 것을 흔히 볼 수 있다. 즉, 세무조사 시점에, 합병법인이 합병 당시의 사업에 변동이 있어 종전 사업과의 동일성 여부를 소명해야 하는 경우에 쉽게 있는 일이다.

따라서 대규모 구조재편이 예정되어 있고 다소 불분명한 쟁점이 있는 경우에는 세무전문가의 도움을 받음과 더불어 국세청이 운영하는 사전답변제도(Advanced Ruling) 등을 통해서 예측가능성을 좀 더 확보하고 진행해야 할 필요가 있겠다.

특히, 구조재편과 관련한 특례에는 취득세 등의 지방세와도 관련되는 부분이 있어 지방자치단체의 입장에서도 특례를 적용받는 적격합병 등에 해당하는지에 대해서 조사를 할 가능성이 높으므로 이에 대해서는 만반의 준비를 해야 한다. 2014년 이후로 지방세법의 독립성이 강화됨으로 인하여 독자적인 세무조사 권한이 커졌고, 지방자치단체들이 이를 활용한 세원의 확보에 나설 가능성이 커졌음은 아무리 강조해도 지나치지 않을 것이다.

한 가지 더 첨언하자면, 과세관청의 조사 실무상 법적인 실질보다 경제적인 실질의 측면에서 과세대상을 발굴하고 징수를 시도하는 경향이 많으므로, 납세자의 입장에서 구조재편세제의 활용을 통해서 적극적인 세금납부를 연기하는 혜택을 누리고자 함에 있어 실질과세원칙을 통해 다단계거래의 재구성 등으로 인하여 추징의 대상이 되지 않도록 주의해야 할 것이다.

/ 43 /

기업 구조재편시 과세이연과 사후관리
- 끝났다고 끝난 것이 아니다

신경화 변호사

합병·분할 등과 같은 기업의 구조재편 시 관련 법인 및 그 주주들에 대하여 각종 과세이슈가 발생한다. 그러나 세법은 구조재편이 일정한 요건을 갖추는 경우 그 세금납부를 연기하여 주는데, 이를 통상 적격합병·분할의 "과세이연"이라고 부른다.

가장 대표적인 기업 구조재편 유형인 합병과 분할에 있어 과세이연을 받을 수 있는 적격합병 및 적격분할은 공통적으로 ① 사업목적의 합병·분할, ② 지분의 연속성, ③ 사업의 계속성, ④ 고용관계의 지속성을 그 요건으로 한다.

사업목적의 합병·분할이란, 등기일 기준으로 합병은 1년,[1] 분할은 5년[2] 이상 사업을 계속하던 내국법인이어야 한다는 요건이다.[3]

---

1 법인세법 제44조 제2항 제1호
2 법인세법 제46조 제2항 제1호
3 분할의 경우 위 요건에 더하여 ㉮ 분리하여 사업이 가능한 독립된 사업 부문을 분할할 것, ㉯ 분할하는 사업 부문의 자산 및 부채를 포괄적으로 승계할 것, ㉰ 분할법인등만의 출자에 의하여 분할하는 것일 것을 요건으로 한다.

지분의 연속성이란, 법인세법 및 대통령령이 정하는 일정한 기준에 따라 피합병법인·분할법인의 주주가 그 합병·분할 대가로서의 주식을 배정받아, 이를 등기일이 속하는 사업연도 종료일까지 보유하고 있어야 한다는 요건이다.[4]

사업의 계속성이란 합병법인·분할신설법인이 그 합병·분할등기일이 속하는 사업연도 종료일까지 피합병법인·분할법인으로부터 승계받은 사업을 계속하는 것을 말한다.[5]

고용관계의 지속성은 합병·분할등기일 1개월 전을 기준으로 합병·분할 대상 법인·사업부분에 종사하는 근로자 중 80% 이상을 승계하여, 그 등기일이 속하는 사업연도의 종료일까지 그 비율을 유지하는 것을 말한다.[6]

위와 같은 요건은 합병·분할등기일이 속하는 사업연도 종료일이 아닌, 법이 정하고 있는 일정 기간 동안 유지하고 있어야 그 과세이연의 혜택을 누릴 수 있는데, 이를 "사후관리" 요건이라고 한다. 합병·분할을 한 회사가 적격합병·분할을 하여 그 등기일이 속하는 사업연도에 과세이연을 받았다 하더라도, 법에서 정한 기간 동안 사후관리 요건을 유지하지 못할 경우 그동안 받은 과세이연 혜택은 효력이 없어져 과세되게 된다.

---

4 합병: 법인세법 제44조 제2항 제2호, 분할: 제46조 제2항 제2호

5 합병: 법인세법 제44조 제2항 제3호. 분할: 제46조 제2항 제3호
   승계받은 사업을 계속하는 것이란 합병·분할 전후 해당 사업의 실질적 동일성이 유지되도록 하는 것으로서, 합병·분할등기일이 속하는 사업연도의 종료일 이전에 승계한 고정자산가액의 50% 이상을 처분하거나 사업에 사용하지 아니하는 경우 사업의 계속성 요건을 충족하지 못한 것이 된다(법인세법 시행령 제80조의2 제7항, 제82조의2 제9항).

6 합병: 법인세법 제44조 제2항 제4호, 분할: 제46조 제2항 제4호

사후관리는 적격합병·분할 요건 중 지분의 연속성, 사업의 계속성 (2년) 및 고용관계의 지속성(3년) 유지를 요건으로 한다.[7]

사후관리 요건 중 "지분의 연속성" 요건은 비교적 법문이 명확하여 그 해석에 큰 어려움이 없으나, "사업의 계속성" 요건의 경우 자산의 처분과 사업의 폐지와 관련하여 이를 어떠한 기준으로 판단할 것인지에 대하여 각 사안별로 분석이 필요한 경우가 있어 주의를 요한다.

사업의 계속성 요건 관련 판례

적격분할과 그 사후관리 요건과 관련하여 승계한 사업의 범위를 어떻게 볼 것인지, 고정자산의 범위를 어떻게 볼 것인지 쟁점이 된 대법원 2017. 1. 25. 선고 2016두51535 판결을 통하여 "사업의 계속성" 판단의 기준을 살펴보자.

위 사건의 원고는 S사로부터 인적분할되어 부동산 매매·임대업, 유가증권투자업 등을 목적사업으로 하여 설립된 법인으로, 약 15억 원 상당의 이 사건 부동산과 장기금융상품 외에도 약 200억 원 상당의 K사 등의 주식[8]을 이전받았고, 적격분할로 승인되어 구 조세특례제한법 규정에 따라 이 사건 부동산에 대한 취득세를 면제받았다.

---

7 합병: 법인세법 제44조의3 제3항, 시행령 제80조의4 제3항, 분할: 제46조의3 제3항, 시행령 제82조의4 제3항
8 원고가 분할시 이전받은 K사 등의 주식은 원고의 100% 지분권자인 소외인이 지배하는 계열사들이 발행한 주식으로서 S사가 오랜 기간 보유하여 왔고, 원고는 이 사건 주식을 S로부터 승계받은 후 그중 일부를 처분하기도 하였으나, 대부분을 보유하면서 다른 계열사 주식을 추가로 취득하기도 하였다.

원고는 약 9개월 뒤 K사에 이 사건 부동산을 매도하고 다른 부동산을 취득하였는데, 이에 대하여 과세관청이 원고가 S사로부터 승계한 고정자산가액의 1/2 이상을 처분하여 사업을 폐지한 것으로 보아 당초 면제하였던 취득세 등을 추징하는 처분을 하였다.

위 사안에 대하여 법원은 관련 법령의 문언 내용과 입법 취지, 그리고 지배목적으로 보유하는 주식의 특성 등을 종합하여 볼 때, 사후관리를 위하여 승계받은 사업의 폐지 여부를 판단할 때에는 "지배목적 보유 주식의 가액을 분할법인으로부터 승계한 고정자산가액에 포함시켜 판정하여야 한다"고 판단하였다.

그리고 적격분할 과세특례에 대한 사후관리는 적격분할의 요건에 상응하는 것으로서 기업 전체적으로 회사분할이라는 조직변경에도 불구하고 사업이 계속되는지를 확인하기 위한 것이므로, 폐지 역시 규정의 문언과 취지에 따라 개별 사업부문이나 개별 사업장이 아닌 "승계받은 사업 전체를 기준으로 판단"하여야 한다고 판시하였다.

결국 이 사건에서 원고가 분할시 S사로부터 승계받은 부동산뿐만 아니라 K사 등의 주식 전부를 가지고 "승계한 고정자산가액의 50%" 및 "사업의 폐지" 여부를 판단함으로써, 사업의 계속성 요건과 관련한 고정자산 및 승계사업 범위의 기준을 명확히 하였다.

사후관리 요건 중 "고용관계 지속성" 요건의 경우 법인세법이 2017. 12. 19. 법률 제15222호로 개정될 때 새로 규정되어 2018. 1. 1. 이후 합병·분할분부터 적용된 것으로서 기업 구조재편의 실무자들이 아직 익숙하지 않은 요건인바, 이에 대한 주의가 필요하다.

위 규정에 따라 기업 구조재편시 세무 이슈와 관련하여 근로관계의 승계가 중요하게 되었는바, 다음 글에서 합병·분할시 근로관계 승계와 관련하여 주의하여야 할 노무상의 이슈에 대하여 다루어 보고자 한다.

44

적격합병·분할시 고용의 연속성과 노무문제

– 과세이연과 관련된 새로운 요건

신경화 변호사

기업은 적격합병·분할을 하여 세법상 과세이연 혜택을 누리기 위하여 세법상을 요건을 갖추고 이를 일정 기간 유지하여야 하는데, 그중 고용관계의 지속성 요건은 법인세법이 2017. 12. 19. 개정될 때 신설되어 2018. 1. 1. 이후 합병·분할분부터 적용된 요건으로써 이에 익숙하지 아니한 기업 실무자들의 주의가 필요하다.

"고용관계의 지속성" 요건은 합병·분할등기일 1개월 전 당시 합병·분할 대상 법인·사업부분에 종사하는 일정 근로자 중 합병·분할 신설법인이 승계한 근로자의 비율이 80% 이상이고, 그 등기일이 속하는 사업연도의 종료일까지 그 비율을 유지하고, 그 상태로 3년간 유지(사후관리 요건)하여야 한다.

따라서 이 글에서는 위 과세이연 요건과 관련하여 합병·분할시 고용관계 승계 시 실무가들이 간과하기 쉬운 노무 문제에 대하여 소개하고자 한다.

합병시 근로관계 승계와 근로조건의 유지

　회사의 합병에 대하여 상법은 "합병 후 존속한 회사 또는 합병으로 인하여 설립된 회사는 합병으로 인하여 소멸된 회사의 권리의무를 승계한다"(상법 제235조, 제530조 제2항)고 규정하고 있다. 따라서 합병으로 소멸되는 피합병회사의 근로관계는 법률상 존속회사에 당연히 포괄적으로 승계된다고 해석되며, 판례 역시 동일한 입장이다.

　회사의 합병에 따라 존속회사는 피합병회사가 종래 근로자에 대하여 가지고 있었던 사업주로서의 지위를 그대로 포괄하여 인수하는바, 원칙적으로 근로자의 임금, 근로시간, 직무의 내용, 퇴직금 등 근로조건에 변동 없이 그대로 유지하게 된다.

　이때, 합병에서 존속회사와 피합병회사의 근로조건이 상이한 경우, 피합병회사가 합병 전에 자체적인 근로조건의 조정 절차를 거쳐 존속회사와 유사하게 변경하지 아니하는 이상, 합병 시 피합병회사와 근로자 간에 사용하였던 근로조건은 합병 후 존속회사와 피합병회사의 근로자 사이에도 그대로 유지되어 적용되게 되는 것이다.

　그리하여 합병 후에 존속회사에는 기존 근로자들의 취업규칙과 피합병회사의 취업규칙 두 개가 공존하여 두 집단의 근로자들이 서로 다른 근로조건 하에서 근무하는 한 지붕 두 가족 상태가 된다. 즉, 피합병회사의 취업규칙이 소멸되거나 존속회사의 취업규칙에 흡수되는 것이 아니고 계속하여 피합병회사 출신 근로자의 취업규칙으로 그대로 존재하게 되는 것이다.

존속회사와 피합병회사의 근로조건에 차이가 있음에도 통합 절차 없이 합병하여 합병 후 존속회사에 서로 다른 근로조건에서 근무하는 근로자 집단이 공존하는 경우, 근로기준법 제6조에 의한 균등대우 원칙 또는 근로자퇴직급여 보장법 제4조 제2항에 의한 퇴직금 제도의 차등설정금지의 원칙을 위반하는 것이 아닌지 문제될 수 있다.

이에 대하여 고용노동부는 「2개 이상의 기업이 하나의 기업으로 합쳐지는 합병의 경우 이로 인해 근로관계가 승계되는 경우 피합병회사와 근로자 간 근로계약상의 지위가 합병회사에 그대로 포괄적으로 승계되는 것이므로 별도의 정함이 없는 한, 임금이나 근로시간 등 모든 근로조건은 종전과 같은 내용으로 승계하는 것이라고 보아야 하며, 통합 이후에도 근로자들은 이전 근로조건을 적용받을 것이고 이에 따라 정년이 차이 나는 것을 차별이라고는 할 수 없다. 다만, 한 사업장에서 동일한 업무를 수행함에도 근로조건에 차이가 있는 경우 단체협약이나 취업규칙 변경 등을 통해 근로조건을 동일한 수준으로 변경하는 것이 바람직하다」(근로개선정책과-5757, 2014. 10. 20.)는 유권해석을 한바 있다.

결국, 합병으로 인한 근로관계 승계로 존속회사 출신 근로자와 피합병회사 출신 근로자 간 근로조건에 차이가 발생하는 것을 가지고 법률상 균등대우 원칙을 위반한 것으로 볼 수는 없으나, 근로조건의 변경을 통하여 동일한 수준으로 근로조건을 통합하는 것이 바람직하다.

분할시 근로관계 승계와 거부권

상법 제530조의10에 의하면, 피분할회사의 권리와 의무는 분할계획 서에 정한 바에 따라 승계한다. 이러한 부분적 포괄승계 원칙에 의하면 분할계획서 등에 기재되어 있는 한 기존의 근로관계 역시 당연히 포괄승계되는 것으로 볼 수도 있다. 그러나 이러한 관점은 고용계약에 대한 민법 제657조 제1항[1]과 근로기준법 제23조 제1항(해고의 제한)에 기초한 근로자 보호라는 대립되는 관점이 충돌하게 되는바, 분할시 근로관계가 당연히 승계되는지, 아니면 근로자가 거부권을 행사하여 기존 회사에 잔류할 수 있는지에 대한 논의가 있다.

대법원은 2013. 12. 12, 선고 2011두4282 판결에서 상법 제530조의 10의 규정에 의하여 분할하는 회사의 근로관계도 분할에 따른 승계의 대상에 포함될 수 있으나, 헌법이 직업선택의 자유를 보장하고 있고 근로기준법이 근로자의 보호를 도모하기 위하여 각종 보호 규정을 두고 있는 취지에 비추어 볼 때, 회사 분할에 따른 근로관계의 승계는 근로자의 이해와 협력을 구하는 절차를 거치는 등 절차적 정당성을 갖춘 경우에 한하여 허용되고, 해고의 제한 등 근로자 보호를 위한 법령 규정을 잠탈하기 위한 방편으로 이용되는 경우라면, 그 효력이 부정될 수 있어야 한다는 원칙을 제시하였다.

---

1 민법 제657조(권리의무의 전속성) ① 사용자는 노무자의 동의 없이 그 권리를 제3자에게 양도하지 못한다.

위 대법원 판례에 의하면 회사 분할로 일부 사업 부문이 신설회사에 승계되는 경우 분할하는 회사가 분할계획서에 대한 주주총회의 승인을 얻기 전에 미리 노동조합과 근로자들에게 회사 분할의 내용을 구체적으로 설명하고 이해와 협력을 구하는 절차를 거쳤다면, 그 승계되는 사업에 관한 근로관계는 해당 근로자의 동의를 받지 못한 경우라도 신설회사에 승계되는 것이 원칙이다.

그러나 회사의 분할이 근로기준법상 해고의 제한을 회피하면서 근로자를 해고하기 위한 방편으로 이용되는 등의 특별한 사정이 있는 경우에는, 해당 근로자는 반대 의사를 표시함으로써 근로관계의 승계를 거부하고 분할하는 회사에 잔류할 수 있다고 판시하였다. 즉, 원칙적으로 회사 분할의 포괄적인 승계 효력을 우선시하되, 예외적인 경우 근로자의 승계 거부권을 인정한 것이다.

위 대법원 판결 전에 선고되었던 하급심 판결[2]은, 회사 분할시 사용자는 근로자의 거부권 행사를 보장하기 위하여 원칙적으로 포괄승계의 대상이 되는 근로자에게 거부권 행사에 필요한 상당한 기간을 부여하여야 한다고 판시하였다.

위 하급심 판결의 경우 회사가 근로자에게 9일 정도의 거부권 행사 기간을 부여하였는데, 이를 상당하지 못하다고 판단하여 근로자의 자기의사결정권을 침해한 행위로 무효이며, 거부권 행사 기간이 사회통

---

2 서울행정법원 2008. 9. 11. 선고 2007구합45583 판결. 이 판결은 항소심에서도 그대로 인정된 후(서울고등법원 2009. 5. 22. 선고 2008누28648 판결) 대법원에 상고되었으나, 심리불속행 기각되었다(대법원 2009. 9. 24. 선고 2009두9796 판결).

념상 거부권행사에 필요한 상당한 기간까지 연장된다고 판단하였다.[3]

위와 같은 사례를 예로 삼아 실무에 적용한다면, 회사는 그 분할시 근로자의 이해와 협력을 구하는 절차를 충분한 기간을 가지고 진행하여 분할시 과세이연을 위한 근로관계 승계 요건을 충족하는 분할을 실행하는 것이 바람직할 것이다.

---

3 날짜상 9일의 기간이나 당시 공유일 및 특별휴무일이 포함되어 있어 실질적으로 5일에 불과하였다. 이 판례를 바탕으로 실무상 분할절차 안내를 할 때는 3~4주 정도의 협의 기간은 가지도록 자문하고 있다.

45

영업권이 뭔가요?

– 영업권의 정의, 세법상 영업권이 과세되는 경우

정민지 변호사

기업회계상 영업권이란 개별적으로 식별하여 인식할 수 없으나, 사업결합에서 획득한 그 밖의 자산에서 발생하는 미래경제적 효익을 나타낸다. 즉, 사업결합에 따라 취득자가 제공한 이전대가가 취득일의 식별가능한 순자산가액(자산-부채)을 초과하는 금액으로서, 사업결합에 의해 취득한 경우에 한하여 자산으로 인정되며, 내부적으로 창출한 영업권은 자산으로 인식되지 않고 발생한 기간의 비용으로 처리된다. 일반기업회계기준은 영업권을 20년 이내의 기간동안 정액법으로 상각하도록 규정하고 있으나, 한국채택국제회계기준(K-IFRS)에서는 상각규정이 없으며, 매 결산시 손상평가를 수행한다.

한편, 법인세법에서는 영업권을 무형고정자산으로 규정하고 있으며 (1) 사업의 양도·양수과정에서 양도·양수자산과는 별도로 양도사업에 관한 허가·인가 등 법률상의 지위, 사업상 편리한 지리적 여건, 영업상의 비법, 신용·명성·거래처 등 영업상의 이점 등을 감안하여 적절한 평가방법에 따라 유상으로 취득한 금액과 (2) 설립인가, 특정사업의 면허, 사업의 개시 등과 관련하여 부담한 기금·입회금 등으로서 반환청구를 할 수 없는 금액과 기부금 등이 포함되는 것으로 규정하고 있다. 요약하면 기업회계상 영업권은 사업결합과정에서 인수한 순자산과 지급대가의 차액이지만, 법인세법상 영업권은 초과수익력인 무형의 가치를 인정하여 대가를 지급하는 경우에 한하여 인정된다.

세법상 영업권이 문제되는 경우는 크게 2가지이다. 첫 번째 경우는 합병시 합병법인이 계상한 회계상 영업권을 세법상 영업권으로 인정할 지이고, 두 번째 경우는 개인사업자가 법인으로 전환할 때 법인이 개인에게 지급한 대가가 영업권으로 인정되는지 여부이다.

첫 번째 경우는 합병시점이 중요하다. 구 법인세법은 2010. 7. 1. 이전 법인 간 합병의 경우 합병법인이 피합병법인의 세무상 순자산가액을 초과하여 합병대가를 지급한 경우 그 차액을 합병법인의 과세소득에 포함시키도록 규정하고 있었다. 2010. 7. 1. 이후 법인 간 합병에는 개정된 법인세법이 적용되어 적격합병으로 인한 영업권은 세법상 자산으로 인정되지 않는다. 다만, 비적격합병·분할시 또는 적격합병·분할 후 사후관리 위반 시에만 합병·분할매수차손을 계상하되, 합병법인 등이 피합병법인 등의 상호·거래관계, 그 밖의 영업상의 비밀 등에 대하여 사업상 가치가 있다고 보아 대가를 지급한 경우에 한하여 합병·분할 등기일부터 5년간 균등분할하여 손금에 산입하도록 하고 있다. 따라서 세법상 영업권 과세 문제는 일반적으로 2010. 7. 1. 이전 법인 간 합병에서 발생한다.

개인사업자가 법인으로 전환할 때도 세법상 영업권이 문제된다. 개인사업자는 절세 목적으로 개인의 사업을 법인으로 전환하는 경우가 많다. 개인의 사업을 법인으로 전환하는 방법은 개인의 사업을 법인에게 양도한 후 법인이 개인에게 대가를 지급하는 것이다. 법인은 개인에게 지급한 대가 중 법인이 취득한 순자산 장부가액을 초과하는 금액을 법인의 영업권으로 인식하고 5년간 상각하면서 법인세를 절세할 수 있다. 개인은 법인으로부터 수령한 사업양도 대가를 필요경비가 60% 인정되는 기타소득으로 신고하므로 소득세를 절세할 수 있다.

영업권 금액이 클수록 영업권의 감각상각비가 증가하므로 개인사업자는 법인세 절세를 위해 영업권 금액을 높이고 사업양도대가를 높이려는 경향이 있다. 그러나 앞서 언급했듯 세법상 영업권은 영업상의 이점 등을 감안하여 적절한 평가방법에 따라 유상으로 취득한 금액이므로 적절한 평가근거가 없는 경우 과세관청은 법인의 영업권을 부인하고 부인한 금액만큼 개인에게 근로소득세를 과세할 수 있다. 기타소득은 필요경비가 60%만큼 인정되지만 근로소득은 필요경비가 인정되지 않으므로 개인에게 기타소득으로 과세되었던 소득이 근로소득으로 과세되면 개인이 부담하는 소득세는 증가한다. 따라서 개인사업자가 개인 사업을 법인으로 전환하는 경우 과세관청은 법인이 인식한 영업권 금액이 적절한지 의문을 제기하는 경우가 많다.

최근 대법원[1]은 상장법인 간 합병에서 원고가 회계장부에 영업권으로 계상한 금액은 관련 기업회계기준에 따른 것으로 보일 뿐이고, 피합병법인의 영업상 비밀 등을 초과수익력 있는 무형의 재산적 가치로

---

1 대법원 2018. 5. 11. 선고 2015두41463 판결

인정하고 사업상 가치를 평가하여 대가를 지급한 것으로 보기 어렵다는 이유로 세법상 영업권으로 인정될 수 없다고 판시함으로써 기존의 법인세법상 영업권의 인식 요건을 다시 확인하였다.

회계상 영업권과 세법상 영업권은 인정 요건에 차이가 있으므로 합병, 법인전환시 회계상 영업권을 인식했어도 세법상 영업권인지 별도로 검토가 필요하다. 세법상 영업권으로 인식하여 상각하기 위해서는 초과수익력 있는 무형의 재산적 가치로 인정하고 사업상 가치를 평가하여 대가를 지급하였다는 점이 입증되어야 한다. 세무조사 대응과정에서 영업권이 문제될 수 있으므로 세법상 영업권을 인식했다면 영업권의 평가방법을 입증할 수 있는 자료를 갖춰놓는 것이 필요하겠다.

46

법정한도 내의 퇴직금도 손금부인 당할 수 있다

박지인 변호사

법인세법 제26조 제1호는 인건비 중 대통령령이 정하는 바에 따라 과다하거나 부당하다고 인정되는 금액은 손금에 산입하지 아니하도록 정한다. 특히 임원의 퇴직금에 관하여 ① 정관에 그 금액이 정하여진 경우 정관에서 정한 금액(동법 시행령 제44조 제4항 제1호), ② 임원의 퇴직급여를 계산할 수 있는 기준이 정관 또는 정관에서 위임된 퇴직급여 지급규정에 기재된 경우 해당 기준에 의한 금액(동법 시행령 제44조 제5항)이 손금에 산입된다.

해당 규정의 입법취지는 회사의 의사결정을 담당하는 임원들이 퇴직금을 인위적으로 과도하게 지급할 경우 회사의 재정건전성에 부정적 영향을 미칠 수 있기 때문에, 상법상 절차를 거쳐야 제정 및 개정될 수 있는 정관 등에 근거하여 지급되는 임원퇴직금만을 손금으로 인정하는 것이다. 그렇다면 정관 등에 근거하여 지급한 임원퇴직금은 모두 손금으로 인정되는 것일까?

대법원은 최근 이를 부정하였다(2016. 2. 18. 선고 2015두50153 판결). 임원 퇴직급여 규정이 근로 등의 대가로서 퇴직급여를 지급하려는 것이 아니라 퇴직급여의 형식을 빌려 특정 임원에게 법인의 자금을 분여하기 위한 일시적인 방편으로 마련된 것이라면, 해당 규정을 법인세법 시행령에서 정한 임원 퇴직급여 규정에 해당하지 아니한다고 판단한 것이다. 이 경우에 구 법인세법 시행령(제44조 제4항 제2호)의 산식에 따라 계산되는 금액을 넘는 부분은 손금에 산입될 수 없다.

대법원은 이러한 법리를 적용할 수 있는 특별한 사정에 대하여 ① 임원 퇴직급여 규정이 종전보다 퇴직급여를 급격하게 인상하여 지급하는 내용으로 제정 또는 개정되고, 그 제정 또는 개정에 영향을 미칠 수 있는 지위에 있는 사람이 인상된 퇴직급여를 지급받게 되며, ② 지급되는 퇴직급여액이 재직기간 중의 근로나 공헌에 대한 대가라고 보기 어려운 과다한 금액이고, ③ 해당 법인의 재무상황 또는 사업전망 등에 비추어 그 이후에는 더 이상 그러한 퇴직급여가 지급될 수 없을 것으로 인정되는 등 특별한 사정이 있는 경우를 제시하였다(대법원 2016. 2. 18. 선고 2015두53398 판결).

한편 이 판결이 나오기 전에도 임원에게 지급하는 퇴직금이 법인세법 시행령 제44조 제4항 및 제5항의 범위 내라면, 그 액수가 '과다하거나 부당하다고 인정'되는 경우에도 언제나 손금산입이 허용되는 것인지가 문제되어 왔다. 국세청과 조세심판원은 특수관계자인 임원에게 경제적 합리성을 결여하여 비정상적으로 많은 퇴직급여를 지급하는 것은 "법인의 이익을 분여하는 것"으로서 법인세법 제52조 제1항 및 동법 시행령 제88조 제1항 제9호에 따라 부당행위계산 부인의 대상으로 보았다.

다만, 부당행위계산 부인 규정에 의하여 손금불산입되는 퇴직금의 범위를 정하기 위하여 '시가'가 결정되어야 하는데, 시가의 범위를 정하고 있는 법인세법 시행령 제89조에 '적정한 퇴직금(시가)'을 산정하는 기준은 마련되어 있지 않다. 따라서 어떠한 기준으로 산정한 '시가'가 적정한 것인지 과세실무상 많은 논란이 되어 왔던 것이다.

이 판결은 종전 과세실무와는 다른 차원의 논의로, 임원 퇴직급여 규정에 절차적 하자가 없더라도 퇴직급여의 형식을 빌려 특정 임원에게 법인의 자금을 분여한 경우 그 퇴직급여 지급의 근거가 된 임원 퇴직급여 규정의 세법상 효력을 부인할 수 있다는 태도인바, 실무상 많은 주의를 요한다.

/ 47 /

분식은 분식이고 환급은 환급이다

임재억 변호사

우리 주위에는 2가지 종류의 분식이 있다. 떡볶이, 김밥, 순대, 어묵, 라면 등과 같이 밀가루로 만든 음식을 분식(粉食)이라고 하며, 한편 경영 성과가 좋아보이도록 회계 장부상 정보를 고의로 조작하는 행위를 분식(粉飾)이라고 한다. 둘 간의 직접적인 상관성을 찾기는 쉽지 않지만, 세금과 관련해서는 당연히 두 번째 분식(粉飾)이 더 큰 의미가 있을 것이다.

회계에서 분식이 적발되면, 분식을 한 회사와 회계법인의 담당자들은 자본시장법, 외부감사법, 공인회계사법, 조세범처벌법, 특경법, 특가법 등 각종 법률에 따른 형사상, 민사상, 행정상 책임의 문제가 발생한다. 단순히 형사처벌과 손해배상의 책임뿐만 아니라 과징금, 증권발행제한, 감사인지정, 손해배상공동기금 추가적립, 주권상장 및 지정회사 감사업무제한, 당해회사 감사업무제한, 공인회계사 등록취소 및 직무정지 건의 등이 이루어져 이러한 책임이 종국적으로 확정되는 데만 수년이 걸리게 되고, 분식 관여자들의 책임이 확정되면 그에 따른 투자자들 등에 대한 손해배상책임의 문제도 뒤따르게 되고, 분식 대상 회사와 회계법인 등과의 책임분담비율을 정하기 위한 소송도 발생하게 되는바, 분식이 문제된 후 증권선물위원회, 금감원, 경찰, 검찰 등에 대한 대응으로 해당 회사 담당자뿐만 아니라 업무에 관여하였던 공인회계사들도 혹독한 시간을 보내게 된다.

이런 와중에, 일부 기업들은 과세관청을 상대로 분식회계로 인해 더 낸 세금을 환급해달라는 주장을 하기도 한다. 그동안 이익이 나지 않았는데도 이익이 나는 것처럼 회계처리를 하다가 더 이상 분식회계를 통해 주가상승이나 투자유치가 어려워지면서 기업이 망할 지경에 이르자, 사실은 손해가 났는데 억지로 이익이 난 것처럼 해서 내지 않아도 될 세금을 냈으니 돌려달라는 것이다.

이에 대해 국세청은 "자산가액을 과다하게 계상하고 이익을 낸 것처럼 공시한 뒤 법인세를 자진납부해 놓고, 이제 와서 분식결산으로 이익이 과다 계상되었다고 주장하는 것은 모순(신의성실 위반)"이라고 주장하면서, "분식회계를 한 사실이 적발될 경우 세금 환급을 용인하게 되면 분식회계를 조장하는 결과를 초래(불법원인급여에 해당)"할 수 있기 때문에 세금 환급은 해줄 수 없다며 환급 요청을 거부했다.

그런데 법원에서는 "사실과 다른 회계처리 등 회계장부 조작 행위에 대해서는 별도의 처벌 규정이 있고, 관할 세무서가 납세자에 비해 세법상 우월한 지위에 있는 점 등으로 봤을 때 주식회사의 외부감사에 관한 법률의 입법 취지에 반한다는 이유로 경정처분을 거부한 것은 합당하지 않다"며 다시 환급해주라는 판결을 했다. 이러한 판시들이 대법원에서 수차례 동일한 취지로 반복되었고, 이에 국세청은

2003년 세법개정을 통해서 분식회계에 대한 제재는 과다납부 세금을 5년 동안 발생하는 법인세액에서 공제하고, 그 이후에도 잔액이 있다면 한꺼번에 환급해 주는 것으로 법률적으로 세금환급의 절차를 최대한 지연시켰다(사실과 다른 회계처리로 인한 경정에 따른 세액공제 규정 신설).

하지만 과세당국은 분식회계 혐의에 대하여 검찰 수사 또는 금융감독원장의 회계감리가 '진행 중인 경우에도' 분식회계로 과다 계상한 과세표준 및 세액에 대해 경정청구하는 경우 사실과 다른 회계처리로 인한 경정에 따른 세액공제 규정을 적용하고 있는바(법인, 서면-2016-법령해석법인-4352, 2016. 10. 18.), 법령상 분명히 임원해임권고, 과징금 부과, 징역 또는 벌금형의 선고 등의 조치를 받아야만 "사실과 다른 회계처리로 인한 경정에 따른 세액공제"에 해당하는 것으로 규정하고 있음에도 불구하고 이를 확대하여 해석함으로써 어떠한 조치가 없음에도 불구하고 이와 관련된 환급에 제동을 걸고 있기까지 하다.

그러나 분식회계를 원인으로 한 세금납부가 무효를 원인으로 하여 부당이득반환청구를 한다면 위와 같은 5년에 걸친 반환제한에 해당할 염려도 없을 것임에도 불구하고 위와 같이 법률의 신설을 통해서 환급을 제한하는 것이 타당한지에 대해서는 의문이 생기는 부분이다[잘못된 세금을 돌려받는 절차로 세법상의 구제절차(대표적으로, 부과처분 또는 경정거부처분의 취소소송) 외에 민법상의 부당이득반환절차가 병존하고 있고, 부당이득반환청구에 있어서 처분의 무효를 판단하는 기준이 다소 완화되고 있는 최근의 추이를 본다면 세법의 개정 및 신설로 인한 영향이 민법상 부당이득반환으로 인한 환급절차와의 형평에 대해서도 고민해보아야 할 필요가 있을 것이다].

　언뜻 보기에 분식회계라는 범죄를 저지른 당사자에게 실질과세원칙을 적용하여 과다납부한 세금을 반환하는 것이 다소 의아스럽게 여겨질 수는 있을 것이다. 하지만 세법에서의 실질과세원칙의 적용이 납세자의 신의성실의 원칙보다 우선적으로 적용되어야 하고, 분식회계라는 불법행위가 있다 하더라도 세법에서 납세자로서의 권리와 지위를 인정받는 데는 영향을 주지 않는다는 것이 세법을 바라보는 대법원의 입장이라고 할 것이다(대법원 2006. 1. 26. 선고 2005두6300 판결 등).

　결국 이러한 법리가 확립되고 오랜 기간 동안 대법원 판례의 변동 없이 지금에까지 이어져 오고 있는데, 분식회계를 저지른 회사의 경우 과다납부한 세금과 관련해서 한 번에 돌려받지는 못하고, 최대 5년에 걸쳐서 돌려받는 불이익만이 있는 것이다.

48

횡령·배임, 묻으면 더블로 간다

– 사외유출

강정호 변호사

법인은 법인의 소득에 대하여 법인세를 낸다. 그런데 법인의 소득은 맞지만, 현재 법인 내부에 남아 있지 않은 소득이 있다. 이런 경우 법인세법은 법인에게 법인세를 과세하는 것으로 끝내지 않고, 그 소득이 누구에게 흘러갔는지를 따져서 실제 소득 귀속자에게 추가로 과세하는데, 이를 소득처분이라 한다(법인세법 제67조). 소득처분은 다소 이해하기 어렵고 납세자 입장에서는 억울할 수도 있는, 법인세법에만 있는 제도이다.

법인 납세자가 소득이 법인 내부에 남아 있다는 사실을 입증하지 못하는 한, 법인세법은 그 소득이 사외로 유출된 것으로 본다. 소득이 사외로 유출되어 주주에게로 흘러갔다면 배당(배당소득), 임직원에게 갔다면 상여(근로소득), 그 밖의 사람에게 귀속되었다면 기타소득, 누구에게 귀속되었는지 불분명하면 대표이사에 대한 상여(근로소득)로 보아 해당 소득자에게 종합소득세가 부과된다. 하지만 그 전에 법인 납세자가 해당 소득의 지급자로서 원천징수 의무를 부담하기 때문에 사실상 세금은 법인 납세자가 원천세의 형식으로 모두 부담하게 된다.

소득이 다른 법인이나 개인사업자에게 흘러갔다면 별도의 세금 부과 없이 기타사외유출 소득처분으로 종결한다. 어차피 그 다른 법인이나 개인사업자는 흘러들어온 소득에 대하여 법인세나 사업소득세를 내기 때문이다.

횡령·배임액은 본래 법인 소유인 재산을 횡령·배임 행위자가 불법적으로 영득한 것이기 때문에 법인의 소득이다. 따라서 횡령·배임죄로 인한 형사처벌은 경영자가 받지만, 세금을 내는 것은 법인이다.

그런데 법인세법은 횡령·배임액에 대하여 법인에게 법인세를 걷는 것으로 끝내지 않는다. 소득처분 제도가 있기 때문이다. 횡령·배임액은 법인 내부에 남아 있지 않고 사외로 유출되었다. 다름 아닌 경영자에게 흘러간 것이다. 그래서 경영자에게 종합소득세가 부과되는데, 결국 그 세금의 부담은 대부분 원천징수의무자인 법인이 오롯이 부담하게 된다. 쉽게 말해서 법인이 경영자의 횡령·배임 행위를 그대로 묻으면 세금은 더블로 간다.

법인 납세자가 더블의 법칙을 피하고 원천세를 내지 않으려면 어떻게 해야 할까? 그대로 묻고 넘어가지 않으면 된다. 경영자가 가지고 간 횡령·배임액을 다시 회수해야 한다. 물론 쉬운 일이 아니다. 법인과 경영자는 법적으로는 구별되지만, 현실 세계에서는 경영자가 곧 법인이다. 그뿐 아니라 경영자가 정말 돈이 없어서 법인에게 횡령·배임액을 돌려주지 못하는 경우도 많다. 따라서 법인이 경영자로부터 횡령·배임액을 되돌려 받는 일은 현실적으로 매우 드물다.

실제 회수가 어렵더라도 회수를 위한 적극적인 노력을 해야 한다. 법인이 경영자에게 민사소송이든 형사소송이든 벌여야 진정성을 인정받을 수 있다. 경영난으로 회생절차가 개시된 법인에 취임한 관리인이 곧바로 전 경영진의 횡령행위에 대하여 형사고소를 하였다는 이유로 횡령액을 사외유출로 인정하지 않은 사례가 있으며(대법원 2017. 9. 7. 선고 2016두57298 판결 등), 그 밖에도 형사고소, 민사상 손해배상청구, 대표이사 해임 등의 회수 노력이 인정되어 사외유출에 따른 더블 과세를 피한 사례가 존재한다.

이렇게 횡령·배임은 경영자 등 행위자가 형사 처벌될 뿐만 아니라 세금 문제에 있어서도 법인에게 법인세 부담에 더하여 사외유출에 따른 원천세 부담까지 이중으로 지우는 무거운 범죄행위이다.

49

당신에게 특별한 사람이라면 당신도 그 사람에게 특별하다
- 특수관계인

강정호 변호사

특수관계인에 관하여 다소 감성적인 제목을 달아보았지만, 납세자에게 특수관계인이란 달갑지 않은 존재이다. 세법은 특수관계인과의 거래에 대하여 엄격하게 과세하기 때문이다. 특히 법인세법과 소득세법의 부당행위계산 부인 과세 규정은 오직 특수관계인 사이의 거래만을 대상으로 삼고 있다.

특수관계인의 정의 규정은 1차적으로 국세기본법에서 정하고 있고, 개별 세법의 경우 법인세법·상속증여세법처럼 국세기본법 규정을 일부 수정하여 자체적인 특수관계인 규정을 두거나, 소득세법처럼 국세기본법 규정을 인용하고 있다. 특수관계인의 범위는 매우 다양하고 복잡하기 때문에 법령을 꼼꼼하게 보면서 따져 보아야 한다.

국세기본법에 따른 특수관계인이란 납세자 본인과 친족관계, 경제적 연관관계, 경영지배관계에 있는 자를 말한다(제2조 제20호). 친족관계란 배우자, 직계존비속, 6촌 이내 혈족, 4촌 이내 인척 등 납세자 본인과 혼인·혈연으로 이어진 개인을 말한다. 경제적 연관관계란 납세자 본인과 고용관계 또는 생계를 같이하는 관계를 말한다. 마지막으로 경영지배관계란 법인에게 "지배적인 영향력"을 행사하는 개인이나 다른 법인과의 관계를 말하는데, 국세기본법은 이런 지배적인 영향력의 범위에 대해서도 상세하게 규정하고 있다.

특수관계인 규정이 복잡하기 때문에 '갑'의 입장에서는 '을'이 특수관계인이지만, 반대로 '을'의 입장에서는 '갑'이 특수관계인이 아니게되는 의외의 상황도 드물게 있다. 사실 의외라고 보기도 어렵다. 우리 인간관계에서도 나에게 특별한 사람이 안타깝게도 나를 특별하게 여기지 않는 경우가 꽤 있으니 말이다.

개인적으로 상대방의 공감 없는 나 혼자만의 특수관계인이라면 가슴이 아프더라도 그 관계를 정리하는 것이 옳다고 생각하지만, 인간관계에서와 달리 세법은 납세자가 마음을 정리하도록 기다려 주지 않는다. 세법은 납세자 본인의 특수관계인에 대해서는 본인도 그 특수관계인의 특수관계인으로 보아 양쪽 모두 과세한다. 이를 쌍방관계설이라 하는데, 사실 2011년까지만 해도 세법에 명문화되어 있지 않았기 때문에 대법원 판례로 쌍방관계설을 인정하고 있었다.

그러던 중 대법원 전원합의체는, 납세자 본인만을 기준으로 특수관계인 여부를 판단하는 세법 문언에 따를 때 일방관계설로 해석하는 것이 맞고, 굳이 확장해석이나 유추해석으로 법문에도 없는 쌍방관계설을 인정하기 어렵다는 취지에서 기존의 쌍방관계설 대법원 판례를 일방관계설로 변경하였다(대법원 2011. 7. 21. 선고 2008두150 전원합의체 판결).

그러나 2011. 12. 31. 세법개정을 통해 쌍방관계설을 신속하게 입법하면서 6개월만에 대법원 전원합의체 판결은 더 이상 유효하지 않게 되었다. 이에 따라 현행 국세기본법 제2조 제20호에는 "이 경우 이 법 및 세법을 적용할 때 본인도 그 특수관계인의 특수관계인으로 본다"는 문언이 추가되어 쌍방관계설이 명문화되어 있고, 이에 따라 특수관계인에 관한 여러 논의들도 정리되었다.

세법은 어렵기는 하지만 매년 조금씩 개정되면서 빠진 부분이 추가되고 애매한 부분이 보완될 뿐만 아니라 쉬운 우리 말을 채택하여 점차 완성도 높은 법이 되어 가고 있다. 특수관계인의 범위에 관한 위의 대법원 전원합의체 판결도 결론적으로 국세기본법의 완성도를 높이는 중요한 계기가 되었다고 생각한다.

/ 50 /

시가는 마음속에 있다

- 부당행위계산

강정호 변호사

세법은 특수관계인 사이의 거래를 엄격하게 과세한다. 하지만 세법이 아무런 이유 없이 단지 특수관계인 사이의 거래라서 과세하는 것은 아닐 것이다. 세법이 특수관계인 거래를 자세히 들여다보고 무겁게 과세하는 가장 큰 이유는, 특수관계인 사이의 거래가격이 적정한지 믿을 수 없기 때문이다.

나와 가까운 특수관계인이라면 더 싸게 주고 싶고, 또 더 비싸게 사주고 싶은 것이 인지상정일 것이다. 하지만 이런 특수관계인 사이의 끈끈한 정은 자칫 공정한 시장경쟁 분위기를 흐릴 수 있고, 납세자들이 부담하는 세금에도 영향을 미칠 가능성이 높다. 자유로운 경쟁을 보호하는 일에 관해서는 공정거래법 같은 다른 경제법이 나서고 있으며, 세법은 특수관계인 사이의 거래가격 왜곡으로 총 부담세금이 줄어들지 않도록 감시한다.

세법이 특수관계인 사이의 거래가격이 왜곡되었는지 여부를 판단하기 위해서는 우선 비교의 대상이 되는 적정한 기준가격을 세워야 하는데, 이를 시가라 한다. 구체적으로 세법은 시가를 "건전한 사회

통념 및 상거래 관행과 특수관계인이 아닌 자 간의 정상적인 거래에서 적용되거나 적용될 것으로 판단되는 가격"으로 정의한다(법인세법 제52조 제2항).

시가를 알아내기는 매우 어렵다. 우선 시가를 매길 거래대상의 종류가 매우 다양하다. 부동산, 동산, 주식, 채권, 무형자산, 권리, 서비스, 금전 대여에 따른 이자, 부동산 임대에 따른 임차료 등 성격이 다른 모든 재산에 대하여 각각 다른 방법으로 시가를 매겨야 한다.

또한, 시가는 본래 객관적이라기보다는 주관적이다. 과장을 조금 보탠다면 같은 물건이라도 백 명에게 물어보면 백 개의 시가가 나온다. 그 물건의 소비로 인해 얻는 경제적 만족감이 사람마다 모두 다르기 때문에, 지불할 용의가 있는 적정한 대가도 모두 다른 것이다. 그래서 시가라고 불리는 적정가격이라는 것도 결국 거래 당사자의 내심에 있다고 할 수밖에 없을 것이다.

그렇다고 세법이 손을 놓고 있으면 안 될 것이다. 세법은 비록 완벽할 수는 없지만 최대한 납세자들이 납득할 수 있는 수준에서 시가를 정의해 나가려 노력하고 있다. 상속세 및 증여세법(상속증여세법)과 법인세법이 각각 자체적으로 시가를 규정하고 있고, 소득세법은 법인세법 규정을 준용한다.

사실 상속증여세법이야말로 시가에 관해서는 가장 큰 형님이다. 상속이나 증여의 경우에는 특수관계인이든 아니든 당사자 사이의 거래가격이 아예 존재하지 않으며, 오직 시가를 기준으로 상속세나 증여세를 부과할 수밖에 없기 때문이다. 상속증여세법은 불특정 다수의 거래가격, 공매가격, 감정가격 등을 시가로 삼되, 시가 산정이 어려운 경우 적용할 수 있는 보충적 평가방법에 대하여 재산 종류별로 매우 상세하게 규정해 놓았다(상속증여세법 제61~66조).

법인세법도 불특정 다수의 거래가격을 시가로 삼되, 시가가 불분명한 경우에는 감정평가사의 감정가액을 시가로 삼고, 감정가액이 없는 경우에는 결국 상속증여세법의 규정에 따른 평가액을 시가로 삼도록 규정하고 있다(법인세법 시행령 제89조).

특히 법인세법의 시가가 중요한 이유는 부당행위계산의 부인 규정 때문이다(법인세법 제52조). 부당행위계산의 부인이란 특수관계인과의 거래로 인하여 조세의 부담을 부당하게 감소시킨 것으로 인정되는 경우, 그 거래를 부인하고 시가에 의해서 과세하는 제도를 말한다. 부당행위계산이란 용어 자체는 '부당한 행위 또는 계산'의 줄임말인데, '행위'란 매매·임대차 등 법률행위를 말하고, '계산'이라는 소득금액의 계산을 의미하므로, 둘을 합쳐 간단하게 "거래"라고 이해해도 크게 벗어나지 않는다. 따라서 부당행위계산 부인 규정이란 곧 부당거래 부인 규정이다.

그러면 어떤 거래가 부당행위계산, 즉 부당거래일까? 법인세법은 법인이 맞닥뜨릴 수 있는 여러 가지 상황들에 대하여 광범위하게 그리고 굉장히 구체적으로 부당행위계산의 유형을 규정하고 있다. 법인세법 시행령 제88조에 따르면 자산의 매매, 증여, 금전 대여, 용역 제공, 합병, 분할, 증자, 감자 등 다양한 사례를 열거하고, 마지막에는 이에 준하는 이익 분여 행위 일체를 모두 부당행위계산으로 규정하고 있다.

한편, 법인세법은 위와 같이 다양한 부당행위계산을 과세하기 위한 전제 조건으로 부당행위계산으로 인하여 "조세의 부담을 부당하게 감소시킨 것으로 인정되는 경우"일 것을 요구하고 있다. 실제로 이 부분은 부당행위계산 부인 규정의 적용 여부를 판가름하는 중요한 요건임에도, 법 문언이 추상적이라는 이유로 과세관청과 납세자 모두에게 간과되는 경향이 있다.

그러나 대법원은 부당행위계산 부인 규정이 "경제인의 입장에서 볼 때 부자연스럽고 불합리한 행위계산을 함으로 인하여 경제적 합리성을 무시하였다고 인정되는 경우에 한하여 적용되는 것(대법원 2010. 10. 28. 선고 2008두15541 판결)"이라고 판시하여, 단순히 납세자의 거래가 특정한 부당행위계산 유형에 해당하는지 여부만 따질 것이 아니라, 그런 거래의 목적에 경제적 합리성이 없다고 판단될 정도에 이르러야 부당행위계산 부인 규정을 적용할 수 있다고 보았다.

예를 들어, 특수관계인 사이에 비상장주식을 1주당 1만 원에 거래했다고 가정하자. 일반적으로 비상장주식은 시가를 산정하기 어렵기 때문에 상속증여세법에 규정된 비상장주식의 보충적 평가방법에 따라 계산된 가격을 시가로 삼아 거래하는데, 상속증여세법에 따른 평가액이 1만 원이었기 때문에 그 가격에 맞춘 것이다. 그렇다면 거래 당시에는 시가에 의한 거래가 맞으니 누가 보더라도 부당행위계산이 아니다.

그런데 몇 년 뒤 주식발행법인이 세무조사를 받아 과거 사업연도에 대한 소득금액이 늘어났고, 이에 따라 법인세가 부과되었다고 가정해 보자. 상속증여세법에 따른 비상장주식 평가방법에 따르면 주식발행법인의 소득금액이 늘어날수록 주식 평가액도 올라간다. 따라서 세무조사 결과 과거 사업연도 소득금액이 증가하면, 그로 인해 비상장주식의 평가액이 높게 재계산된다. 비상장주식의 매매 이후에 사후적으로 주식 시가가 오르는 것이다. 예를 들면, 1주당 1만 원이 아니라 1만 5,000원으로 재계산되는 식이다.

이 경우 특수관계인 사이의 비상장주식 거래가격 1만 원은 주식 매매 당시에는 시가에 부합하였더라도, 세무조사 결과에 따라 사후적으로 재계산된 시가 1만 5,000원보다는 한참 낮은 가격에 주식을 매도한 것이기 때문에 결국 부당행위계산 부인 규정에 따라 주식양도인이 법인이라면 법인세, 개인이라면 양도소득세가 과세된다.

이러한 2차 과세는 주식 거래 당사자에게 상당히 억울한 측면이 있다. 먼저 1차 과세를 보자. 주식발행법인에 대한 세무조사 결과에 따라 주식발행법인에게 법인세가 부과되는 1차 과세는 주식발행법인의 고의나 과실을 따지지 않고 세금이 부과되는 것이 마땅하다. 잘잘못을 떠나 원래 법인세법에 따라 냈어야 할 세금이기 때문이다.

하지만 2차 과세는 상황이 조금 다르다. 부당행위계산 부인에 의한 과세는 본래 세법에 따라 냈어야 할 세금이 아니라, 특수관계인 사이의 비합리적인 부당거래를 규제하기 위하여 이중과세의 불이익을 주는 제도이기 때문이다.

만일 비상장주식을 거래한 두 특수관계인이 주식발행법인의 세금 문제를 알고 있었다면, 즉 상속증여세법상 평가액이 본래 1만 5,000 원인데도 1만 원으로 왜곡되어 있다는 사실을 알고도 거래를 했다면 부당거래라고 볼 수 있을 것이다. 그러나 주식소유자, 즉 주주라 해서 주식발행법인의 속사정을 모두 알고 있는 것은 아니다. 주식발행법인의 과세 리스크를 전혀 모른 채 주식 매매 당시 회사의 재무정보를 활용하여 상속증여세법에 따라 적정하게 평가된 시가로 거래한 이들에게까지 2차 과세를 하는 것은 납득하기 어렵다. 단지 주식양도인과 주식양수인이 특수관계인이라는 이유만으로 부당행위계산 부인 규정을 적용한다는 것은 애초 부당행위계산 부인 규정의 취지에도 맞지 않기 때문이다.

이에 대한 명확한 판례가 나온 적은 아직 없다. 하지만 부당행위계산 부인 규정을 적용하기 위해서는 납세자의 거래에 경제적 합리성이 없었는지 살펴보아야 된다고 판단한 대법원 판례에 비추어 볼 때, 이러한 기계적인 과세는 다퉈볼 여지가 있다고 할 것이다.

대법원 판결로 알아보는 세법 해석의 어려움

박소연 변호사

2017년 대법원에서 중요한 판결 하나가 선고되었다. 생활정보지 '○○교차로'를 발행하는 회사의 최대주주가 ○○교차로 주식의 90%[1]를 포함하여 약 180억 원 상당의 자산을 공익법인인 구원장학재단에 기부한 것에 대하여, 2008년 약 140억 원의 증여세(가산세 포함)가 부과되었는데, 그로부터 9년 후 대법원 전원합의체에서 이 증여세 부과처분이 위법하다는 판결을 내린 것이다.[2]

이 사건은 과세 당시부터 '○○교차로' 사건으로 불리며 공익 목적의 기부금에 대하여 거액의 세금폭탄을 물리는 것이 타당한 것인지에 대하여 많은 논란을 일으켰고, 2010년 1심에서 납세자 승소, 2011년 2심에서 납세자 패소의 엇갈린 판결이 나온 후 대법원이 무려 6년간의 장고 끝에 최종적으로 납세자의 손을 들어주었던 것이다.

이 판결은 공익법인과 관련한 증여세 이슈를 정리한 것으로도 주목할 만하나, 조세소송을 주로 하는 필자의 입장에서 항상 고민할 수밖

---

[1] 친족인 특수관계자가 출연한 주식까지 합산한다.
[2] 대법원 2017. 4. 20. 선고 2011두21447 전원합의체 판결

에 없는 '조세법률주의' 내지 '조세법규 엄격해석의 원칙'과 '합목적적 해석'의 경계에 선 판결이라는 측면에서 흥미로웠다.

이해를 위하여 먼저 이 사건의 쟁점 및 대법원 다수의견과 소수의견의 요지를 간단히 살펴보도록 한다.

상증세법에 따르면 재산을 무상으로 증여받는 경우에는 원칙적으로 증여세가 과세되지만 공익법인이 출연받은 재산에 대해서는 과세가 되지 않는다. 다만, 증여세를 회피하면서 공익법인을 회사[3]에 대한 지배수단으로 악용하는 것을 막기 위하여, 공익법인에 출연하는 재산이 '회사의 주식'인 경우에는 일정한 요건 하에 증여세가 과세된다.

즉, 회사의 의결권 있는 주식 총수의 5%[4]를 초과하는 주식을 출연하는 경우에는 공익법인을 통해 당해 회사를 간접지배하는 것이 가능하다고 보아 증여세를 과세하지만, 출연자와 회사 간에 '특수관계'가 없다면 5%를 넘는 주식을 출연해도 증여세를 과세하지 않는다.[5]

---

3 상증세법에서는 '내국법인'이라는 용어를 사용하고 있으나, 이해를 돕기 위하여 '회사'로 칭한다.

4 이후 공익법인에 대한 주식 출연을 장려하기 위하여 성실공익법인에 대한 주식 출연은 10%까지 증여세가 과세되지 않으며, 출연받은 성실공익법인이 자선, 장학, 사회복지를 목적으로 하고 회사에 대한 의결권을 행사하지 않는 경우에는 20%까지 증여세가 부과되지 않도록 기준이 완화되었다.

5 구 상증세법 제48조 제1항, 제16조 제2항 단서
"다만, 제49조 제1항 각호 외의 부분 단서에 해당하는 것으로서 독점규제 및 공정거래에 관한 법률 제9조의 규정에 의한 상호출자제한기업집단(이하 "상호출자제한기업집단"이라 한다)과 특수관계에 있지 아니하는 공익법인등에 당해 공익법인등의 <u>출연자와 특수관계에 있지 아니하는 내국법인의 주식등을 출연</u>하는 경우로서 대통령령으로 정하는 경우에는 그러하지 아니하다."

출연자와 회사 간 '특수관계'가 인정되기 위해서는 주식을 발행한 회사가 '출연자 또는 그와 특수관계에 있는 자가 주주이거나 임원의 현원 중 1/5을 초과하는 회사'(주주 요건)이면서 동시에 '출연자 및 그와 특수관계에 있는 자가 보유하고 있는 주식의 합계가 가장 많은 회사'(최대주주 요건)'이어야 한다.[6]

이 사건의 경우 최대주주가 회사 발행주식 총수의 70%, 그의 특수관계자가 30%를 보유하던 상황에서 발행주식 총수의 90%(최대주주가 60%, 특수관계자가 30%)를 공익법인에 출연함으로써 회사의 최대주주는 출연을 받은 공익법인으로 변경되었다.

이때 출연자가 위의 '최대주주 요건'을 충족하는지 여부가 쟁점이 되었는데, 크게 두 가지로 나눌 수 있다.

① 출연자가 주식을 출연하는 순간 출연자가 보유한 주식 수는 감소하고 공익법인의 보유 주식 수는 증가하는데, 이 사건처럼 회사 발행주식 총수의 90%를 출연하는 경우 그 즉시 최대주주는 출연자가 아닌 공익법인으로 바뀌게 된다. 그렇다면 '최대주주 요건'은 출연 전을 기준으로 할 것인가, 출연 후를 기준으로 할 것인가?
② 최대주주 요건에서 출연자의 보유 주식과 합산하는 '특수관계자'에는 '출연자가 재산을 출연하여 설립한 비영리법인'이 포함되는데,[7] 주식을 출연받은 공익법인(이 사건의 경우 구원장학재단) 역시 그

---

6 구 상증세법 시행령 제13조 제4항
7 구 상증세법 시행령 제19조 제2항 제4호

'비영리법인'에 해당할 수 있다. 그렇다면 '출연자가 재산을 출연하여 설립'하였다는 요건은 출연자가 실질적으로 정관작성이나 이사선임 등 설립행위까지 해야 하는가, 아니면 출연자가 재산을 출연하여 설립에 이르게 된 비영리법인이면 족한가?

이에 대해 대법원 다수의견은 ①번 쟁점의 경우, 법 제48조 제1항의 입법 취지가 회사에 대한 지배력을 바탕으로 배당 등에 관한 영향을 통하여 공익법인에 영향을 미침으로써 공익법인을 회사에 대한 지배수단으로 이용하는 것을 막기 위한 것이고, 주식 출연 전 최대주주였더라도 출연에 따라 최대주주 지위를 상실하게 되었다면 출연자는 더 이상 회사에 대한 지배력을 바탕으로 공익법인에 영향을 미칠 수 없고 공익법인을 회사에 대한 지배수단으로 이용할 수도 없기 때문에, '최대주주 요건'은 '주식이 출연된 후의 시점'을 기준으로 판단해야 한다고 판시하였고,

②번 쟁점의 경우, 이를 '출연자가 재산을 출연하여 설립에 이른' 비영리법인으로 해석하는 것은 '설립'이라는 문언을 사실상 삭제함으로써 엄격해석의 원칙에 위배되므로, 출연자가 정관작성이나 이사선임 등 설립과정에서 실질적으로 지배적인 영향력을 행사할 것을 요한다고 판시하였다.

결과적으로 이 사건의 경우에는 출연자가 공익법인 재산의 대부분을 출연하였으나 설립하였다고 볼 수 없다는 이유로[8] 공익법인 자체는

---

8 파기환송심인 서울고등법원 2017. 12. 6. 선고 2017누154 판결에서 그와 같이 판시하였다.

출연자의 특수관계자에서 제외되었고, 그에 따라 출연자는 '주식 출연 후' 회사의 최대주주가 아니므로, 증여세 과세처분은 취소되었다.

이에 대해 소수의견은 ①번 쟁점에 대한 다수의견은 법률 문언을 벗어난 해석이라고 비판하고 있다. 즉, 최대주주 요건은 '출연자와 특수관계에 있지 아니하는 내국법인'의 범위를 시행령에서 정하고 있는 것인데, 위 문구는 출연 전 특수관계에 있지 아니한 내국법인의 주식을 출연하는 것으로 해석될 뿐, 다수의견처럼 '출연자와 출연 직후 특수관계에 있지 않게 되는 내국법인'이라고 해석할 수 없고, 출연자가 자기 손에 있던 주식을 내어놓음으로써 곧바로 자신이 최대주주가 된다는 상상하기 어려운 상황을 전제로 한 것이라고 비판한다.

또한 ②번 쟁점에 대해서도 '출연하여 설립한'의 의미는 출연에 중점을 두어 특수관계의 유무를 판단하도록 한 것이고, 다수의견처럼 '설립과정에 실질적으로 지배적인 영향력을 행사'하였는지를 기준으로 하더라도 구체적인 판단기준을 제시해야 한다고 비판하고 있다.

다만, 소수의견도 입법론으로는 기부문화의 장려를 위하여 주식 출연 시에 곧바로 증여세를 과세하는 것이 아니라 공익법인이 탈법적 지배수단으로 악용되는 경우 사후적으로 과세하는 방식으로 전환하는 것이 타당하다는 점은 인정하고 있다. 그러나 이를 다수의견과 같이 문언을 벗어나는 해석론으로 해결할 문제는 아니라는 의견으로 마무리하고 있다.

지면 관계상 이 사건 전원합의체 판결 요지를 간략하게만 소개하였으나, 실제 판결문은 다수의견과 소수의견의 치열한 법리다툼으로 구성되어 있다. 언뜻 보기에는 다수의견이 법리 검토 이전에 이 사건 과세가 조세정의에 반하므로 취소되어야 한다는 결론을 전제하고 다소 법문의 한계를 벗어나는 해석을 내린 것으로 보일 수 있으나,[9] 양측의 수많은 논거들과 반박, 재반박을 살펴보면 다수의견 역시도 결코 '부당한 과세를 취소해야 한다'는 이유만으로 무리한 판결을 내린 것은 아니라는 점을 확인할 수 있다.

애초에 이 글은 위 판결의 법리적 정합성에 대한 자세한 평석을 하고자 하는 것은 아니다. 오히려 흔히들 말하는 조세법률주의와 그로부터 파생된 조세법규 엄격해석의 원칙이 절대 말처럼 쉬운 것이 아니라는 이야기를 하고자 함이다. 법률 해석의 최고전문가라고 할 수 있는 대법관과 대법원 재판연구관들에게조차 조세법규의 엄격해석과 합목적적 해석은 지극히 어려운 일인 것이다.

조세법에서 엄격해석의 원칙만을 철저하게 관철시키다 보면 많은 조세분쟁이 입법미비 내지 입법오류로 귀결되고 입법자의 의도나 조세정의, 조세평등과 배치되는 결과를 낳을 수도 있다. 그렇기에 이를 보완하기 위해서 어느 정도의 합목적적 해석이 필요할 수밖에 없다.

결과적으로 ○○교차로 사건에서 법원은 합목적적 해석을 통하여

---

9 특히 ①번 쟁점을 '주식이 출연된 후' 최대주주로 해석하는 것은 법의 취지를 떠나 법의 문구만 보아서는 자연스러운 해석으로 보기 어렵다는 점에서 소수의견이 타당한 측면이 있다.

납세자에게 유리한 판결을 내렸다고 평할 수 있겠으나, 그 반대의 경우도 많다.

예를 들어 취·등록세가 감면되는 '개인 간의 유상거래'에 '경매에 의한 취득'이 포함되는지 여부가 문제되었던 대법원 2008. 2. 15. 선고 2007두4438 판결의 경우 입법취지 및 목적에 비추어 '경매'는 '개인 간의 유상거래'에 포함되지 않는다고 판시하여 납세자가 패소한 사건이다. 경매에 의한 취득에 대해서까지 취·등록세를 감면해줄 필요가 없다는 점에 대해서는 논란의 여지가 없으므로 위와 같은 대법원 판결의 배경은 이해 가능하나, 경매의 법적 성질이 사법상 매매의 일종이라는 것이 다수설과 판례라는 점에서 법문언의 한계를 넘는 축소해석이 아니었나라는 아쉬움은 남는다.

과세관청도 어떤 경우에는 취지상 비과세가 맞지만 법에 정하여져 있어서 과세할 수밖에 없다며 엄격해석의 원칙을 과세근거로 내세우는가 하면, 어떤 경우에는 세법의 개정 연혁이나 입법자의 의도, 법의 취지 등을 근거로 법령에 다소 미비한 점이 있더라도 취지에 맞게 해석하여야 한다며 합목적적 해석을 과세근거로 내세우기도 한다. 납세자의 입장에서도 마찬가지인 것은 물론이다.

다만, 조세법규의 해석에 있어서 엄격해석과 합목적적 해석은 결코 대등한 두 가지 해석방법일 수 없다. 어디까지나 엄격해석의 원칙이 대전제가 되는 것이고, 법문 그대로만 해석하였을 때 그 결과가 조세정의에 반하여 도저히 용인할 수 없는 것일 때에 이르러서야 아주 예외적으로 합목적적 해석을 할 수 있다고 보아야 한다. 여기서 중요한 것은 그 '용인할 수 없는 조세정의'의 침해 여부를 판단할 때 단순히 세액의 다과(多寡)만을 고려한다거나 '국고에 이익이 되는 것이 곧 조세정의'라는 입장을 취해서는 안 된다는 점이다.

이에 덧붙여, 기본적으로는 조세법규에 모호함이 있다면, 납세자의 이익을 위하여 해석하는 것이 타당하지 않은가라는 생각이 든다.[10] 죄형법정주의가 적용되는 형사소송의 대원칙[11]과 마찬가지로 헌법상 보장된 국민의 재산권을 제한하는 조세의 부과에 있어서도, 조세법령을 최대한 명확하게 규정할 의무가 있는 것은 국회와 정부인데, 납세자로서는 본인들의 귀책이 전혀 없음에도 불구하고 모호하게 규정된 세법으로 인하여 불이익을 받는다는 것은 억울한 일이기 때문이다.

물론 급변하는 경제 상황을 모두 사전 예측하여 완벽하게 법령에 규정할 수는 없기에 어느 정도 불확정 개념과 포괄적 규정방식을 취할 수밖에 없다는 점은 재판에서도 고려되어야 할 것이나, 명백하게 국가가 책무를 방기하여 모호하거나 일부 흠결된 상태로 입법이 된 경우라면, 그러한 잘못으로 인한 위험은 국가가 부담해야 마땅하다.

그러한 점에서 '○○교차로' 사건에 대한 전원합의체 판결의 다수의견은 법리적으로도 치밀한 근거를 갖추고 있으면서도, 취지에 맞게 규정되지 못한 법령의 미비함을 합목적적 해석을 통해 극복하고 납세자의 이익으로 판단하였다는 점에서 타당한 판결이라고 보여진다.

---

10 in dubio contra fiscum: 의심스러울 때는 국고의 불이익으로
11 in dubio pro reo: 의심스러울 때는 피고인의 이익으로

/ 52 /
명의신탁 증여의제세금부과는 타당한가?

정승택 변호사

명의신탁 증여의제는 증여세가 부과되는 특이한 불이익 때문에 세무를 잘 몰라도 대부분 그 내용을 잘 알고 있다. 가끔식 경제신문 광고란을 보면 가업승계, 가지급금, 명의신탁 해소의 비법을 상담받으라는 광고가 심심치 않게 보인다. 그만큼 중소기업을 운영하는 분들의 공통된 관심사 내지 고민거리인 듯하다.

필자도 그 비법이 무엇인지 궁금해서 이리저리 내용을 알아보기도 했지만, 분명한 것은 명의신탁된 주식을 일거에 해결하는 방법은 없다는 것과 모든 경우에 따라 일정부분의 부담은 발생하고 해결방법은 경우에 따라 상이하다는 것이다.

"명의신탁 증여의제"란 주식 등의 명의신탁이 행해진 경우 이를 신탁자와 수탁자 사이의 증여로 간주해 증여세를 부과하는 제도이다. 명의신탁 증여의제의 과세요건은 명의신탁재산에 대한 '명의신탁 합의'의 존재라는 객관적 요건과 '조세회피 목적'의 존재라는 주관적 요건으로 구별된다. 명의 대여 자체에 대하여 증여세를 과세하므로, 본래 의미의 세금이라기보다는 조세회피 목적의 증여에 대한 별도의 페널티로 보는 것이 더 타당해 보인다.

부동산은 1996년 부동산실명제 실시에 따라 증여의제과세대상에서 제외되고 있는데, 부동산의 경우 최고 30%의 과징금[1]이 부과되는 것에 비하면 주식의 증여의제는 본세와 가산세의 부담이 과중해 보이기도 하다. 경우에 따라 다르기는 하겠지만, 주식이 부동산의 경우보다 그 가벌성이 더 있는지는 의문스러운 면도 있다.

어찌되었든 헌법재판소는 이러한 증여의제규정에 대하여 1989년에 합헌결정을 내린 후 최근까지 수차례에 걸쳐 반복적으로 합헌결정을 내리고 있고, 과거에는 반대의견도 꽤 있었으나 요즘에는 거의 전원 일치로 합헌결정을 내리고 있는 실정이다.

대법원도 이러한 헌법재판소의 견해와 마찬가지로 조세회피목적이 없다는 점에 대한 '입증책임'은 명의자인 수탁자에게 있고 회피목적의 대상이 되는 '조세'에는 증여세뿐만 아니라 국세, 지방세 등 모든 조세가 포함된다고 보고 있다.

또한, 양도소득세 250만 원의 사소한 조세경감, 제2차 납세의무 등 향후 조세가 회피될 가능성만으로도 조세회피목적을 폭넓게 인정한다.

실무에서 일을 하다보면 명의신탁으로 고민하는 회사가 실제로 많이 있다. 그 이유도 다양해서 회사설립 시에 소득세나 간주취득세, 2

---

1 물론 부동산의 경우 형사처벌규정이 있으므로 단순히 그 경중을 비교할 수는 없을 것이다. 실제 국세청이 부동산 취득자금조사를 하다 자금원천의 소명이 안 되는 경우에는 증여세를 부과한다. 이 경우 증여세를 피하고자 명의신탁임을 자백하여 지방자치단체에 이첩되는 경우가 많이 있다.

차 납세의무를 피하기 위해서 하는 경우 등 실제로 조세회피목적이 있는 경우도 있다. 반면, 아무 생각 없이 종업원이나 친인척 명의로 해놓고 오랜 시간이 지난 경우도 상당히 많다.

또한, 환원을 통해 명의를 바로잡으려고 했는데 주식가치가 가파르게 상승할 경우, 이를 바로잡을 시기를 놓쳐서 이러지도 저러지도 못한 경우도 있다.

이런 경우 세월이 흘러 상속을 앞두고 있으면 그 심각성은 더 커지게 되는데, 명의수탁자의 자녀가 개입되면 민사와 조세가 결합된 복잡다기한 사건으로 확장된다.

최근 세법개정안을 보면 50억 원을 넘는 명의신탁은 과세관청이 안 날로부터 1년간으로 그 제척기간을 연장시키는 방안이 논의되고 있는데, 이는 사실상 무기한으로 과세를 하겠다는 것으로 보인다.

필자는 주식의 명의신탁을 증여로 의제하여 세금으로 포섭시키는 것은 이론적이나 체계상 문제가 있다고 생각한다. 세금이라는 것은 '담세력'이 있는 행위에 대하여 부과하는 것인데, 신탁자와 수탁자 간 이러한 합의는 세금부과의 전제요건이 과세요건과는 그 내용이 다른 것이다. 차라리 부동산처럼 단행법을 만들어 행정제재인 과징금이나 과태료를 부과하는 것이 더 현실적이고 비례원칙에 맞는 것이며, 정책적 억제효과도 있다고 생각된다.

대법원도 최근 명의신탁주식이 상속, 합병, 분할, 기명식전환사채 전환 등으로 새로이 변형된 경우 증여의제가 되는지에 대하여 주목할 만한 판례를 많이 생산하고 있다.

이로 인해, 새로운 명의신탁증여의제가 될 우려로 인해 합병 등 구조조정을 진행하지 못하고 속으로 끙끙대던 회사가 합병을 추진하는 등 많은 변화가 있었다.

또한, 증여의제 가산세에 대해서도 부당무신고가산세(40%)의 적용대상은 아니라고 판시하는 등 법해석 내에서 납세자에게 유리한 판결이 많아지고 있다.

자녀명의 부동산 매입, 차용증만 쓴다면 오케이?

정승택 변호사

　정부는 주택가격이 급증하자 부동산대책을 연이어 내 놓으면서 주택자금의 출처를 조사하겠다고 공언하고 있다. 이는 다주택자의 투기수요를 억제해 주택가격을 안정시킴과 동시에 주택 취득 자금의 출처를 정확히 파악해 불법·편법증여를 사전에 차단하고자 하는 의도일 것이다. 신혼부부의 경우 부모님들이 전세자금을 마련해 주는 것도 과거에는 관행상 별 문제없이 넘어갔지만, 최근에는 고가전세의 경우 자금출처를 조사하고 있다.

　국세청의 전산망은 고도로 발달되어 있는데다 국토교통부의 주택임대차정보시스템, 주택임대사업자 등록자료 등과 연동되어 그 분석력은 한층 더 업그레이드 되어있다.

　자녀의 고가주택매입, 고가전세로 인해 증여세가 문제된 경우를 상담해 보면 대부분 부모님으로부터 돈을 빌린 것이지 증여받은 것은 아니라고 주장한다. 그리고 차용증이 있느냐고 물으면 가족 간에 무슨 차용증이냐고 반문하는 경우도 있고 급조된 한 장짜리 약정서를 보여주는 경우도 종종 있다.

　그러나 실제로 자녀에게 증여하는 것이 아니라 빌려주는 것이라도 과세당국은 특수관계 간 거래이므로 일단 증여로 간주한다.

실제 부모님으로부터 빌린 것인데, 억울하게 증여로 간주되지 않으려면 어떻게 해야 할까?

일단 차용증서를 작성하는 것이 기본적으로 중요하다. 차용증서란 것은 특별한 양식은 있는 것은 아니나 보통 '금전소비대차계약서'라는 제목하에 당사자, 대여금, 이자, 변제기, 변제방법 등을 명시하여 작성해야 할 것이다. 그리고 이를 공증받는 것이 소급해서 만들었다는 의심을 피할 수 있는 방법이 될 것이다. 그러나 이렇게 계약서를 작성하고 공증한 것만으로는 충분하지 않은데, 빌린 원금을 전혀 갚지 않거나 빌린 기간에 이자를 지급한 내역이 없으면 차용증이 있다 하더라도 증여로 간주하는 것이 조세심판원 및 법원의 입장이다.

따라서 실제로 금융거래내역이 중요하며, 원금과 이자를 갚았다는 것을 객관적 증빙으로 입증해야 할 것이다. 그리고 빌려주는 부모의 자금원천도 분명하고, 빌려주는 자금을 상환할 때의 자녀도 자금원천이 있어야 조사에 대비할 수 있을 것이다.

'이자율'도 중요하다. 상속세 및 증여세법 제41조의4에 따르면 "타인으로부터 금전을 무상으로 또는 적정 이자율보다 낮은 이자율로 대출받은 경우에는 그 금전을 대출받은 날에 일정금액을 대출받은 자의 증여재산가액"으로 보는 규정이 있다. 그리고 동 시행령과 법인세법 시행규칙은 '적정 이자율'을 당좌대출이자율을 고려하여 연간 1,000분의 46(4.6%)으로 정해놓았다.

연 4.6%는 시중의 금리보다 높은 편인데, 이보다 적게 주면 차액 부분에 대해 증여세를 낼 수 있다. 예를 들어, 이자를 시중의 은행 금리인 2%로 약정한다면 그 차이인 2.6%에 해당하는 금액에 대해서는 경제적 이익을 얻었으므로 증여로 보게 되고, 이 금액이 누적적으로 1,000만 원을 넘어가면 증여세가 실제 과세될 수 있다.

이는 부모 소유의 부동산을 담보로 잡아 대출을 받게 해준 경우도 동일하므로 주의해야 한다.

또, 부모가 이자를 실제 수령한 경우도 이자소득세를 신고해야 하고 발생된 이자를 부모가 실제 수령하지 않고 면제하는 경우에도 대여자인 부모에게 이자소득이 실현된 것으로 보아 이자소득에 소득세가 부과되고, 자녀에게는 면제로 인한 경제적 이익에 증여세가 과세될 수 있으니 주의해야 한다. 실제 사인 간 이자소득에 대하여 신고를 거의 하지 않는 관행을 생각하면 이 또한 만만치 않은 일이다.

이쯤 되면 금전대여가 나은지 증여공제한도를 이용하여 차라리 증여하는 것이 절세인지 헷갈리기 시작한다. 그리고 대여로 한다면 이자율을 어떻게 정하는 것이 유리한지도 경우의 수를 따져보아야 한다. 그리고 증여를 함부로 인정했다가 다시 취소하면 재차증여의 문제로 증여세만 부과될 수도 있으니 이 또한 신중해야 한다.

어설프게 일단 차용증 하나 대충 만들어 놓고 증여하는 것이 최선이 아닌 것은 분명하나 자금사정, 대여액수, 변제계획을 잘 따져보아 빌려줄지 아니면 증여를 해야 할지를 결정해야 할 것이다.

/ 54 /
유류분과 세금

정승택 변호사

상속과 관련된 자문을 하다보면 다양한 사례를 많이 접하게 된다. 아버지가 형제간의 분쟁을 예상하고 미리 유언을 하려는데 유류분 문제가 생기지 않도록 묘안을 찾아달라고 요청하는 경우, 유언 없이 돌아가셨는데 가족 간 상속재산분할의 협의가 안 되는 경우, 이미 아버지가 모든 재산을 장남에게만 증여를 해주어서 남은 형제들이 유류분 반환청구를 의뢰하는 경우, 혼외자가 나타나 분쟁이 발생한 경우 등 실로 다양하고 다이내믹하다.

이러한 분쟁이 법에 의한 해결까지 올 정도이면 이미 가족 간 감정의 골이 깊어질 대로 깊어진 경우라 조정을 몇 번 시도해 보지만 쉽지가 않다. 다만, 이러한 분쟁에 있어서 가족 간에 의견이 일치하는 부분이 하나 있는데, 이는 바로 '세금'을 조금 내고자 하는 방향이다.

이 편에서는 유류분 분쟁과 세금문제에 대하여 살펴보고자 한다.

유류분이란 상속재산 중 피상속인(사망자)의 증여나 유증(유언에 의한 증여)에 의해서도 침해되지 않는 상속인의 최소 상속분을 말한다. 일정한 범위의 상속재산을 유류분 권리자에게 유보해두고, 그 한도를 넘는 유증이나 증여가 있을 때에는 그 유류분 권리자가 반환을 청구할 수 있게 하는 제도이다. 유류분의 권리자는 피상속인의 배우자·직계존비속·형제자매이다. 유류분의 비율은, 배우자와 직계비속은 법정상속분의 2분의 1, 직계존속과 형제자매는 법정상속분의 1이다.

유류분 산정의 기초가 되는 재산은 피상속인이 상속 개시 당시 소유한 재산가액에 생전에 증여한 재산가액('사망 당시를 기준으로 평가한 가액')을 가산하고 채무액을 공제하여 산정한다.

이때, 가산되는 증여재산은 원칙적으로 상속 개시 전의 1년 이내에 증여한 것에 한하나, 당사자 쌍방이 유류분 권리자에게 손해를 가할 것을 알고 증여를 한 때에는 1년 전에 증여한 것도 대상이 된다(민법 제1114조). 그러나, 이 조문은 공동상속인이 아닌 제3자에게 증여했을 때 적용되는 것이며, 공동상속인이 증여받은 경우에는 이러한 기간이나 인식여부에 상관없이 원칙적으로 모두 포함된다.

가끔식 "10년 전에 증여받은 것도 포함되나요?"라는 질문을 많이 받는다. 아마도 상속세 납부 시 합산 과세되는 증여가 상속 개시일 전 10년 이내의 것만 포함되므로 이것과 혼동하여서 이러한 질문이 많은 것 같다.

또한, 과거에 증여받은 것도 피상속인의 사망 당시의 시가로 재산 정되므로 비상장주식, 현금, 부동산 등 그 재산의 성격에 따라 여러 가지 이슈가 발생한다.

과세가액의 재산정

유류분반환청구소송을 제기하여 실제 일부 재산을 반환받은 경우의 세무문제를 살펴보면 여러 경우의 수가 있을 수 있다. 먼저 유류분반환청구를 통해 상속재산 일부를 받게 되는 경우 상속세가 추가로 발생할 수 있다. 즉, 상속 개시 전 10년 이내에 상속인에게 증여한 재산의 경우 누진세율 적용을 위하여 '증여 당시의 시가'를 기준으로 상속세 과세가액에 가산을 하게 된다. 그런데 유류분권자가 침해자를 상대로 반환을 받게 되면 그 증여분은 소급적으로 효력을 상실하고, 상속 개시일에 유류분권자에게 상속이 이루어진 것으로 보기 때문에 '상속 개시일 당시의 시가'를 상속세 과세가액에 합산하게 된다.

따라서, 당초 증여세는 환급받게 되지만 유류분반환청구의 대상이 된 재산의 상속 개시일 현재의 시가가 증여일의 시가보다 상승했다면, 그 상승분만큼 상속세 과세가액이 증가하게 된다.

원물반환이 아닌 가액반환시 주의

실제 유류분의 반환청구는 원물로 하는 것이 원칙이나 공유형태의 경우 관리나 향후 처분에 어려움이 많아 원물이 아니라 현금으로 받는 경우가 오히려 많은데, 이 경우 양도소득세가 발생할 수 있다는 점을 유의해야 한다.

즉, 유류분에 해당하는 지분을 받지 않고 그에 상당한 현금 등 다른 재산으로 반환을 받았다면, 유류분에 상당하는 상속재산을 다른 재산과 '교환'한 것으로 보고 그 상속재산에 대한 상속세와 양도소득세 납부의무(상속받은 재산이 양도소득세 과세대상이고 양도차익이 있는 경우를 전제)를 각각 부담해야 한다. 원물의 시가 상당액을 현금으로 돌려받은 것의 효과는 원물을 상속받은 후 제3자에게 양도했을 때와 동일하기 때문이다. 이때 취득원가는 상속세 과세가액에 산입된 상속개시 당시의 시가가 될 것이다.

예를 들어, 아버지가 재산의 전부인 비상장주식 10,000주(시가 10,000원)를 장남에게 증여 후 3년 뒤에 사망을 하였고, 차남은 이에 1/4인 2,500주를 돌려달라는 유류분반환소송을 제기하였는데, 이 당시의 시가가 20,000원이었다. 소송은 2년에 걸쳐 진행되었고, 차남에게 반환하라는 소송결과가 확정되었다. 그런데 이 당시 회사의 실적이 좋아 시가는 50,000원까지 이르게 되었다. 장남은 소송결과에 따라 주식을 주면 향후에 경영권분쟁이 생길 우려도 있고, 회사가 계속 성장할 것이라는 자신감도 있어서 주식 대신 현금 50,000원×2,500주=1억 2,500만 원의 지급을 제안했고 동생도 어차피 경영권도 가지지 못하고 배당도 잘 안하는 회사이므로 흔쾌히 승낙하였다. 이 경우의 세무문제를 살펴보자.

장남은 2,500주(@10,000원)에 대한 기납부 증여세를 환급해달라는 경정청구를 하여서 돌려받으면 된다. 그런데 차남은 상속 당시의 20,000원×2,500주=5,000만 원을 상속세 과세표준에 포함시켜 추가된 상속세를 내는 것으로 끝나는 것이 아니다. 현금으로 반환받은 금액 중 7,500만 원에 대하여는 양도소득세를 신고해야 한다.

위에서도 설명했지만 세법은 부동산이나 주식 등 유류분 반환목적물을 원물로 돌려받지 않고 그 시가상당액을 현금으로 돌려받은 경우에는, 되돌려 받은 원물을 반환의무자에게 다시 되판 것으로 보기 때문이다.

유류분 등 상속분쟁이 생기면 세금문제를 더 챙겨야 한다. 분쟁이 생기면 청구권자는 더 많은 유류분 내지 상속재산을 확보하기 위해 상대방의 신고되지 않은 증여에 대한 주장을 하게 된다. 서로 많은 재산을 확보하기 위하여 가족 간 은밀한 재산문제가 다 오픈되는 것이다. 국세청은 이를 다 모니터링하고 있는데 나중에는 이를 과세자료의 근거로 삼게 되고, 그때 가서 후회해도 이미 한발 늦게 된다.

상속분쟁에 대한 상담을 할 때 가족들은 대부분 돈 때문에 그러는 것이 아니고 돌아가신 부모님의 뜻이 왜곡됐다거나 인간적인 배신감에 소송을 한다고 이야기한다. 그러나 결국 돈이 문제인 것 같다는 생각이 매번 든다. 하여튼 공통된 주제인 세금을 분석하다 보면 오히려 가족 간의 오해가 풀리면서 대화가 시작되는 것을 많이 보았으니 세금이 좋은 역할을 할 때도 있다.

/ 55 /

일감몰아주기

정승택 변호사

　'일감몰아주기'란 말은 법률용어는 아니지만 공정거래법이나 상법 등에서 특수관계인들 간의 거래를 규제하고자 할 때 많이 사용되는 용어이다. 어느 회사가 특수관계인 운송회사에 일감을 몰아주어 공정위의 제재를 받은 사건이 계기가 되어 언론과 공정위에서 일감몰아주기라는 말을 처음 사용하게 된 것으로 기억한다. 과거에는 계열사 간에 거래가격을 시가보다 고가로 하거나 저가로 하여 지원하는 행위를 문제 삼았지만, 일감몰아주기의 경우 가격과 무관하게 내부거래 비중을 높여 전체 매출액을 증가시키는 지원형태가 문제된다. 비슷한 용어로 '일감떼어주기'가 있는데 이는 본인이 할 수 있는 사업기회를 특수관계인에게 주어 지원하는 것이고, '통행세'는 아무런 역할도 수행하지 않는데 단순히 형식적으로 거래의 단계에 끼워 이익을 얻을 수 있게 하는 것을 말한다.

　아울러 내부거래를 통한 총수 일가의 사익편취는 터널링(tunneling)이라고 불리는데, 총수 일가의 지분율이 낮은 계열사의 사업 또는 거래 기회를 총수 일가의 지분율이 높은 계열사로 이전시킴으로써 일감을 준 계열사의 주주들에게 귀속되어야 할 이득을 총수 일가가 편취하는 행위로서, 이 또한 규제대상이다.

일감몰아주기 규제는 각 법률에 따라 그 목적에 맞게 규정되어 있고, 이를 위반할 경우에는 각각의 규제를 받게 된다. 일감몰아주기를 통한 경영권 승계의 가장 전형적인 방법을 보자면, 1단계로 출자나 신주배정을 통해 오너의 지분율이 높은 계열사를 만들고, 2단계로 이렇게 만들어진 계열사에 일감을 몰아주거나 향후 전도유망한 사업부분을 맡겨서 그 계열사의 가치를 끌어올린다. 그리고 마지막 3단계로 계열사의 주식가치가 충분히 높아졌을 때, 다른 주력 계열사들과 분할·합병하면 최소비용으로 승계를 마무리할 수 있는 것이다.

이 경우 공정거래법에서는 부당지원행위가 문제되고 상법에서는 이러한 결정을 내린 이사의 책임추궁을 통한 민사책임, 형법에서는 기존소액주주에게 손해를 끼친 것에 대한 배임 등의 적용이 문제될 수 있다. 세법에서도 계열사 간 시가로 거래하지 않은 경우 부당행위계산 부인을 통하여 과세를 하게 된다.

그리고 가장 최근에 입법된 일감몰아주기 증여의제 규정도 있다. 2012년부터 자녀 등이 주주인 법인에 특수관계에 있는 법인이 일감을 몰아주어 그 자녀 등이 얻게 되는 '간접적인 이익'에 대해 증여세를 과세하는 것이 이 규정의 핵심이다.

이에 따르면 특수관계법인으로부터 일감을 받은 법인인 '수혜법인'의 사업연도를 기준으로 수혜법인과 특수관계법인과의 거래 비율이 일정 비율을 초과하는 경우 해당 수혜법인의 지배주주와 그 지배주주의 친족이 수혜법인의 영업이익을 기준으로 계산한 이익을 증여받은

것으로 의제해 증여세를 부과하게 된다.[1]

일감떼어주기에 대한 증여세 과세 규정도 있다. 이는 자녀 등이 주주로 있는 법인에 사업 기회(임대차 계약, 입점계약, 대리점 계약, 프랜차이즈 계약 등 명칭 여하를 불문한 약정을 통한 방법)를 제공하는 방식으로 부를 이전하는 경우 자녀들이 얻게 된 간접적인 이익에 대해 증여로 간주하고 과세하는 것인데, 몰아주기와는 비슷해 보이면서도 차이가 있다.[2]

여기에서는 '사업기회제공방식'에 대한 해석이 문제인데, 기존 거래처를 수혜법인으로 대체하거나 수혜법인을 중간단계에 이유 없이 거치게 하는 것이 그 예가 될 것이다.

이러한 과세는 수증자인 지배주주가 직접적으로 수령하는 재산이 없음에도 불구하고 보유한 주식의 재산가치 증가를 증여로 의제해 과세하겠다는 취지이므로, 미실현 이익에 대한 과세란 점에서 문제제기를 하는 경우도 종종 있다.

특수관계인 간 거래에 대해서는 아래 정리한 표에서 보듯이 형법, 세법, 공정거래법 등 규제가 상당히 많다. 따라서, 불가피하게 특수관

---

1 • 수혜법인의 세후영업이익이 있을 것
  • 수혜법인의 사업연도 매출액 중 지배주주와 특수관계에 있는 법인에 대한 매출액 비율이 30%(중소기업 50%, 중견기업 40%)를 초과할 것
    - 일반기업이 특수관계법인 거래비율을 20% 초과하고 특수관계법인에 대한 매출액이 1,000억 원을 초과한 경우 포함('19년 신고분부터 적용)
  • 수혜법인의 지배주주 및 그 친족의 직·간접 보유지분율이 3%(중소·중견기업은 10%)를 초과할 것을 그 요건으로 한다.
2 • 수혜법인이 지배주주와 특수관계에 있는 법인으로부터 사업 기회를 제공받고 해당 부분의 영업이익이 있을 것
  • 수혜법인의 지배주주와 그 친족의 주식보유비율의 합계가 30% 이상일 것을 요건으로 한다.

계인과 거래를 해야 한다면 절차적 측면에서 이사회결의 등을 거치고 수의계약방식이 아닌 경쟁입찰방식을 택하도록 고려해 볼 필요가 있다. 실체적 측면에서도 긴급성, 비밀유지, 보안문제 등 특수관계인 간 거래가 유리한 경우도 상당히 있으므로 이를 잘 정리하고 시가에 대해 검토를 잊어서는 안 될 것이다. 또한 증여의제 규정이 적용되는 경우 당장 현실적으로 신고·납부의 문제가 발생하므로, 그 요건을 잘 살펴 현명하게 대응해야 할 것이다.

아래 표는 소위 일감몰아주기가 문제될 경우, 각 법률에서 문제될 수 있는 사항을 정리해 놓은 것이다.

<표> 일감몰아주기에 대한 규제

구분	관련 규정
상법	• 이사의 일반적 충실의무(제382조 제2항) • 회사의 기회 및 자산의 유용금지(제397조의2) • 이사의 자기거래금지(제398조)
공정거래법	• 부당지원행위, 통행세 • 특수관계자 간 부당이익공여(총수일가 사익편취)
형사상 책임	• 공정거래법 위반죄 • 업무상 배임죄 • 상법 위반죄 • 조세범 처벌법 위반(세금계산서 범죄 등)
세법	• 부당행위계산부인 • 일감몰아주기 증여의제 • 포괄증여

공정거래(일감몰아주기) 문제에 세법상 평가방법을 적용할 수 있을까?

최지원 변호사

공정거래위원회는 2019. 11. 13. 이른바 '일감몰아주기 심사지침(예규 제정안)'[1]을 공고하였는데, 그중에서 "국제조세조정에 관한 법률(이하 '국조법')"에서 정한 정상가격산출방법을 적용하겠다는 파격적인 내용 이 있어 논란이 되고 있다.

"일감몰아주기"를 간단히 설명하자면, 기업집단 계열회사들이 회장 님 일가의 지분이 높은 회사와 거래하면서 비싸게 사주거나, 싸게 팔 아주거나, 사실상 사업은 계열회사가 다 하고 회장님 일가 지분이 높 은 회사들은 별로 하는 일 없이 수수료나 중간마진만 얻는 경우 등을 말한다. '일감몰아주기'는 소소하게는 회장님 일가의 럭셔리한 생계를 챙겨주는 정도겠지만, 크게는 회장님이 지배하는 핵심계열회사의 이 익과 사업기회 등을 자녀가 새로 설립한 신생회사로 몰아줄 수 있다. 일감몰아주기를 잘만 이용하면, 그러한 신생회사를 중심으로 아예 기 업집단 자체를 재편할 수도 있고, 자녀가 신생회사에서 얻은 막대한

---

1 정식 명칭은 '특수관계인에 대한 부당한 이익제공행위 심사지침'인데, 언론에서는 이러한 길 다란 정식 명칭보다는 '일감몰아주기 심사지침'이라던가 '총수일가 사익편취 심사지침'이라던 가 하는 좀 더 직관적인 명칭을 더 많이 사용한다.

배당수입으로 기존 핵심계열회사의 지분을 늘릴 수도 있고, 기타 '부'의 편법적인 상속증여 수단으로 활용할 수 있는 둥 그 이용방법은 무궁무진하다.

공정거래법상 "일감몰아주기"는 기업집단 계열회사들이 회장님 일가의 지분율이 높은 계열회사와 거래하는 것 자체를 금지하는 것은 아니다. 다만, 이러한 거래가 외부업체와 거래하는 경우와 비교하여 '상당히' 유리한 조건으로 거래하거나, '상당한' 이익이 될 사업기회를 제공하거나, '상당한' 규모로 거래하는 경우만 규제하겠다는 것인데, 문제는 공정거래법이나 공정거래위원회에서 기존에 제정한 각종 지침에 이러한 '상당성'에 대한 마땅한 판단기준이 없다는 것이다.

공정거래위원회는 2017년에 "사익편취 금지규정 가이드라인"을 제정하고 작년까지 모든 대규모기업집단을 대상으로 일감몰아주기에 대한 대대적인 일제조사를 벌였지만, 실제 제재처분까지 이어진 경우는 몇 건 되지 않는다. 언뜻 일감을 팍팍 몰아준 것으로 보이는 내부거래가 있어도, "상당한" 이익이나 규모라는 사실을 입증할만한 분석수단이 미비하기 때문이다.

이러한 현실적인 문제 때문에, 공정거래위원회는 "상당한" 이익이나 규모를 입증할 수 있는 수단으로서, 국조법상 정상가격산출방법을 준용할 수 있다는 입장을 취하게 된 것으로 보인다.

국조법상 정상가격산출방법은 여러 가지가 있지만, "일감몰아주기"와 관련하여 가장 많이 활용될 것으로 보이는 방법은 "거래순이익률방법"이다. 예를 들어, 자녀가 지배하는 신생회사가 기존 계열회사를 상대로 핵심 부품을 사실상 독점적으로 공급한다고 할 경우, 외부감사대상회사들 중에서 유사업종에 종사하는 제3자 회사들의 공시된 재무제표의 영업이익률 등을 기준으로, 자녀가 지배하는 신생회사의 "정상적인" 이익률 범위를 분석할 수 있고, 그 신생회사가 이러한 정상적인 범위를 초과하는 이익은 국조법상 정상가격산출방법의 관점에서는 "비정상적"인 이익이라고 판정한다. 필자의 경험으로 볼 때, "거래순이익률방법"은 거의 모든 경우에 있어서 정상이익률 범위를 산출할 수 있다. 그러므로, 예를 들자면, 정상가격보다 영업이익률 1% 더 줬다는 소소한 이유로도 공정거래법상 과징금 등 제재조치가 가능하게 된다.

혹자는, 공정거래법에 국조법을 준용한다는 명시적인 규정이 없으므로, 행정규칙에서 이를 준용하는 것은 위임입법원칙에 위반된다고 비판한다.

그러나 공정거래위원회의 "부당한 지원행위의 심사지침"에서는 정상가격을 시가에 의하여 산정하기 어려운 경우에는 "상속세 및 증여세법"을 준용한다는 규정을 두고 있고, 동 지침은 1997년에 제정된 이래 현재까지 계속 적용되고 있다. 또한, 판례에서 공정거래법상 독과점 해당 여부를 어떻게 인정하였는지 살펴보면, 법률에 명시된 지분율 등의 기준뿐만 아니라, 미국 기업결합 심사지침의 허핀달-허쉬만

지수분석 등 객관적이고 합리적인 분석방법도 폭넓게 인정하고 있다. 두 경우 모두 공정거래법 자체에는 전혀 언급이 없는 내용들이다.

일단 공정거래위원회는 국조법을 준용하는 내용의 "일감몰아주기 심사지침" 제정을 관철할 가능성이 매우 높기 때문에, 여기에 해당하는 회사들은 국조법의 적용가능성에 대비할 필요가 있다. 나중에 법원에서 국조법 준용을 무효로 보든 아니든 그것은 나중 문제이고, 일단 공정거래위원회의 첫 실험사례가 되어 언론보도 1면을 장식하는 사태는 피해야 하지 않겠는가.

/ 57 /

가업상속공제의 사후관리 기간 7년, 이 또한 지나가리라

임재억 변호사

가업(家業)의 의미에 대해서 국어사전을 찾아보면, ① 대대로 물려받는 집안의 생업, ② 집 안에서 하는 직업, ③ 한 집안이 이룩한 재산이나 업적이라고 나와 있다. 세법에서도 가업과 관련하여 주는 가장 큰 혜택으로 「가업상속공제」와 「가업승계 주식에 대한 증여세 과세특례」를 뽑을 수 있다.

그중 가업상속공제는 누군가가 사망하였을 때 상속세 신고를 함에 있어 적용받는 여러 상속공제들(기초공제, 배우자공제, 그 밖의 인적공제, 동거주택상속공제, 재해손실공제 등) 중 하나인데 일반인들이 쉽게 접하는 공제항목은 아니다.

이는 중소기업 등의 원활한 가업승계를 지원하기 위하여 거주자인 피상속인이 생전에 10년 이상 영위한 중소기업 등을 상속인에게 정상적으로 승계한 경우에 최대 500억 원까지 상속공제를 하여 가업승계에 따른 상속세 부담을 크게 경감시켜 주는 제도를 말한다(상속세 및 증여세법 제18조 제2항). 이 제도는, **공제대상**(가업영위기간의 확대, 중소기업 졸업 후에도 일정기간 적용, 공동상속 허용), **가업상속공제액, 공제 한도**

액(가업영위기간별 200억 원부터 500억 원까지)을 지속적으로 확대해 오고 있지만, 여러 복잡하고 까다로운 요건을 모두 충족해야 하고, 대부분의 세제혜택들이 그렇듯이 사후관리에 있어서도 신경써야 할 부분들이 많다.

즉, 가업상속공제를 받기 위해서는 **가업의 요건**(계속 경영기업, 중소기업 또는 중견기업의 요건), **피상속인 요건**(주식보유기준, 대표이사 재직요건), **상속인 요건**(연령, 가업종사, 취임기준, 납부능력, 배우자)을 모두 충족해야 적용받을 수 있고, 설령 적용받았다 하더라도 가업상속 후 7년간 정상승계 여부에 대한 사후관리가 적용된다.

예를 들어, ① 해당 가업용 자산의 20%(상속개시일부터 5년 이내에는 10%) 이상을 처분한 경우, ② 해당 상속인이 가업에 종사하지 아니하게 된 경우, 주식 등을 상속받은 상속인의 지분이 감소된 경우, ③ '7년 동안 매년' 정규직 근로자 수의 평균이 기존고용인원의 80% 미달하고 총급여액이 상속 당시 총급여액의 80%에 미달하는 경우, ④ '7년간' 정규직 근로자 수의 전체 평균이 기존고용인원에 미달하고 임금 총액의 연평균이 상속 당시 총급여액의 100%에 미달하는 경우에는 미충족 비율 상당액의 상속세와 이자를 납부해야 한다.

이처럼 가업상속공제를 받기 위한 요건과 더불어 7년간 신경써야 할 사후관리 요건으로 인하여 가업상속공제가 활발하지는 않지만, 점차적으로 그 요건이 완화되고 적용범위가 넓어짐에 따라 그 적용을 검토하는 경우가 늘어나고 있다.

특히, 작년 개정세법으로 인하여 사후관리 기간이 10년에서 7년으로 감축되고, 중견기업의 고용유지 의무 비율도 연평균 120%에서 100%로 완화되었으며, 고용 유지 요건도 정규직 인원뿐만 아니라 총급여액을 추가함으로써 고용한 근로자가 줄었더라도 임금 인상을 반영한 총급여액이 동일하다면 고용유지 의무를 이행한 것으로 인정받을 수 있게 되었다.

필자의 경험상 종래 가업상속공제를 활용함에 있어서 고민되던 부분 중 하나가 고용인원의 유지였다. 업종에 따라 차이는 있겠으나, 제조업에서 공정의 자동화 및 효율화 등으로 인하여 인원 감축이 효율적일 수도 있고, 반드시 정규직 근로자가 아닌 파트타임의 비정규직 근로자를 효율적으로 적재적소에 배치함으로써 사업의 효율을 기할 수도 있을 것이다. 그럼에도 불구하고 가업상속공제와 관련한 세법규정에서는 가업에서의 인적요건으로서 정규직 고용요건만을 강조함으로써 이 제도의 활용을 망설이게 하는 요인이 되고 있었다.

즉, 고용요건과 관련하여 근로자들의 자발적 퇴사 및 대체 직원의 입사 지연 등 상속공제 혜택을 적용받은 상속인이 통제할 수 없는 상황에 대해서까지도 사후관리 규정의 위반이 된다는 것은 가업상속공제의 혜택을 부여하면서 과도한 의무를 부과하는 것으로 보일 여지가 있었던 것이다. 이제는 관련 규정의 개정으로 인하여 고용 유지 요건에 총급여액도 추가되었고, 매년 최저임금이 증가하고 있는 추세를 고려한다면 이러한 애로 사항이 상당부분 해소될 수 있을 것으로 보인다.

한편, 상속세 및 증여세법 시행령 제15조 제8항에서는 정당한 사유로 상속세가 추징되지 않는 경우를 열거하고 있다. 작년 개정세법에서는 가업상속공제 후 공제받은 자산을 처분할 수 있는 예외 사유에 업종 변경에 따라 자산을 대체 취득한 경우를 추가하고, 종전에는 업종 변경을 표준산업분류상 소분류 내에서만 허용하던 것을 중분류 내에서도 허용하는 것으로 완화하기도 하였으며, 가업용 자산의 처분금액을 조특법상 연구인력개발비로 사용한 경우도 정당한 사유로 추가하기도 하였다. 이러한 입법의 개정 방향에 비추어 본다면 가업상속공제를 받은 후 추징되지 않는 정당한 사유를 해석함에 있어, 상속공제제도의 취지를 훼손하지 않으면서 혜택을 적용받고 있는 상속인의 귀책사유 없이 사후관리 요건을 충족하지 못하게 되는 경우에 대해서는 이를 폭넓게 인정할 필요가 있을 것이다.

다만, 최근 상속 개시일 전 10년 이내 또는 상속 개시일로부터 7년 이내 기간 중의 행위가 탈세 또는 회계부정에 해당하여 형사처벌을 받은 경우 가업상속 혜택을 배제하는 규정이 신설되었는바, 사후관리가 적용되는 7년의 기간 동안 새로이 주의해야 할 사항에 해당한다.

모든 사업이 시작이 있으면 언젠가는 끝이 있고, 그 과정 속에서 수많은 변화와 변혁의 순간을 거칠 것이다. 창업과 혁신을 촉진하는 것에 더불어 종전부터 이어져 오는 가업 즉, ① 대대로 물려받는 집안의 생업, ② 집 안에서 하는 직업, ③ 한 집안이 이룩한 재산이나 업적에 대해서도 지속적으로 계속하도록 할 유인을 좀 더 제공할 필요가 있지 않을까 한다.

추정상속재산

– 받은 것도 없는데 세금이 나왔어요

정승택 변호사

필자가 상속과 관련된 상담을 하다보면 자식들에게 부동산을 직접 주는 것보다 이를 팔아서 현금화시키거나 예금을 미리 인출해 놓으면 절세할 수 있다는 애기를 들었는데 맞느냐는 질문을 가끔 받는다. 부동산은 그 종류에 따라 시가산정기준도 다르고 양도차익 정도 및 향후 전망이 다르므로 그 매도의 유불리를 일률적으로 이야기할 수는 없다. 그렇지만 상속 직전 자산을 현금화시켜 은닉(?)을 통해 상속세를 줄이려고 시도하는 것은 바람직하지 않다.

세법은 이를 막기 위해 일정기간과 금액을 정해놓고 소명이 되지 않으면 상속재산으로 합산해 버리는 '상속재산 추정'을 두고 있는바, 현금인출이 과할 경우 집중세무조사 대상자로 될 수도 있기 때문이다. '상속재산 추정제도'란 피상속인이 돌아가시기 2년 이내에 재산을 처분 또는 예금을 인출하였거나 채무를 부담한 경우로서, 그 용도가 명백하지 않은 것을 상속재산으로 추정하여 상속재산에 포함시키는 것을 말한다.

이러한 추정을 적용하기 위해서는, 먼저 피상속인이 자신의 재산을 처분하였거나 채무를 부담한 경우로서 상속 개시일 전 1년 이내에 2억 원 이상인 경우와 상속 개시일 전 2년 이내에 5억 원 이상인 경우에 해당해야 한다. 그리고 이러한 금액기준은 현금·예금 및 유가증권, 부동산 및 부동산에 관한 권리, 기타자산 등 종류별로 나누어서 계산해야 하고 합산하는 것은 아니다. 두 번째 요건으로는 재산처분금액이나 인출 금액 또는 채무 부담 금액의 용도 및 지출여부가 객관적으로 명백하지 않아야 한다는 것이다. 그리고 세 번째로는 용도가 입증되지 않은 금액이 추정 상속재산 총액의 20%와 2억 원 중 적은 금액 이하인 경우에는 상속 추정을 배제한다.

예를 들어 살펴보자.

A씨는 사망 전 2년 내에 토지를 양도하고 대금 20억 원을 받았으며, 이에 대한 용도 입증 금액은 10억 원이다. 사망 전 1년 내에 본인의 통장에서 현금을 5억 원 인출하였고, 이에 대한 용도 입증 금액은 1억 원이다. 또한 사망 전 1년 내에 부동산을 담보로 3억 원의 대출을 받았으며 이에 대한 용도 입증 금액은 1억 원이라고 가정할 때, 이 경우 상속세 과세가액에 포함될 추정 상속재산은 얼마일까?

재산 종류별로 토지, 현금, 부채 등으로 구별해서 판단해야 한다. 토지에 대한 양도 대금 중 용도가 불분명한 대금이 10억 원이지만 20억 원의 20%인 4억 원과 2억 원 중 적은 금액인 2억 원에 대해서는 상속 추정 배제에 해당하므로, 이 중 상속세 과세 가액에 포함될 금액은 8억 원이 된다.

현금인출에 대해서는 용도를 입증하지 못한 금액이 4억 원이지만 상속추정 배제 금액은 5억 원의 20%인 1억 원과 2억 원 중 적은 금액인 1억 원이기 때문에 3억 원이 과세가액에 포함된다. 채무부담액 중 용도불분명 금액이 2억 원인데 이 중 상속추정 배제 금액이 3억 원의 20%인 6,000만 원과 2억 원 중 적은 금액인 6,000만 원이므로 추정되는 상속재산은 1억 4,000만 원이 된다. 따라서 추정 상속재산 합계는 위의 세 가지를 각 합산한 12억 4,000만 원이 되는 것이다.

세무조사 과정에서 고인이 인출한 현금을 어디에 썼는지 소명하는 일은 순전히 상속인인 배우자와 자녀들의 몫이다. '추정'을 복멸하기 위해서는 구체적 증빙이 있어야 하는데, 고인이 이에 대해서 준비해 두지 않으면 그 입증이 쉽지 않다. 실제로 국세청은 간병인비나 병원 비로 썼다고 주장하더라도, 계좌입금자료나 영수증이 없으면 이를 잘 인정해주지 않는다.

가족들이 현금의 용처를 찾아 입증 노력을 하는 동안 국세청도 계 좌추적을 통해 돈의 흐름을 찾는 노력을 계속적으로 한다, 피상속인 의 현금이 배우자나 자녀의 계좌로 입금된 것은 아닌지 가족들의 계 좌를 모두 살펴본다. 또는 그 시기에 가족들이 주택 구입이나 전세금, 혹은 부채 상환된 것이 있는지도 철저히 살펴본다. 국세청이 이를 입 증하면, 이는 상속추정의 문제가 아닌 증여의 문제이므로 증여세와 가산세부과의 문제가 되는 것이다.

최근에는 가족의 경제생활단위가 세분화되어 부자지간이나 부부 사이에서도 재산상황을 잘 모르는 경우가 많다. 그러므로 고인이 재 산을 처분하거나 채무를 부담한 사실조차도 모르는 경우도 많고, 이러한 현금을 무슨 용도로 사용하였는지도 더더욱 모르는 경우가 많다. 고인이 현금을 사용하면서 증빙을 꼼꼼히 챙기는 경우가 드물고, 특히 그 사용처가 은밀한 것이었다면 더더욱 증빙구비가 쉽지 않다.

이런 경우 상속인들은 실제로 받은 재산도 얼마 없는데 예상치 못한 상속세를 부담하게 될까 상속포기를 고민하게 된다.

요즘은 현금 1,000만 원을 인출하면 금융정보분석원에 통보가 가기 때문에 현금인출이 쉽지가 않고 계좌추적을 통하여 현금의 흐름이 적나라하게 분석되므로, 현금으로 어떠한 꼼수를 부리는 것은 바람직하지 않다. 제일 중요한 것은 증빙을 제대로 갖추어 자식들의 입증부담을 덜어주는 것이 절세의 방법이라는 생각이 든다.

/ 59 /

비상장주식 가치평가에 대한 단상

정승택 변호사

비상장주식은 말 그대로 유가증권시장이나 코스닥시장에 상장되지 않은 회사의 주식이다.

상장된 주식은 매일매일 시장에서 거래가격이 변동하여 시가를 알 수가 있지만, 비상장주식은 거래가 빈번하지도 않고 특수관계자 간이 아닌 제3자 간 거래는 더더욱 찾기가 어려워 시가를 산정하기가 어렵다. 설사 거래가 있다 하더라도 회사의 재무상태가 제대로 공시되지 않은 상태에서 공정한 시장가치가 반영되었는지에 대한 의문은 여전하다.

이러한 비상장주식의 시가는 상속, 증여시 재산의 평가와 관련하여 문제가 되고 비상장주식매매에 따른 양도소득세, 증자 및 감자에 따른 증여세 산정의 기준이 된다. 또한, 이러한 시가는 과세당국이 특수관계인 간 거래에 있어서 고가 및 저가를 판단하는 기준이 되고 이에 따른 증여의제 과세를 결정하는데도 활용되고 있다.

실제로 중소기업의 경우 비상장주식 시가를 고려하지 않고 그동안 고생한 동업자를 배려해 주는 차원에서 주식을 비싸게 사준다거나 회사가 어려울 때 희생한다는 마음으로 다른 주주를 제외하고 혼자 유상증자에 참여했는데, 나중에 세금폭탄을 받는 경우가 종종 있다.

이는 결국 고가매수 및 저가증자참여로 인한 특수관계인 간 증여의 제가 문제된 것이다.

상속세 및 증여세법에는 비상장주식의 매매사례가액을 찾을 수가 없을 때 보충적으로 적용할 수 있도록 보충적평가방법을 규정하고 있다. 이는 전문가들이 최종적으로 평가하므로 구체적 산식까지 알 필요는 없다. 그렇지만 적어도 어떠한 요소와 계산방식으로 구성되는지는 알고 있을 필요는 있다. 그래야 대략적으로 사업현황 및 자산현황에 따라 증여시기나 매매시기 등을 조율할 수 있기 때문이다.

아래에서는 이러한 상증세법상 규정을 대략적으로 살펴보기로 한다.
세법상 비상장주식의 시가는 원칙적으로 '불특정다수인 사이에서 자유롭게 거래가 이루어지는 경우에 통상적으로 성립된다고 인정되는 가액'이 우선된다.[1]

그러한 제3자 거래가격이 없을 경우에는 상증세법상 보충적 평가방법에 의하여 '보충적'으로 그 시가를 구한다.[2]

보충적 평가방법의 큰 틀은 평가기준일 현재 순자산가치와 직전 3년간의 순손익가치를 2 : 3의 비율(부동산 과다법인의 경우 3 : 2)로 가중평균하여 그 가액을 산정하는 것이다.[3]

---

1 상증법 제60조 제2항, 법인세법 시행령 제89조 제1항
2 상증법 제60조 제3항, 법인세법 시행령 제89조 제89조 제2항
3 청산 중에 있는 법인, 지속적으로 결손이 발생한 법인, 휴폐업 중인 법인, 사업개시 후 3년 미만 법인 등은 순자산가치로만 평가하는 예외가 있다.

순손익가치란 1년 동안 얼마나 벌 수 있느냐는 수익창출능력이고 순자산가치는 현재의 재무사황에 대한 평가인데, 일반적으로 전자를 우선시하여 비율을 정하되 부동산등의 비율이 50%가 넘는 부동산과 다보유법인의 경우 자산에 더 비중을 두는 것이다.

이때, 순손익가치는 최근 3년간 순손익액을 최근 직전 사업연도 순손익액의 가중치를 3으로, 그 직전 사업연도 순손익액의 가중치를 2로, 그리고 직전 전 사업연도의 순손익액을 1로 가중평균하는 방법으로 구한다.

즉, 부동산과다보유법인이 아닌 보통 회사의 경우 순손익가치가 차지하는 비중이 순자산가치보다 크고, 순손익가치에 가장 영향을 많이 미치는 요소는 거래일 직전 사업연도의 순손익액이라고 할 수 있다.

평가일 직전 연도에 부동산이나 주요 자산 등을 매각하여 대규모 매각차익을 실현하였으면, 직전 사업연도의 순손익액이 크게 높아질 것이고 당해 비상장법인의 주식의 가치는 가중평균한 결과가 반영되어 갑자기 커진다고 보면 된다.

순손익가치가 중요한 기준이 되므로 증여를 앞두고 일부러 이익을 적게 내고 해를 바꾸어 이익을 실현하는 경우도 많이 있었다. 그러나 2018년 4월부터 과세당국은 이러한 가중평균 방식이 순손익가치가 낮은 법인의 주식을 과소평가하게 되는 문제점 등이 있는 것으로 보아 가중평균 방식에 의한 평가액이 순자산가치의 80%에 미달할 경우 순자산가치의 80%에 해당하는 금액으로 평가하도록 하한을 설정하였다.

이 규정의 전격적 실행으로 더 이상 이익 조정으로 주가관리하기에는 어려운 환경이 되었고, 이 규정 시행 전에 비상장주식의 증여가 늘었다는 말도 들린다.

이 밖에 주의할 것으로 '최대주주 보유주식의 할증평가' 규정이 있다. 이는 경영권프리미엄이 주식가치에 반영된 것인데, 최대주주등의 지분율 50%를 기준으로 일반기업과 중소기업의 할증률이 다르므로 반드시 확인해야 한다. 이러한 할증률로 인하여 실제 가업을 승계하기 위해서 부담해야 하는 증여세가 50%가 넘어서 그 부담으로 승계 대신 매각을 택한다는 중소기업 오너들도 많이 만나게 된다.

이렇게 상증법상 비상장법인의 평가방법은 비상장주식의 가치를 단순한 계산식에 따라 천편일률적으로 평가하는 방법이므로, 주식의 실질가치를 언제나 제대로 반영한다고 보기는 어렵다.
그리고 과거 3개년의 순손익가치가 장래에도 그대로 유지될 것이라고 보는 것도 이상하고, 오히려 미래의 이익실현가능성이 반영되어야 하는 것이 합리적으로 보일 때가 많다.

세법도 이러한 점을 반영하여 과거에 일시적이고 우발적인 사건의 발생으로 해당 법인의 최근 3년간 순손익액이 증가하는 등의 사유[4]가 있을 때에는 2개 이상의 회계법인 등의 평가를 통한 '1주당 추정이익의 평균가액'에 의하여 평가할 수 있고, 보충적 평가방법으로 평가한

---

4 그 사유는 한정적으로 열거하고 있는데 합병, 분할, 증자나 업종이 바뀐 경우 등이 그 예이다.

가액이 불합리할 때에는 납세자의 신청에 의하여 각 지방국세청에 마련한 평가심의위원회의 심의를 거쳐서 적용할 수 있는 길도 열어놓고 있다.

따라서, 경우에 따라 주식가치가 너무 높게 평가되었을 때는 이를 적극 활용할 필요가 있다.

필자도 엑셀 표를 돌려 주식가치를 직접 산정하는 데에는 한계가 있지만, 가치산정의 논리적인 구조나 대략적인 툴을 아는 것만으로도 M&A나 경영권 분쟁에서도 좀 더 깊이 있는 자문을 한 경험이 있다. 한번쯤 눈여겨 보면 큰 도움이 될 수 있다.

비상장주식의 순손익가치평가 규정은 절대적인가?

박지인 변호사

세법에서 가격은 매우 중요하다. 가령 특수관계자 사이에는 시가대로 거래하지 않는다면 부당행위계산의 부인규정이 적용된다. 그렇다면 시가는 어떻게 산출하는가? 상속세 및 증여세법 제4장에서는 재산의 평가에 관하여 규정을 두고 있는바, 이는 상증세법뿐만 아니라 법인세법이나 소득세법[1]에서 정하는 시가에 대한 중요한 기준이 된다.

특히 비상장주식에 대하여는, 불특정 다수인 사이에 자유롭게 거래가 이루어지는 경우에 해당 거래가격이 시가에 해당하나, 이러한 가격이 없을 경우 상증세법의 위임에 따라 동법 시행령에서 정하는 보충적 평가방법에 따른 평가액을 시가로 본다. 구체적으로 살펴보자면 비상장주식은 1주당 순손익가치와 1주당 순자산가치를 각각 3과 2의 비율로 가중평균한 가액이 이에 해당한다(상증세법 시행령 제54조 제1항).

한편 순손익가치를 도출하는데 필요한 순손익액에 대하여는 상증세법 시행령 제56조 제4항에 구체적 규정을 두고 있다. 즉, 순손익액

---

[1] 법인세법은 불특정 다수의 거래가격을 시가로 삼되, 시가가 불분명한 경우에는 감정가액을 시가로 삼고, 감정가액이 없는 경우에는 상증세법의 규정에 따른 평가액을 시가로 삼도록 규정하고 있다. 소득세법은 시가와 관련하여 법인세법을 준용한다.

은 법인세법상 각 사업연도의 소득에 제1호의 금액을 더한 것에서 제2호의 금액을 뺀 금액으로 정하면서, 제1호에는 익금불산입되었던 항목 중 특정 항목(예 수입배당금액 중 익금불산입액)을 규정하고, 제2호에서는 손금불산입되었던 항목 중 특정 항목(예 당해 사업연도의 법인세액)을 규정하고 있다.

문제는 제1호 및 제2호의 규정을 예시적 규정으로 볼 것인지 열거적 규정으로 볼 것인지와 관련하여 발생한다. 대법원은 순손익액을 산정함에 있어서는 당해 사업연도 말의 퇴직급여추계액을 기준으로 한 퇴직급여충당금 과소계상액을 차감하는 것이 타당하다는 판단을 내린 바 있다(대법원 2011. 7. 14. 선고 2008두4275 판결). 이 판결은 퇴직급여충당금 손금부인액이 제2호의 항목에 포함되어 있지 않음에도 불구하고 이를 차감하였다는 점에서, 제2호의 규정을 예시적 규정으로 해석한 것으로 볼 수 있다. 같은 취지의 대법원 판결로 2013. 11. 14. 선고 2011두22280 판결이 있다.

그러나 위와 같은 대법원 판결에도 불구하고, 국세청 및 조세심판원은 여전히 제1호 및 제2호를 열거적 규정으로 해석하고 있는 것으로 보인다. 이를 예시적으로 볼 경우 과세실무에 막대한 혼란이 야기될 것이라 우려하고 있는 것이다.

필자는 순손익가치 평가대상 사업연도에 거액의 손금부인된 퇴직급여충당금 및 과세이연 받은 후 익금으로 환입되는 유형자산처분이익이 있었던 회사를 대리하여 조세심판원에서 일부 인용 결정(퇴직급여충당금 부분 인용)을 이끌어낸 경험이 있다(조심 2018서562, 2019. 6. 19.).

이는 법인세법상의 퇴직급여충당금 손금부인은 퇴직금 사외적립 보장을 위한 조세정책적 목적에 따른 것으로 주식가치 자체에는 영향에 미치지 않는다는 점, 대부분의 기업들은 퇴직금을 사외적립하여 손금을 인정받고 있는바 같은 쟁점의 불복이 제기될 가능성이 없다는 점 등을 근거로 조세심판원을 설득한 결과였다.

사견으로는 제1호 및 제2호의 규정은 법인세법상의 소득금액과 달리 실질적인 순손익액을 산정하는 데 그 취지가 있으므로, 이를 예시적으로 해석하는 것이 타당하다고 생각한다. 따라서 비상장주식의 순손익가치 평가대상 사업연도에 실질적 기업가치와 관계없는 익금산입 혹은 손금불산입 항목이 있었던 납세자라면 불복을 고려해볼 만하다.

/ 61 /

비상장주식 매매시 주의할 점

정승택 변호사

상장법인의 주식은 시장을 통해 거래가 이루어지므로 누구든지 그 시가를 수시로 확인할 수 있지만, 비상장법인의 주식은 거래가 빈번 하지도 않고 가끔식 거래가 이루어져도 이를 객관적 가치가 반영되었 다고 보기 힘든 경우가 많다. 그래서 상증세법은 '보충적평가방법'을 규정하여 그 시가산정의 방식을 규정하고 있다. 그리고 과세당국도 이에 따라 계산된 주식가액을 시가로 보아 일응 과세기준으로 삼고 있다.

비상장주식의 매매나 증자시에는 이러한 시가를 항상 염두에 두어 야 한다. 중소기업 중에 아직 재무팀의 체계가 잘 갖추어지지 못한 회사의 경우는 이러한 매매나 증자시 그냥 용감하게 액면가로 거래하 여 나중에 세금폭탄의 낭패를 당하는 경우를 자주 보게 된다. 아래에 서는 비상장주식 매매시 시가로 거래하지 않았을 경우 발생할 수 있 는 세금문제를 살펴보고자 한다.

비상장 법인의 대주주인 A씨는 이 회사의 임원인 B씨가 회사를 그 만두기로 하자 주식을 매입해 주기로 하였다. 회사는 액면가가 5,000 원인데 매매 당시 보충적평가방법으로 평가해보니 주당가액이 1만 원이었다. A와 B는 어차피 거래도 안 되는 주식이고 계산도 복잡하다는 이유로 액면가인 5,000원으로 계산하여 보유 중인 10만주를 매매하기로 하고 대금을 정산하였다. 시가와 액면가가 2배의 차이가 나는 경우인데, B는 양도차익이 없으므로 양도소득를 신고하지 않았고 A는 시가보다 싸게 주식을 매입하여 약 5억 원의 이익을 얻은 결과가 되었다.

이듬해 법인세 신고시에 주식변동상황명세표에 이러한 주식변동사항이 표시되어 제출되었고, 과세당국은 이를 기반으로 조사에 착수하였다.

세법은 시가를 넘는 부분에 대하여는 매매의 형태로 타인에게 이익을 준 것을 본다. 따라서, A에게는 특수관계인으로부터 시가 보다 싸게 주식을 매입해 경제적 이익을 얻었으므로 증여세 및 가산세를 부과했고, B는 특수관계인에게 부당하게 저가로 주식을 매도하였으므로 부당행위계산 부인 규정을 적용하여 양도소득세를 다시 계산하여 부과하였다.

좋은 뜻으로 서로 합의하여 액면가로 주식을 거래한 것인데, 양 당사자 모두 세금폭탄에 가산세까지 부담하게 되어 난처한 상황이 된 것이다.

그런데 시가와의 차이가 미미한 모든 매매거래에 이러한 잣대를 들이대면 혼란이 올 수 있으므로 특수관계인 간 거래 및 비특수관계인 간 거래(예를 들어, B가 회사 임직원이 아닌 단순한 친구인 경우)에 차등을 두어 어느 정도 범퍼를 두고 있다.

특수관계인 간 거래는 시가와 대가와의 차이가 시가의 30% 미만이고 동시에 그 차액이 3억 원 미만일 경우에는 증여세를 과세하지 않는다. 두 요건을 모두 충족시켜야 하는데, 위 사안에서는 두 요건을 모두 초과하므로 초과되는 2억 원에 대하여 증여세가 부과된다.[1]

특수관계자가 아닌 거래에 대해서는 요건 자체가 다르다. 정당한 사유없이 시가보다 현저히 낮거나 높은 가액으로 매매한 경우에는 증여성 거래로 추정하되, 정상적인 거래임을 납세자가 입증하면 예외를 인정받을 수 있다. 다만, 입증이 안 된 경우 시가와 대가와의 차이가 시가의 30% 이상인 경우에만 적용되고, 이에 해당될 경우에도 3억 원을 추가적으로 공제한 가액을 증여로 본다.

위의 사안에서 시가는 30%를 초과하지만 특수관계 없는 사이이고 미래의 가치 및 특수한 사정을 고려하여 매매하였다고 소명하면 증여세가 나오지 않을 수도 있다. 설사 나오더라도 3억 원은 공제되고 2억 원만 문제되는 것이다.

비상장주식매매에 있어 당사자가 매매협상을 개시하기 전 제일 먼저 해야 할 것은 정확한 시가를 파악하는 것이다. 상증세법상 시가를 미리 파악하면 향후 과세되는 세금계산이 용이해지고, 예상세액은 매매가액 결정에 있어서 중요한 고려요소이기 때문이다.

---

1 증여금액 = 대가와 시가와의 차액 − Min〈시가×30%, 3억 원〉

중소기업의 경우 회사의 10% 정도 주식을 보유한 주주 겸 임원이 대주주에게 회사의 비밀을 폭로하겠다고 하면서 자기의 주식을 비싸게 사달라고 요청하는 경우가 있다. 반대로 일부러 배당도 안하고 실적도 좋지 않다고 하면서 소액주주의 주식을 저가로 매입하려고 서로 분쟁하는 경우도 있다. 이러한 경우 협상이 지지부진하고 어디서부터 실마리를 풀어야 할지 난감한 경우가 대부분이다. 이때 매매가격에 따른 증여의제 등의 조세부담을 계산한 후, 실제 이득을 기준으로 가격협상을 시작하면 오히려 대화가 쉽게 시작될 수도 있으니 참고할 만하다.

분쟁 시 상대방 주주의 자금이 충분하지 않은 경우, 회사가 자기주식으로 취득하는 경우가 많다. 2014년 상법개정으로 배당가능이익의 범위 내에서 자기주식매입이 가능해져 이를 적극 활용하는 경우이다. 그러나 이때도 상법이 정한 취득절차규정을 잘 준수해야 주주평등원칙에 어긋나지 않고 시가, 취득사유, 소각 등의 문제도 잘 정리해야 한다. 향후 양도인지 배당인지의 문제가 제기되는 등 세금문제가 발생할 수 있기 때문이다.

비상장주식 증자시 주의할 점

정승택 변호사

　회사를 운영하다 보면 자본금을 늘릴 필요성이 생긴다. 거래처의 등록, 각종 입찰자격, 면허취득, 국가지원자격요건 등 일정 금액 이상의 자본금을 요구하는 경우에는 증자의 필요성이 있다. 또한 투자유치나 새로운 파트너의 영입 등을 증자의 방식으로 하는 경우도 빈번하다.

　증자는 단순히 주식만 발행하면 될 것 같지만 주주평등의 원칙하에 엄격한 법적절차가 준수되어야 한다. 특히 기존주주가 아닌 제3자 배정의 유상증자의 경우는 경영권 분쟁과 연결될 경우 아주 민감한 법적 이슈가 되기도 한다. 기존주주에게 하는 일반유상증자의 경우도 실권주의 처리와 관련하여 지분변동이 초래되므로 가격결정과 시기에 매우 조심스럽다.

　비상장주식 증자시는 이러한 적법절차 문제뿐만 아니라 세무상 검토도 반드시 필요하다. 모든 주주가 증자에 참여하는 '균등증자'의 경우에는 별문제가 없으나 일부 주주만 증자에 참여하거나 처음부터 제3자에게 배정하는 '불균등증자'의 경우는 시가를 고려하지 않고 발행가격을 정하면 이로 인하여 이익을 얻은 주주에게 증여세가 부과될 수 있기 때문이다.

실무에서 가장 빈번하게 문제되는 것은 '저가발행'인데, 회사가 지속적인 성장을 하여 세무상 평가액은 액면가액의 몇 배가 됨에도 불구하고 액면가액으로 유상증자를 하는 경우를 말한다.

비상장회사의 주식을 대표 A가 60%, 특수관계없는 지인 B가 20%, 대표의 아들인 C가 20% 보유하고 있는데, 시가 20,000원인 주식을 액면가인 5,000원에 저가 발행하는 사안을 가정해 보자.

① A가 신주인수권을 포기[1]하자 이사회는 실권주를 재배정하기로 결정하고, B와 C에게 기존 지분율에 비례하여 배정하였다. 이 경우 신주인수를 포기한 주주와 다른 주주 사이에 부가 무상으로 이전하는 결과가 발생하므로, 증자 후 1주당 가액을 계산하여 증여세를 내야 한다. 지인 B는 A와 특수관계가 없지만, 특수관계 여부를 따지지 않고 C와 동일하게 증여세를 낸다. 아마도 특수관계가 없어도 추가배정의 인수라는 행위가 무상으로 이익을 수용하겠다는 적극적 의사표시의 발현이라고 입법자는 본 것 같다.

② 그런데 이사회가 만약 실권주를 재배정하지 않고 그냥 실권하기로 결정했다면 이야기는 달라진다. 특수관계가 없는 B는 실권주인

---

1 중소기업의 경우, 회사의 자금이 급하게 필요한데 다른 소수주주들에게 자금을 더 투자하라는 것이 미안해서 최대주주가 아무생각 없이 액면가로 증자하는 경우가 많다. 그리고 아무리 저가로 발행하여도 배당성향이 좋지 않고 나중에 투자금 회수도 쉽지 않은 경우에는 실제 증자에는 참여하지 않는 경우가 많다.

수의 의사를 표시한 것도 없는데, 간접적으로 얻은 이익까지 과세할 수 없으므로 증여세는 부과하지 않는다. 그리고 C는 특수관계가 있으므로 증여세를 원칙적으로 부담하지만, 3억 원 및 30% 룰을 적용하여 이를 초과할 경우에만 증여세를 부과한다.

③ 만약 일반유상증자가 아닌 '제3자 배정 유상증자'를 하여 D나 기존주주에게 주식을 직접 저가로 배정했다면 특수관계 여부에 상관없이 배정받은 자에게 증여세가 과세된다.

반대로 시가보다 고가로 유상증자를 한 경우도 위의 설명과 거의 동일하나, 증여자와 수증자가 바뀌고 주주 간 특수관계가 있는 경우에만 증여세가 부과된다. 아마도 신주인수는 권리이지 의무가 아니므로 경제적 판단을 하여 포기한 비특수관계인에게까지 증여세를 부과하는 것은 가혹하다는 것이 그 입법배경인 듯하다.

여러 가지 사례를 쉽게 설명하려고 하였는데, 쓰고 나니 너무 복잡해진 것 같다. 결국 말하고 싶은 것은 불균등증자가 될 경우는 미리 조세문제를 체크해야 한다는 것이다. 그리고 비록 불균등증자를 하였더라도 증자 당시 상증세법에 의한 보충적평가방법에 의한 주식 평가를 하여 시가로 발행가액을 정했다면 증자 전·증자 후 가액이 같으므로 증여세 문제는 발생하지 않을 것이니 그것도 방법이다.

그리고, 2012년 상법개정으로 유상증자대금을 상계하여 납부하는 것이 허용된 이후 회사에 대한 가수금으로 유상증자를 하는 경우가 많이 늘어났다. 과거 채권으로 유상증자를 하기 위해서는 상법상 현물출자규정(출자전환)을 적용해 법원의 승인을 거쳐야 했는데, 이에 비해 시간도 절약되고 절차도 많이 간소화된 것이다.

그러나 세법상으로는 아직 상법의 개정내용이 완전히 반영되지 않았으므로, 이를 현물출자로 본다면 주식 고가발행시 채무면제이익이 발생한 것으로 볼 가능성도 아예 배제할 수 없다. 상법상의 절차를 준수하고 자료를 잘 구비하여 진행하여야 한다.

/ **63** /

VAT 10%가 포함된 가격입니다

– 간접세인 부가가치세의 이해

최지영 변호사

　사람이 일평생 살아오면서 가장 먼저 국가에 납부한 세금은 부가가 치세일 가능성이 높다. 부가가치세는 남녀노소를 불문하고 소비자로 서 부담하게 되므로, 어린이가 사는 과자 한 봉지에도 무차별하게 VAT(Value Added Tax)가 10% 부과되기 때문이다.

　우리나라의 부가가치세는 1977년 프랑스의 제도를 본받아 도입된 것인데, OECD 평균 부가가치세 일반세율 19.2%에 비해 부가가치세 율이 10%로 낮은 편이나, 2018년 부가가치세 징수액이 70조 원으로 서, 전체 국세 대비 23.8%를 차지하는 안정적인 재정확보 수단이다.

　이처럼 부가가치세는 생활 전반에서 납부되어 국가 재정에 기여하 지만, 부가가치세는 다른 세금과 달리 소비자가 스스로 국가에 세금을 납부한다는 인식을 갖기 어렵다. 2001년부터 백화점 등 국세청장이 지정하는 사업자들이 발급하는 영수증에 상품가격과 별도로 VAT를 표시하도록 의무화하였으나 그 전에는 별도 표시가 되지 않았을 뿐더 러, 별도로 표시가 되더라도 소비자가 부가가치세를 내는 상대는 사 업자이지 국가가 아니기 때문이다. 이것은 부가가치세의 간접세로서의 본질로 인한 것이며, 따라서 과세방식도 독특한 특성을 갖게 된다.

간단히 간접세로서의 부가가치세를 살펴보면, 부가가치세는 최종 소비자가 부담하지만, 거래단계별 공급자가 거래징수하는 전단계세액 공제법의 방식으로 과세된다. 판매업자가 공장에서 부가가치세를 포함하여 1,100원(공급가액 1,000원+부가가치세 100원)에 물건을 매입한 후, 500원의 마진을 남기기 위해 판매가격을 1,500원으로 정하였다고 가정해보자.

이때 공장과 판매업자가 만들어 낸 1,000원과 500원의 각 부가가치의 합계액이 1,500원의 소비자가격이 되고, 소비자는 150원을 부가가치세로 지불하므로 부가가치세의 최종 부담자는 소비자가 된다. 국가는 공장으로부터 100원, 판매업자로부터 50원을 징수하므로 소비자가 아닌 사업자가 납세의무를 부담하게 되어, 납세의무자(사업자)와 담세자(소비자)가 달라지는 간접세의 성질을 갖게 되는 것이다.

그렇다면, 사업자가 부가가치세 부과처분 취소소송을 제기하여 국가로부터 환급을 받으면, 소비자는 사업자에게 부가가치세를 돌려달라고 할 수 있을까? 최근에 대법원이 소비자가 포인트, 마일리지로 결제한 금액은 부가가치세 과세 대상이 아니라는 판결을 잇달아 내놓으면서 최종적으로 환급을 받는 자는 소비자가 되어야 하는 것이 아닌지 의문이 제기되었다.

포인트에 대한 판결로는, A 쇼핑 주식회사가 고객에게 구매금액의 일정률을 포인트로 적립해주고, 그 후 다시 고객이 같은 영업점에서 물품을 구입할 경우 포인트 상당을 공제하고 나머지 금액만 현금 등으로 결제할 수 있도록 한 사안에서, 포인트로 처리된 금액은 사업자와 고객 간에 미리 정해진 공급가액 결제 조건에 따라 공급가액을 직접 공제·차감한 것으로서 에누리액에 해당하므로 부가가치세 과세표준에 포함되지 아니한다는 취지로 판시한 대법원 2016. 8. 26. 선고 2015두58959 전원합의체 판결이 대표적이다.

결론부터 보자면, 위 판례와 같이 사업자가 부가가치세 소송에서 승소하여 부가가치세를 환급받더라도, 소비자에게 부가가치세 환급을 요구할 권리가 당연히 발생한다고 보기는 어렵다.

부가가치세법은 사업자가 납세의무자로서 부가가치세를 납부하고 (부가가치세법 제3조), 사업자는 재화 또는 용역을 공급할 때 재화 또는 용역을 공급받는 자로부터 부가가치세를 징수하도록 규정하고 있다 (부가가치세법 제31조). 대법원은 이 거래징수의 법적 성격에 관하여 "사업자가 재화 또는 용역을 공급하는 때에는 부가가치세 상당액을 그 공급을 받는 자로부터 징수하여야 한다고 규정하고 있는 부가가치세법 제15조(현행 부가가치세법 제31조)는 사업자로부터 징수하는 부가가치세 상당액을 공급을 받는 자에게 차례로 전가시킴으로써 궁극적으로 최종소비자에게 이를 부담시키겠다는 취지를 선언한 것에 불과한 것이어서 사업자가 위 규정을 근거로 공급을 받는 자로부터 부가가치세 상당액을 징수할 사법상의 권리는 없다."(대법원 2002. 11. 22. 선고 2002다38828 판결 참조)고 판시하였다.

위와 같은 부가가치세법의 규정 및 대법원 판례의 입장을 종합하면, 사업자가 부가가치세를 납부하는 것은 '본인의 납세의무'를 이행하는 것일 뿐, 사업자가 거래상대방에게 부가가치세를 징수할 '사법상의 권리'는 인정되지 않는 것이고, 거래상대방이 사업자에 대하여 환급받은 부가가치세를 돌려달라는 '사법상의 권리' 또한 당연히 인정된다고 보기는 어렵다. 즉, 사법상 권리의 존부는 조세법이 아니라, 사업자와 거래상대방 간의 약정이나 거래관행 등을 고려하여 민사법에 따라 판단되어야 하는 영역인 것이다.

이처럼 부가가치세는 다른 세목과 달리 간접세로서 행정과 민사의 교차점에 있는 특성이 있다. 따라서 행정적 측면에서 적법하게 부가가치세를 신고·납부하는 것도 중요하나, 민사적 측면에서 사전에 거래약정 단계에서부터 부가가치세를 누가 부담하고, 어떻게 전가시킬 것인지에 대한 내용을 계약서에 명확히 정하는 것이 바람직하다.

64

명의를 빌려 사업했는데 매입세액이 공제될까?

– 매입세액 공제와 불공제 사이

최지영 변호사

세금계산서란 재화 또는 용역을 공급할 때 부가가치세를 거래징수하고 이를 증명하기 위하여 공급받는 자에게 교부하는 증명서류를 말한다(부가가치세법 제32조). 세금계산서는 법인세와 소득세 납부시 비용처리의 근거가 되는 한편, 무엇보다 '매출세액'과 '매입세액'을 확인할 수 있는 부가가치세 과세자료라는 점에서 중요한 의미를 갖는다.

후자의 의미를 좀 더 살펴보면, 부가가치세는 각 단계의 거래에서 더해진(附加) 가치(價值)에 대하여 부과되는 세금이므로, 우리나라는 부가가치세 과세방법으로서 '전단계세액공제법'을 채택하고 있다. 이는 매출액에 세율을 적용한 '매출세액'에서 매입시에 징수당한 '매입세액'을 공제한 금액으로 납부세액을 계산하는 방식이다. 예컨대, 1,100원(부가가치세 100원)에 매입하여 1,650원(부가가치세 150원)에 팔았다면, 매출세액 150원에서 매입세액 100원을 뺀 50원을 납부세액으로 납부할 의무가 발생하는 것이다.

이처럼 매출세액과 매입세액을 정확히 산출하여야 부가가치세를 납부할 수 있으므로, 이 과정에서 주고 받는 세금계산서는 납세자 상호 간 거래내역을 투명하게 공개하도록 하는 핵심적 기능을 하게 된다. 즉, 각 거래단계에서 사업자가 공제받을 매입세액과 전단계 사업자가 거래징수할 매출세액을 상호 검증하여야 하므로, 부가가치세 제도의 정확성과 실효성을 확보하기 위해 필수적인 제도가 세금계산서 제도라고 할 수 있다.

이와 같은 취지에서 부가가치세법 제32조에서는 세금계산서에 기재되어야 하는 필수항목을 열거하고, 이 요건을 갖춘 세금계산서를 발급하도록 의무화하고 있으며, 부가가치세법 제39조 제1항 제2호는 세금계산서를 발급하지 아니한 경우뿐만 아니라 발급받은 세금계산서가 사실과 다르게 적힌 경우에 매입세액을 공제할 수 없다고 규정하고 있다.

요컨대, 매입 과정에서 세금계산서를 발급받더라도, 이 세금계산서의 기재에 사실과 다른 점이 있다면, 매입세액을 공제받지 못하는 불이익을 받는다는 얘기가 된다. 실제 매입 사실은 분명한데 종이조각에 불과한 세금계산서의 기재사항 때문에 부가가치세를 더 많이 납부하여야 하는 결과가 빈번히 발생한다.

납세의무자로서는 매입세액을 지불하고도 공제를 받지 못해 억울한 생각이 들 수밖에 없지만, 정확한 세금계산서를 전제로 한 투명한 부가가치세 확보를 위해서는 사실과 다른 세금계산서의 해석을 엄격하게 하지 않을 수 없는 것이 과세당국의 입장이고, 대법원도 동일한 취지로 판시하여 왔다.

그런데 최근 대법원은 다소 유연한 태도로 실질에 따라 매입세액 공제를 인정하는 판결을 내놓은바 있다. A회사는 광고대행업을 하는 법인사업자였는데, 전국에 가맹점을 두고 있었고, 그중 직영가맹점은 직원의 명의로 개인 사업자등록을 하여 운영하고 있었다. 과세당국은 직영가맹점의 실제 사업자를 A회사로 보아 직영가맹점의 매출·매입을 A회사의 거래로 보았고, 직영가맹점이 다른 사업자로부터 발급받은 세금계산서상의 매입세액을 불공제하여 부가가치세를 부과하였다(대법원 2019. 8. 30. 선고 2016두62726 판결).

위 사례에서 대법원은 부가가치세법 제32조 제1항 제1호에서 공급하는 사업자의 등록번호와 성명 또는 명칭을 기재하도록 하고 있는 반면, 제2호에서 공급받는 자는 등록번호만을 기재하도록 하고 있는 점에 착안하여, 세금계산서를 발급받은 직영가맹점(개인 사업자등록)의 등록번호가 실제 공급받는 A회사의 등록번호로 기능한 것이므로, 공급받는 자의 성명 또는 명칭이 다르다 하더라도 이는 사실과 다른 세금계산서라고 할 수 없다고 보아 매입세액 공제를 인정하였다.

살피건대, 부가가치세는 부가된 가치에 대한 세금이고, 세금계산서는 어디까지나 거래사실을 검증하고 조세질서를 유지하기 위한 수단으로 기능하는 것이다. 납세의무를 부담하는 국민으로서는 거래질서를 준수하여야 할 것이나, 실질에 맞게 납세의무를 이행할 권리도 그에 못지않게 보호되어야 한다.

최근 대법원의 태도는 실질과세의 측면에서 납세자의 권익을 확대한 것으로 의미가 있으며, 특히 위 사안은 타인의 명의만 빌렸을 뿐 세금계산서에 기재된 매출세액과 매입세액의 상호검증에 무리가 없으므로 세금계산서의 기능적 측면에서도 매입세액 공제를 인정함이 타당하다.

더욱이, 세금계산서의 잘못된 기재는 형사처벌까지 가능하다(조세범처벌법 제10조 제1항 및 제2항). 세금계산서가 부가가치세 징수의 근간을 이루는 점에서 허위 세금계산서를 수수한 자를 조세범으로 처벌하는 것이 이해되지 않는 바는 아니나, 반면 형사처벌로 침해되는 개인적 법익이 심히 중대하다는 사실을 고려할 때, 조세범 처벌법의 적용에 있어서도 조세탈루의 결과나 조세회피목적이 없는 경우에까지 무조건 형식적 기재의 오류를 문제 삼아 처벌하는 것은 지양함이 타당하다고 생각된다.

65

부가가치세 신고 시에는 공급시기를 확인하자
- 재화와 용역의 공급시기

정민지 변호사

부가가치세 납세의무는 과세기간이 종료하는 때에 성립한다. 따라서 어느 공급거래를 어느 과세기간에 귀속시킬 것인지 결정하기 위하여 공급시기 결정이 필요하다. 또한, 부가가치세의 거래징수와 세금계산서의 교부는 모두 공급시기에 이루어지므로 부가가치세법상 의무(신고, 납부, 거래징수, 세금계산서 교부)를 이행하기 위해서 공급시기 확정이 중요하다.

재화의 공급시기는 재화의 이동이 필요한 경우에는 재화가 인도되는 때, 재화의 이동이 필요하지 아니한 경우에는 재화가 이용 가능하게 되는 때, 이러한 규정을 적용할 수 없는 경우에는 재화의 공급이 확정되는 때이다(부가가치세법 제15조). 용역의 공급시기는 역무의 제공이 완료되거나 시설물, 권리 등 재화가 사용되는 때이다(부가가치세법 제16조).

위 규정을 형식적으로 적용하면 공급시기의 구분은 명확할 것으로 보일 수 있다. 그러나 복잡다단한 거래에서 공급시기를 판단하는 것은 생각보다 간단하지 않다. 예컨대 물건을 먼저 공급하기로 하고, 차

후에 대금을 정산하기로 하는 경우 등 전형적 거래 패턴을 벗어나는 경우가 그러하다. S사가 A사에게 사업부를 포괄적으로 양도한 후 A사가 양수받은 영업 자산 중 재고자산을 甲사에게 매도하기로 한 사안에서 A사는 甲사에게 재고자산을 2001. 7. 2. 인도하였으나 S사와 A사 사이에 재고자산 가액이 확정되지 않아서 실사를 통해 S사와 A사 사이에 확정될 재고자산의 가액에 따라 재고자산 매매대금을 정하기로 A사와 甲사는 약정하였다. 실사를 통해 2001. 12. 14. A사가 양수받은 영업 자산 중 재고자산의 금액이 확정되었다. 2001. 12. 14. 甲사는 A사가 발행한 세금계산서를 수취하여 매입세액을 공제하여 2001년 2기 부가가치세 신고를 하였다. 그러나 과세관청은 재고자산의 인도일인 2001. 7. 2.을 공급시기로 판단하여 甲사가 공제받은 매입세액을 불공제하고 부가가치세를 과세하였다. 이에 대해 서울고등법원[1]은 부가가치세법상 재화의 공급은 계약상 또는 법률상의 모든 원인에 의하여 재화를 인도 또는 양도하는 것으로 한다고 규정하고 있으므로, 여기서 '계약상의 원인'이란 계약의 주요 요소를 모두 갖춘 '완성된 계약'을 의미하므로 계약의 중요한 요소를 갖추지 못하여 완성된 계약으로 볼 수 없는 원인에 의하여 재화가 인도되는 경우는 재화의 공급에 해당하지 않는다고 판단하여 납세자의 손을 들어주었다. 재화가 물리적으로 이동했다고 하더라도 재화의 이동 원인인 계약이 완성되지 않았다면 재화의 인도는 계약상의 원인을 갖추지 못한 인도라는 점에서 판결의 결론은 타당하다.

---

[1] 서울고등법원 2008. 5. 8. 선고 2007누28871 판결(대법원 2008. 8. 21. 선고 2008두8673 심리불속행 기각)

부가가치세의 과세기간은 1월 1일부터 6월 30일까지가 1기이며, 7월 1일부터 12월 31일까지가 2기이다. 만약 공급시기와 다른 과세기간에 부가가치세를 신고하면 부가가치세의 10%만큼 신고불성실 가산세가 과세되고(국세기본법 제47조의3), 지연일수마다 과소납부 세액의 0.025%만큼 납부불성실 가산세도 과세된다(국세기본법 제47조의4).

세무조사는 일반적으로 5개년을 조사하기 때문에 반복되는 거래의 공급시기를 자칫 잘못 판단할 경우 세무조사의 결과 5개년의 가산세를 부담할 수 있다. 따라서 거액의 거래, 반복되는 거래의 부가가치세법상 공급시기 판단은 특히 신중함을 요한다.

66

전단계매입세액공제제도와 부가가치세포탈죄의 불편한 동거

박지인 변호사

조세범 처벌법 제3조 제1항은 "사기나 그 밖의 부정한 행위로써 조세를 포탈하거나 조세의 환급·공제를 받은 자는 2년 이하의 징역 또는 포탈세액, 환급·공제받은 세액의 2배 이하에 상당하는 벌금에 처한다"고 정한다. 또한 조세포탈행위는 그 포탈세액이 일정 금액 이상인 경우에 특정범죄 가중처벌 등에 관한 법률 제8조에 의해 가중처벌(포탈세액이 연간 10억 원 이상인 경우 무기 또는 5년 이상의 징역, 포탈세액 등이 연간 5억 원 이상 10억 원 미만인 경우에는 3년 이상의 유기징역)된다.

한편 조세포탈죄는 고의범인바 죄의 성립을 위해서는 조세포탈의 구성요건에 해당하는 사실의 인식이 필요하다. 즉 납세의무자 또는 조세범 처벌법 제3조 소정의 행위자가 '사기 기타 부정한 행위'에 해당하는 것을 인식하고 그 행위로 인하여 조세포탈의 결과가 발생한다는 사실을 인식하면서, 부정행위를 감행하거나 하려고 하는 경우에 조세포탈의 범의가 인정되는 것이다(대법원 2011. 6. 30. 선고 2010도10968 판결).

통상적으로 조세포탈의 인식은 납세자 자신의 차원에 국한하여 파악하는 것이 일반적이다. 법인세나 소득세 등의 세목이 여기에 해당한다. 그러나 전단계매입세액공제제도[1]를 취하고 있는 부가가치세의 경우는 이와 다르다. 대법원은 허위 세금계산서 수수에 의하여 부가가치세를 포탈하는 경우의 고의에 관하여 다른 조세포탈범의 고의와 구별되는 특수한 법리를 채택하고 있는 것이다.

전단계매입세액공제제도하에서는 허위의 세금계산서를 받아 매입세액의 공제나 환급을 받는다 하더라도 해당 세금계산서를 발급한 상대방에게 매입세액을 지급함으로써 상대방이 이를 재원으로 하여 매출세액을 국가에 납부한다면 국가로서는 세수의 감소가 없게 된다. 부당하게 공제·환급받는 세액(-100)이 있다 하더라도 같은 금액의 매출세액(+100)이 납부되므로, 서로 상쇄되어 국고에 손해가 없게 되는 것이다. 즉, 세금계산서 수령자의 관점에서 보았을 때 세금계산서를 발급한 자가 부가가치세 매출세액을 포탈하고자 한다는 것에 대한 인식이 없었다면, 조세포탈의 인식이 없었다고 볼 수 있다(같은 취지의 판결로 대법원 1990. 10. 16. 선고 90도1955 판결).

필자는 실제로 A사가 계열회사 B에게 수백억 원 상당의 과다계상 기성금을 지급하고 이에 대한 세금계산서를 발급받은 후 매입세액공제를 받은 사안에서, A사에 부가가치세를 포탈하고자 하는 인식이 없을 뿐만 아니라 국가의 조세수입의 감소가 없어 조세포탈죄가 성립할 수 없다는 주장을 통해 무혐의 처분을 받은 경험이 있다.

---

1 사업자가 전단계의 과세사업자로부터 공급받은 재화나 용역에 대하여 거래징수 당하는 부가가치세를 매입세액으로 하여 자신이 납부의무를 부담하는 매출세액에서 공제받는 제도이다.

이 사건에서 과대계상기성금을 지급받은 계열회사 B는 부가가치세 매출세액을 정상적으로 납부하였는바, 국고의 손실은 전혀 없었고 자연히 A사 경영진의 조세포탈의 인식은 인정될 수 없는 것이다.

/ 67 /

과세관청은 해외에서 일어난 일을 어떻게 알까요?

최지원 변호사

필자가 국제조세 업무를 처음 시작한 2000년대 초반만 하더라도 과세관청이 해외에서 일어난 과세이벤트를 조사할 수 있는 수단은 매우 제한적이었다. 세무조사를 하면서 과세관청이 납세자의 해외 거래업체 관련 자료의 제출을 요구할 수는 있어도, 납세자가 없는 자료를 안낸다고 하여 처벌할 수는 없는 노릇이고, 해외 거래업체에게 자료 제출을 강제할 수단은 없었기 때문이다. 물론 모든 조세조약과 '국제조세조정에 관한 법률'에는 과세당국 간의 '정보교환'를 허용하는 규정이 있지만, 그건 건별로 상대방 과세당국에 공문을 보내서 필요한 정보를 특정하고 제공을 요청해야 하는 것이었고, 상대국의 개인정보 보호법 등 관련 법률에 위반되면 받을 수도 없는 것이었다. 해외에서 무슨 일이 있었는지 정확히 모르는 상황에서는 정보를 특정하여 요구하는 게 불가능하고, 물리적으로 상당한 기간이 소요되는데 필요한 자료를 입수할 수 있다는 보장도 없었기 때문에, 빠듯한 세무조사 기간 동안 어떻게 활용해 볼 수 있을 만한 제도는 못 되었다.

그러나 최근 십여 년 간은 과세당국의 해외정보수집 능력이 비약적으로 발전했다. 무엇보다, 세계 각국 과세당국들이 표준화된 과세정보를 데이터 형태로 상호공유하게 되었기 때문이다.

대표적인 변화를 몇 가지 짚어보자면, 우선 OECD의 주도 하에 다자간 금융정보자동교환 협정(The multilateral competent authority agreement on automatic exchange of financial account information)이라는 새로운 조약이 체결되었다는 점을 들 수 있다.

이러한 금융정보자동교환 협정은, 미국에서 2010년에 제정된 해외금융계좌신고법(Foreign Account Tax Compliance Act, 'FATCA')을 모델로 만들어진 것이다. 미국은 FATCA를 제정하면서, 외국 금융기관에 대해서도 미국 국세청에게 미국 국적자의 계좌정보 등을 보고하도록 의무를 부과하였는데, 이때만 해도 세계 각국의 비난 여론이 많았던 것으로 기억한다. 그러나 각국 과세당국들은 미국 국세청이 부러웠던 모양이다. 국제적인 조세회피를 막는다는 명분으로, FATCA 방식을 오히려 글로벌 표준으로 확대하는 방안이 논의되었고, 다자간 조약인 금융정보자동교환 협정이 탄생하는 배경이 되었다.

FATCA는 외국 금융기관이 미국 국세청에 정보를 제출하도록 하는 방식이지만, 금융정보자동교환협정은 이를테면 한국 국세청이 국내 금융기관에서 고객의 거주지별로 계좌정보를 제출받아 협약참여국 과세당국에 제공하고 이들 협약 참여국들로부터는 한국 거주자들의 금융정보를 제공받는 정보교환 방식이라는 차이가 있다. 그러나 과세당국이 입수할 수 있는 납세자 관련 해외금융정보는 대동소이하다. 즉, 납세자가 해외에 금융계좌를 가지고 있다면, 그 국가의 과세당국은 금융계좌 보유자의 신원을 확인할 수 있는 기본정보(이름, 주소, 납세자번호, 생년월일)와 금융계좌 정보(금융기관명, 계좌번호, 연도말 계좌잔액, 해당 계좌와 관련하여 발생한 이자·배당 등 소득총액, 해당 계좌와 관련된 자산(주식 등)의 매각 또는 상환액, 해지계좌의 경우 해지사실 등)를 그 납세자의 거주지국 과세당국에 제공하게 된다.

이러한 다자간 금융정보자동교환 협정의 참가국은 2019년 11월 우리나라를 비롯하여 현재 109개국에 이른다. 스위스, 케이맨, 버뮤다 등 철저한 금융정보 보안과 조세피난처로 유명했던 국가(지역)들도 세계 각국의 압력을 못 이겨 다 가입한 상태이다. 즉, 이제는 웬만한 외국 어느 은행에 가서 계좌를 하나 만들더라도, 1년에 한 번씩 해당 정보가 한국 국세청에 자동으로 제공된다는 뜻이다.

또 한 가지의 주목할 만한 변화는, 일정규모 이상의 다국적기업들은 전 세계 내부거래에 관하여 표준화된 '국제거래정보통합보고서'를 제출하게 되었다는 것이다. 이 또한 OECD가 주도하였는데, OECD 회원국들 및 OECD 회원국은 아니더라도 이에 동참하는 국가들은(중국 등) 각자 내국법에 다국적기업의 국제거래정보통합보고서 제출의무를 명문화하였다. 기본적으로, 일정 규모 이상의 다국적기업은 전 세계에 소재한 모든 계열회사들의 사업내용, 재무현황 등을 기재한 통합보고서(Master file), 각 계열회사별로 자신과 국외특수관계인과의 거래내역, 가격정보, 재무현황 등을 기재한 개별기업보고서(Local file), 다국적기업의 국가별 수익내역, 납부세액, 주요 사업내역 등을 기재한 국가별보고서(Country-by-country reporting, 'CbCR')를 작성하여 제출하여야 한다. 즉, 일정 규모 이상의 다국적기업이 소재한 모든 국가의 과세당국들은 다국적기업으로부터 해당 보고서를 직접 제출받거나 과세당국 간의 정보교환을 통하여, 이 모든 자료를 입수할 수 있게 된다.

　각국의 과세당국이 공유하는 금융정보, 다국적기업 기업정보 등 데이터가 계속 축적되고 분석 기술이 좀 더 발전하면, 조만간 납세자 본인도 모르는 해외 어딘가에 남겨진 상속재산을 국세청이 찾아올 날도 멀지 않은 것 같다.

/ 68 /

해외에 있는 재산, 한국으로 가져올 수 있나요?

최지원 변호사

물론 가져올 수는 있다. 해외에 있는 재산을 처분하고 현지은행에서 한국은행으로 송금해서 찾으면 된다. 다만, 해외에서 한국으로 정체불명의 거액이 입금되면 해당 은행이 금융감독원에 신고하고 나아가 국세청에도 통보될 수 있기 때문에, 해외에 재산이 있게 된 경위와 자산 또는 가액의 변동 과정을 잘 챙겨보아야 한다. 만약 우리나라의 복잡한 외국환거래법령과 세법 등 관련법령을 준수하지 않았다면 여러 가지 과태료, 징역형이나 벌금, 몰수 추징 등 형사 문제에 직면하게 되기 때문이다. 이와 관련하여 다음의 사항들을 체크할 필요가 있다.

첫째, 해외에 재산이 있게 된 경위는 무엇이냐는 것이다. 우리나라에서 재산을 반출하여 해외 재산을 취득하거나, 외국에서 받을 돈을 우리나라로 반입하지 아니하는 등 여러 가지 경우에 있어 외국환거래법은 각종 신고의무를 부과하고 있다. 만약에 그 시드머니(seed money)가 국내에서 적법한 신고 없이 밀반출되었거나 국내에 반입해야 할 돈을 무단으로 은닉했던 경우라면, '특정경제범죄 가중처벌 등에 관한 법률(이하 '특경가법')' 제4조의 재산국외도피죄에 해당하여 중범죄로 처벌될 수도 있다.

둘째, 해외 재산과 관련하여 몇 개의 해외금융계좌를 개설하고 입출금, 송금 등 각종 금융거래를 어떻게 하였는지 여부이다. 우리나라 거주자는 은행거래, 해외증권거래, 해외파생상품거래 등 금융거래를 위해 외국에 금융계좌를 개설한 경우 '국제조세조정에 관한 법률(이하 '국조법)' 제34조에 의하여 매년 계좌 보유자의 성명, 주소, 계좌번호, 금융회사의 이름, 매월 말일의 보유계좌잔액의 최고금액 등 해외금융계좌 내역을 신고하여야 한다. 이러한 신고의무를 위반하면 과태료가 부과된다. 만약에 차명계좌를 이용했던 사실이 적발된다면, '재산을 국외에서 은닉'하는 행위로서 재산국외도피죄 해당 여부까지도 문제될 수 있다.

셋째, 해외 재산과 관련하여 어떤 자산을 취득했는지 여부이다. 외국환거래법은 일정금액 이상의 자본거래는 신고 대상으로 규정하고 있는데, 여기서 자본거래란 예금, 신탁, 금전대차, 채권, 증권, 파생상품, 부동산 등 해외에서 일어날 수 있는 거의 모든 자산거래가 다 포함된다. 외국환거래법이 워낙 복잡해서 어떤 조항의 위반인지 꼼꼼히 따져볼 필요가 있는데, 가볍게는 과태료부터 무겁게는 형사 처벌 대상에 해당할 수 있다.

넷째, 우리나라에서 소득세를 제대로 납부하였는지 여부이다. 잘 알다시피 우리나라 거주자는 매년 소득세를 납부하여야 하고, 해외에서 발생한 이자, 배당, 사업소득, 양도소득 등도 당연히 소득세 납부 대상이다. 만약 소득세 신고가 제대로 되지 않았다면, 미납부세액에 더하여 가산세도 납부하여야 한다. 차명계좌나 페이퍼 컴퍼니, 조세피난처를 이용한 사실이 적발된다면, 조세범 처벌법 또는 '특정범죄 가중처벌 등에 관한 법률(이하 '특가법')' 위반의 조세포탈범죄 해당 여부도 문제될 수 있다.

범죄가 아닌 정상적인 거래의 경우, 보통은 우리나라에서 송금하는 최초의 거래를 할 때에는 제대로 외국환신고를 해서 별다른 문제가 없다. 그러나 그 자산(예 예금)을 처분해서 다른 자산(예 부동산)을 취득하고, 이를 처분해서 또 다른 자산(예 해외증권)을 취득하는 등 해외에서의 거래 History가 길어지면서 우리나라에서 관련 해외금융계좌 신고, 외국환신고, 소득세 신고를 누락하는 경우가 빈번해진다.

위반 정도가 중하면 실형이 부과될 수도 있겠으나, 대부분의 경우에는 현실적으로 과태료, 벌금 등 금전적인 문제가 중요할 것이다. 외국환거래법상 신고를 제대로 하지 않은 경우 거래 건별로 과태료 또는 벌금이 부과되고, 만약 해외금융계좌를 신고하지 않은 경우에도 연도별로 과태료가 부과된다. '과태료'라고 하면 보통 교통위반범칙금을 생각하면서 별 것 아닌 것처럼 오해하기 쉬운데, 해외거래 관련 과태료는 단위부터가 완전히 다르다. 외국환거래법 위반의 과태료는 위반행위별로 1천만 원, 3천만 원 또는 1억 원 이하의 과태료가 부과되고, 해외금융계좌 미신고의 과태료는 위반금액의 20% 이하의 과태료이다. 더구나 과태료가 무서운 것이, 여러 건의 위반행위가 있을 때 벌금은 부과 한도(가장 높은 벌금액의 1.5배 이하)가 있는데 과태료는 건별로 무한 합산이므로, 과태료만 계산해도 남는 게 별로 없을 수 있다. 또한, 특경가법이나 특가법은 징역형 형량이 높은 것은 말할 것도 없고, 거액의 벌금이 부과되는 데다가, 재산국외도피죄에 해당하면 해당 재산은 일단 전액이 몰수·추징된다.

사기, 횡령, 재산도피 등 범죄를 저지르고 해외로 빼돌린 돈을 세월이 한참 지난 후 한국으로 다시 들여와서 떵떵거리고 산다는 건, 이젠 영화에서나 나올법한 이야기가 되어 가고 있다. 이런 얘기하면 공소시효 지난 다음에 들여오면 되지 않느냐고 생각하는 이들이 또 있겠지만, 조세포탈, 재산국외도피 등의 범죄까지 문제가 되면 공소시효도 최대 15년, 국제거래에서 조세포탈이 문제되면 조세의 부과제척기간도 최대 15년까지 늘어난다. 또한, 형사처분을 면할 목적으로 해외에 있는 경우 그 기간 동안 공소시효는 정지되므로, 범죄수익과 함께 해외로 도망갔던 이들은 공소시효가 완성되지도 않는다. 이런 무시무시한 범죄행위와 전혀 관련이 없는 평범한 돈이라도, 잘 몰라서, 귀찮아서, 각종 신고를 안 했다면, 기본적인 과태료 부과제척기간인 5년 간의 해외금융계좌 미신고 과태료에, 국제거래의 기본적 조세 부과제척기간인 7년 간의 소득세, 가산세 등 세금만 좀 부과되도 과연 남는 돈이 있을지 걱정해야 할 것이다.

결론적으로, 꼼수를 부리지 말아야 하는 것은 당연하고, 각종 신고의무도 빠뜨리지 않아야 한다. 거액의 해외투자를 할 수 있는 부자들이 "몰랐다"고 하소연해봐야 아무도 들어주지 않는다.

69

해외에서 돈을 벌었는데 한국에서 세금을 내야 하나요?

최지원 변호사

얼마 전에 모 축구선수가 중국 프로리그에서 뛸 때 우리나라에서 소득세를 내지 않았다고 과세되었다는 사건이 뉴스에 나왔었다. 해외에서 열심히 일해서 돈을 벌었는데, 한국에서 또 세금을 내야 할까?

원론적인 답변은 "그렇지 않다"라는 것이다. 전 세계에 존재하는 수많은 조세조약과 각국의 세법들은, 대체로 "거주지국 과세원칙"을 채택하고, 사용료, 배당, 이자 등의 특수한 소득에 대해서만 "소득원천지국 과세원칙"을 보완적으로 채택하고 있다.

그러나 안타깝게도, 우리나라 소득세법상 개인이 어느 나라에 "거주"하는지를 판단함에 있어, 소득세법 제1조의2 제1항 제1호의 원칙적인 판정기준("국내에 주소를 두거나 183일 이상의 거소를 둔 개인")에 부가하여 시행령에 너무나 많은 보완기준들을 두고 있기 때문에, 우리나라에 발만 하나 담그고 있어도 우리나라에서 소득세를 안 낸다는 것은 정말이지 쉽지 않다. 여기저기서 떠도는 "우리나라 체류기간이 183일만 넘지 않으면 된다"고 하는 풍설만 믿고 방심하면 안 된다.

첫째, 소득세법 제1조의2에서 "국내에 주소"를 둔다는 기준과 동법 시행령 제2조 제1항와 종합하여 보면, 주소는 "본인"만 기준으로 하는 게 아니라 "국내에서 생계를 같이하는 가족 및 국내에 소재하는 자산의 유무 등 생활관계의 객관적 사실"에 따라 폭넓게 판정되는 것이다. 해외에 혼자 나가서 기러기 노릇하며 열심히 돈을 벌어도, 우리나라에 가족과 집이 있으면 한국 거주자로 판정될 수도 있다는 얘기다. 위 축구선수 사건의 경우에도 중국 프로리그에서 뛰다보니 우리나라 체류일수는 140여일 정도밖에 안되었지만, 가족과 거의 모든 재산이 우리나라에 있으므로 생활관계의 중심지가 우리나라이고, 그러므로 우리나라 거주자로서 소득세 납부의무가 있다고 본 것이다.

둘째, 소득세법 제1조의2에서 "국내에 주소"를 둔다는 기준과 동법 시행령 제2조 제3항에서 종합하여 보면, "'계속하여 183일 이상 국내에 거주할 것을 통상 필요로 하는 직업을 가진 때", "국내에 생계를 같이하는 가족이 있고, 그 직업 및 자산상태에 비추어 계속하여 183일 이상 국내에 거주할 것으로 인정되는 때"에는 국내에 주소를 가진 것으로 "간주"된다. 외국 국적자가 우리나라에 입국해서 1년짜리 고용계약을 체결했다고 하면, 이 사람은 우리나라에서 "183일 이상 국내에 거주할 것을 통상 필요로 하는 직업을 가진" 것이고, 바로 우리나라에 주소를 둔 거주자가 되는 것이다. 연도 중간에 입국해서 그 해의 우리나라 거주기간이 183일이 되지 않는다고 해도, 우리나라에 그 해의 소득세 납부의무가 있다고 볼 수 있다.

그러므로, 소득세법 제1조의2에서 "183일 이상의 거소"를 둔다는 조건은, 결과적으로 위의 첫 번째, 두 번째 경우에 해당하지 않는 경우에만 "183일"을 기준으로 거주지국을 판정한다는 내용으로 축소되게 된다.

물론, 국세청이 소소한 개인의 해외취업이나 외국인의 국내취업 내용을 일일이 조사하고 과세하고 그러지는 않는다. 그러나 위 축구선수 사건에서처럼, 국세청이 우리나라 거주자라고 주장하면 반박하기가 쉽지 않다. 소득세법에서 "다 우리나라 거주자"라고 규정을 해 둔 데다가, 대법원에서도 최근 진행된 소위 "○○왕 사건"이라고 하는 해외사업을 크게 하면서 국내외를 자주 왕래하는 사업가들에 관한 일련의 사건에서, 본인의 한국 체류기간은 183일 미만임에도 가족들의 우리나라 체류기간과 국내 보유 재산을 따져서 거주자 여부를 판단하였기 때문이다.

요새는 해외주재원 발령이 나거나 해외취업이 되면, 살던 집에서 가족이 계속 거주하고 본인 주민등록도 남겨놓고 혼자 나가는 경우도 많다. 현지에서는 거주자라면서 개인소득세 세금 다 거둬 갈 텐데, 우리나라에서는 우리나라 거주자니까 소득세를 내라고 하면, 이중으로 세금을 내야 할까? 원론적으로는 조세조약상 상호합의라는 절차를 거쳐 과세당국 간 합의가 이루어지면 어느 한쪽 나라에서는 환급을 받을 수 있다. 그러나 상호합의 회의라는 게 국가별로 1년에 한두 번 열릴까 말까 한데다가, 거액의 세수가 걸린 대기업 사건들 틈바구니에서 개인 소득세 사건으로는 의안에 올라가는 것조차 어렵다. 상호합의에서 과세당국 간 합의가 안 되면 어느 나라도 환급해주지 않으므로, 개인으로서는 이만저만한 낭패가 아닐 수 없다.

사견으로는, 사업장소와 거주지를 국내외 마음대로 정해서 살 수 있는 사장님들 같은 경우는 그렇다 치지만, 외국 업체에 고용되어 외국에서 일하는 사람에 대해서도 가족과 재산을 기준으로 우리나라 거주자라고 판단하는 것은, 지나친 규제이고 가혹한 판례의 태도라고 생각한다.

70

이전가격 과세제도란? 그것은 과세권 땅따먹기

최지원 변호사

　이전가격에 대해서는, OECD 발간자료, 국세청 발간자료, 학술지 등에 발표된 논문, 판례와 조세심판례, 예규 등 관련 자료가 적지 않다. 특수관계자 간 "국제" 거래에 적용되는 이전가격과 유사한 제도로, 특수관계자 간 "국내" 거래에 적용되는 법인세법 제52조의 부당행위계산 부인규정이 있기도 하다. 그런데도 "이전가격"은 어렵다, 이해가 안 간다고 하소연하는 사람들이 많은데, 이전가격이 무엇인지를 더 쉽게 직관적으로 설명하려면, 먼저 국제조세 제도의 역사와 배경에 대해서 간단하게 이해할 필요가 있다고 생각된다.

　현대 사회에서, 세계 각국의 조세제도는 수많은 조세조약을 통하여 연결되어 있다. 이러한 조세조약들은 국가 대 국가로 체결되는 양자 간 조약이지만, OECD와 UN이 제정한 모델조세조약에 기초하여 체결되기 때문에 기본적인 구조는 거의 똑같고, 세부적인 내용만 조금씩 다를 뿐이다. OECD나 UN이 제정한 모델조세조약은 그냥 샘플 자료일 뿐, 회원국들이 반드시 써야 한다는 그런 법적 강제력은 없다. 그럼에도 불구하고 세계각국이 모델조세조약을 기초로 가급적 같은 내용으로 조세조약을 체결하고 있는데, 그 이유는 무엇일까?

가장 근본적인 이유는, 조세조약의 체결 목적인 "이중과세 방지"를 위해서는, 전 세계적으로 통용되는 공통적인 기준을 적용할 필요가 있기 때문이다. "이중과세 방지"란, 어떤 자연인 또는 법인인 A국 거주자(a)가 A국에 거주하면서 B국으로 물건을 수출하여 사업소득을 얻는 등으로 A국과 B국에 모두 관련되는 소득을 얻는 경우에, 체결된 조세조약에 따라 A국과 B국이 서로 과세권을 잘 나눠 가져서, 거주자(a)가 하나의 소득에 대하여 양쪽에서 이중으로 세금을 내는 일이 없도록 하는 것이다. 만약 조세조약이 없어서 A국과 B국이 앞다퉈 과세권을 행사하면, 그래서 이중과세가 되면 어떻게 될까? 위 사례에서 얻은 사업소득에 대하여 거주자(a)가 A국에서 소득세·법인세를 납부하였는데 B국에서도 이중으로 소득세·법인세를 납부해야 한다면, 거기에 B국에서는 신고를 안 했네 세금을 덜 냈네 하면서 가산세까지 부과한다면, 열심히 수출해봤자 남는 게 별로 없으니 B국으로의 수출 자체를 꺼리게 될 것이다.

즉, 납세자의 개인적인 이득뿐만 아니라 국가재정의 관점에서도, 이중과세는 당장 조세수입은 늘릴 수 있지만 국제거래를 위축시켜 과세기반을 축소시킨다는 크나큰 부작용이 있다. 반면, 조세조약의 체결로 이중과세를 방지하면 국제거래가 촉진되어 경제성장 및 조세수입 증가를 기대할 수 있게 된다. 그렇기 때문에 세계 각국에서는 "이중과세 방지"를 기본 목적으로 수많은 조세조약을 서로 체결하고 있는 것이다.

초기의 조세조약들은, 국가 간에 소득의 종류와 거주지, 원천지 등 심플한 기준에 따라 과세권을 나누었다(국제연맹에서 초기 조세조약들을 연구해서 만든 최초의 모델조세조약은 무려 1928년에 나온 것이다). 예를 들어, 사업소득은 그 소득을 얻은 사람의 거주국에서 과세권을 가지고, 이자소득은 그 소득이 발생한 국가(즉, 채무자 거주국)에서 과세권을 가진다고 정하는 식이다.

그런데 세월이 흐르면서 경제 환경이 많이 달라졌다. 국제거래가 활발해지고, 수많은 조세조약을 통해 이중과세 위험이 상당 부분 제거되면서, 거주자(a)는 A국에서 단순히 물건만 B국의 유통업자에게 수출하고 끝내는 것이 아니라, B국에 현지법인 또는 사업장(b)을 설치하고 자신이 A국에서 수출한 물건을 B국의 거주자(b)를 통해 현지에서 직접 판매하면서 현지 시장을 적극적으로 개척함과 아울러 유통마진까지 챙기게 되었다. 이른바 다국적기업이 등장하게 된 것이다.

일반적인 거래에서 제3자들은 상호 협상하여 합의된 가격으로 거래한다. 그러나 다국적기업에 소속된 특수관계자인 거주자(a)와 거주자(b)는 보통은 거래당사자 쌍방의 협상 없이 본사가 정해주는 가격으로 거래한다. 이전가격 세제와 같은 법적 제한이 없다면, 다국적기업은 마치 관리회계 상으로 단일기업 내부에서 한 사업부서(예 생산부서)에서 다른 사업부서(예 판매부서)로 원가를 대체시키는 것처럼, 시장점유율 확대, 원가절감, 각 사업부서의 성과측정, 절세 등을 종합적으로 고려한 내부적인 경영전략에 따라 거주자(a)가 거주자(b)에게 판매하는 물품가격을 결정하게 된다. 그래서 경제학자들은 이와 같이 특수관계자 간 거래에서 나타나는 가격을 이전가격(transfer pricing)이라고 별도의 명칭을 붙이게 된 것이다(참고로 관리회계에서는 "Transfer Price"를 "대체가격"이라고 번역한다). 즉, 이전가격이라는 명칭이 붙게 된 데에는 제3자 간 거래에서의 가격과 가격결정구조부터가 다르다는 현상에 대한 관찰과 아울러, 이전가격이 제3자 간 거래가격과의 무관하게 다국적기업이 임의로 정할 수 있는 것이므로, 조세조약에서 정한 과세권의 공정한 배분을 왜곡시킬 수 있어 부당하다, 규제해야 한다는 그런 시각이 배경에 깔려 있는 것이다.

예를 들어, 거주자(a)가 물품을 B국의 유통업자에게 수출하고 끝내던 시절에는, B국은 유통업자가 얻은 소득에 대하여 상당한 과세수입을 얻을 수 있었을 것이다. 그런데, 거주자(a)가 거주자(b)를 설립하여 이를 통해 자기 물품을 현지에서 판매하면서, 거주자(a)의 이익은 극대화하고 거주자(b)는 손익분기점을 달성할 수 있을 정도로만 물품 수출입가격을 결정한다면, B국은 과세수입을 한 푼도 얻을 수 없게 된다. B국으로서는 거주자(a)와 거주자(b) 간의 이전가격에 대해 불만이 많을 수밖에 없다.

이와 같이 다국적기업 계열회사 간의 이전가격으로 인하여 조세조약에서 정해둔 과세권 배분이 왜곡된다는 주장이 점차 힘을 얻으면서, 그 방지책으로 미국에서 19세기 초부터 발전되어 온 이전가격 세제가 주목받게 되었다(미국은 연방제 국가여서 각 주 정부가 소득세·법인세 과세권이 있는데, 대륙 관통 철도가 부설되고 기업들이 여러 주에 걸쳐 사업을 하게 되면서, 주 간 거래에서의 이전가격이 문제가 되어 관련 세제가 입법화되었다). 이에, OECD는 1979년 이전가격 세제를 국제규범으로 도입하자는 보고서(OECD Report-Transfer Pricing and Multinational Enterprises)를 발표하였고, 회원국들 간에 오랜 논의를 거쳐 1995년에 이르러 OECD 재무위원회(Committee on Fiscal Affairs)의 승인을 거쳐 공식적인 정책으로 채택하게 된다. 우리나라에서는 1989년부터 법인세법의 부당행위계산부인 규정에 관한 시행령에서 OECD 보고서가 제안한 이전가격 세제를 도입하여 시행하였고, 1996년부터는 "국제조세조정에 관한 법률("국조법")"을 신설하여 이전가격 세제 등 국제거래 관련 세제를 종합적으로 규율하고 있다.

기존의 조세조약 체계에서 소득종류, 거주지, 원천지 등을 기준으로 A국 또는 B국이 누가 먼저 과세할 수 있는지의 과세우선권을 나눠가진 것이라면, 이전가격 세제는 하나의 소득을 A국과 B국이 정상가격 원칙(arm's length principle)에 따라 부분적으로 나누어 가지는 것이다.

어떻게 보면, 이전가격 세제는 A국과 B국 간의 "과세권 땅따먹기"라고 볼 수 있다. 하나의 소득을 가지고 A국과 B국이 서로 여기까지는 내 꺼라고 싸우고, 그 중간에 낀 납세자는 새우등이 터지는…

71

정상가격이란? 그것은 과세권 땅따먹기의 기준선

최지원 변호사

전 세계 과세제도는 수많은 조세조약 및 이에 부합하는 각국의 세법으로 연결되어 있다. 어떤 국가의 과세당국이 자기 마음대로 더 많은 과세권을 주장할 수는 없고, OECD에서 정한 국제 규범에 따라야 한다. OECD는 이전가격 규제를 위한 국제규범으로서 "Transfer Pricing Guidelines for Multinational Enterprises and Tax Administrations ("OECD 이전가격지침")"이라는 상세한 해설지침을 발간하고 있고, 이는 조세조약에도 기본적으로 반영되어 있으며, 우리나라의 "국제조세조정에 관한 법률('국조법')" 등 세계 각국의 내국세법에서도 입법화되어 있다.

이전가격 세제는 결국, 하나의 소득에 대해서 과세당국 간에 서로 여기까지는 내 꺼라고 다투는 것이라는 점에서, 간단하게 "과세권 땅따먹기"로 보면 된다고 앞서 설명하였다. 그러나 누구 땅인지 가르는 데에는 명확한 국제적 기준이 있는데, 이것이 "정상가격(arm's length price)"이다. 정상가격이란, 정상가격 산출방법을 적용하여 도출된 평가된 가격 또는 수익률 범위이므로, 부당행위계부인 규정의 관점에서 본다면 법인세법 제52조 제2항의 "시가"라기보다는 법인세법 시행령 제89조 제2항의 "간주시가"와 유사한 개념이다.

자, 그러면 이전가격에 관하여 과세권 땅따먹기는 어떻게 진행되는 지 살펴보기로 하자.

먼저, 특수관계자와 국제거래를 하는 법인 또는 자연인은, 국조법 제11조에 규정된 바와 같이 국제거래에 대한 자료제출의무가 있다. 일정규모 이상의 법인은 매년 특수관계인과의 거래에 관한 가격 산출 정보 등이 수록된 국제거래정보통합보고서를 제출해야 하고, 동 보고 서 제출의무가 없는 법인이나 자연인이라 하더라도 과세관청이 요구 하면 정상가격 분석에 필요한 관련 계약서, 재무자료, 국제거래 가격 결정자료 및 가격결정에 관한 내부지침 등 관련 자료는 제출해야 한 다. 실무적으로, 납세자의 이전가격 내부지침(Transfer Pricing Policy)은 관련법령상 정상가격 산출방법을 적용하도록 정해져 있는 경우가 많 기 때문에, 납세자는 국제거래 자료를 제출할 때 정상가격 분석결과 까지 제출하는 경우가 많다.

정상가격 분석결과는, OECD에서 정하여 국조법에 입법화된 6가지 의 정상가격 산출방법 중 가장 합리적인 방법을 적용하여 분석되어야 한다. 6가지 방법은, "비교가능 제3자 가격방법", "원가가산방법", "재 판매가격방법", "거래순이익률방법", "이익분할방법", "기타 합리적인 방법"이다.

정상가격 산출방법은 무엇을 선택하는 것이 좋은가?
정상가격 산출방법은 6가지가 있고 원론적으로는 가장 합리적인 방법을 선택해야 하지만, 실무적으로는 대부분의 경우 납세자는 "거

래순이익률방법"을 선택하고, 과세당국은 "거래순이익률방법" 또는
"비교가능 제3자 가격방법"으로 과세를 시도한다.

이론적으로는, 만약 선택이 가능하다면, "비교가능 제3자 가격방법"
이 가장 합리적인 정상가격 산출방법이라고 평가받는다. 그러나 "비
교가능 제3자 가격방법"은 특수관계 거래와 제3자 거래 간 "유사한
거래 상황", 즉 "비교가능성이 높을 것"을 요건으로 하는데, 언뜻 명
확해 보이지만 실제로는 상당히 애매모호한 방법이다. 예를 들어, 다
국적기업의 중국 등에 위치한 제조법인이 선진국에 위치한 계열회사
인 판매법인들에게 주로 물품을 판매하는데, 어쩌다가 한번 제3자에
게 소량의 물품을 판매했다고 가정해보자. 사례에서 특수관계거래와
제3자 거래를 비교해보면, 판매자(제조법인)와 거래대상 물품은 동일하
지만 거래물량이 다르고, 계속적 거래인지 일회성 거래인지가 다르다.
시장거래에서도, 거래물량과 계속적 거래인지 일회성 거래인지에 따
라 판매가격이 다른 경우가 일반적이므로, 사례의 특수관계거래와 제
3자 거래가 비교가능성이 높다고 보기는 어렵다. 그런데, 한 번이 아
니고 몇 번이고, 소량이 아니고 좀 더 많아지면 비교가능성이 좀 더
높아진다고 봐야 하는데, 어느 정도면 충분히 "높다"고 판단할 수 있
을지가 참 애매한 것이다.

결국, 납세자 입장에서 비교가능 제3자 가격방법은 과세당국에서
비교가능성이 없다고 공격받을 여지가 너무 많아 선택하기 어렵다.
그러면 과세당국은 어떤 경우에 비교가능 제3자 가격방법으로 과세를
시도할까?

납세자는 자신이 선택한 정상가격 산출방법(예 "거래순이익률방법")으로 이전가격을 정하여 운영하고, 과세당국은 보통은 그 방법에서 약간의 수정(보통은 비교가능회사 몇 개를 추가 또는 제외)을 하여 과세를 시도할 수 있다. 그러나 과세당국이 "가장 추징금액이 큰 방법"을 추구하는 경우, 납세자가 "비교가능 제3자 가격방법"을 선택하여 이전가격을 결정했다면 과세당국은 비교가능성이 낮다면서 이를 배제하고 다른 정상가격 산출방법으로 과세하려고 할 것이고, 납세자가 다른 정상가격 산출방법을 선택하여 이전가격을 결정하였다면 과세당국은 제3자 거래가 있다는 이유로 "비교가능 제3자 가격방법"을 선택하여 과세하려고 할 것이다. 납세자가 선택한 정상가격 산출방법에서 약간의 수정을 가하는 정도로는 거액의 추징금액이 나오기 어렵고, 정상가격 산출방법 자체를 달리하면 추징금액을 극적으로 늘릴 수도 있기 때문이다.

그렇다면 납세자는 왜 "거래순이익률방법"을 많이 사용할까?

"재판매가격방법", "원가가산방법", "거래순이익률방법"은 모두 상업용 재무자료 데이터베이스에 수록된 회사들의 감사보고서 등의 각종 정보를 토대로 비교가능회사들을 검색하고, 그 수익률을 통계적으로 분석(보통 관련 수익률지표의 사분위범위를 사용)하여 정상가격 범위를 산출한다는 점은 같고, "재판매가격방법"과 "원가가산방법"은 매출총이익 수준에서, "거래순이익률방법"은 영업이익 수준에서 정상가격 범위를 산출한다는 차이가 있다. 그런데, 손익계산서에서 매출원가와 영업비용을 구분하는 기준은 회사의 자의적인 판단에 맡길 수밖에 없기 때문에, 각 회사들의 매출총이익 수준의 수익률지표(매출총이익률 또는 원가가산율)이 과연 같은 기준에 의한 수익률인지에 대한 의문이 발생한다. 예를 들어, 기술사용료를 매출원가에 반영하는 회사의 매출총이익률과, 기술사용료를 영업비용에 반영하는 회사의 매출총이익률은 서로 같은 기준에서 산출된 동질적인 것이라고 보기 어려운 것이다. 회계이론적으로, 회사의 비용을 객관적인 기준에 따라 매출원가와 영업비용으로 구분하기 어렵다고 보기 때문에 한국채택국제회계기준(K-IFRS)에서는 손익계산서에서 매출원가를 구분하지 않는 것도 가능하다고 규정하게 되었고, 외국기업들은 손익계산서에서 매출원가를 구분하지 않는 경우가 훨씬 많다. 매출총이익을 재무제표에 아예 표시하지 않는 회사들이 많아지면, 비교가능회사로 선정할 수 있는 회사 풀(Pool) 자체가 줄기 때문에, "재판매가격방법"과 "원가가산방법"을 선택하는 것은 지금도 쉽지 않은데 앞으로는 더 어려워질 것이다. 한편, "이익분할방법"도 영업이익 수준에서 정상가격을 분석하는 방법이기는 하다. 그러나 "거래순이익률방법"은 상업용 데이터베이스를 이용하여 비교가능회사들의 이익률을 벤치마킹하여 분석하는 방법이어서 객관성이 확보되는 반면, 이익분할방법은 거주자(a)와 거주자(b)의 특수관계자 거래 관련 구분손익에서 이익을 합친 다음 이를 일정한 "배부기준"에 따라 분할하는 방법인데, 어떤 배부기준을 적용하는 게 가장 합리적인지에 대하여 논란의 여지가 너무나 많기 때문에 "정상가격 산출방법 사전승인(APA)"을 신청하는 경우나 독특한 무형자산을 공동으로 개발하는 등 다른 정상가격 산출방법으로는 비교가능회사를 찾기 어려운 예외적인 경우 이외에는 거의 선택되지 않는다.

그러니 정상가격 산출방법이 6가지가 있더라도, 납세자로서는 "거래순이익률방법"을 선택하는 게 가장 객관적이고 안전한 방법인 것이다. 좀 더 안전하게 가려면, 거래단계별로 특수관계자 거래와 제3자 거래 유무를 철저히 구별하여(예를 들어, 제조법인은 특수관계 판매법인에게만 판매하고, 판매법인은 제3자에게만 판매), 과세당국의 "비교가능 제3자 가격방법" 선택 여지를 원천봉쇄하는 게 좋다. 글로벌 다국적기업들도 대부분 거래구조를 이렇게 세팅하고 있다.

마지막으로, 납세자와 과세당국의 분석한 정상가격 산출결과가 다르면 어떻게 될까?

과세당국은 이에 대하여 소득세·법인세를 추징할 것이고, 납세자는 불복절차를 진행해야 한다. 이전가격 과세의 경우, 국세기본법에 따라 조세심판, 행정소송을 진행할 수도 있지만, 조세조약 및 국조법 제22조에 따라 과세당국 간 상호합의 절차를 신청하는 게 유리하다. 상호합의 절차에서는 과세당국 간 합의결과에 따라 소득조정이 되어 이중과세가 해소되기 때문이다. 예를 들어, B국이 거주자(b)의 소득을 증액하여 추가과세하고 그러한 추가과세가 정상가격에 따른 것으로 과세당국 간 상호합의가 타결되면, A국에서는 거주자(a)의 관련 소득을 감액하고 세금을 환급해준다.

다만, 최근에는 상호합의 사건이 증가하여 소요기간이 길어지는 추세이고, 신청한지 5년이 지나도록 협의가 되지 않으면 상호합의 절차가 종료될 수 있고, 협의를 계속하기로 하더라도 최대 8년을 초과할 수 없기 때문에 소요시간과 비용을 고려하면 국세기본법상 불복절차를 진행하는 게 더 나을 수도 있다. 그러나 이전가격 사건은 불복사례가 많지 않기 때문에(이전가격은 과세 건 자체도 적고, 납세자들은 불복절차보다는 이중과세가 해소되는 상호합의를 선호한다) 판사, 조세심판원 심판관, 변호사, 소송수행자 등 전문가들도 대부분 이전가격 업무 경험이 많지 않고, 따라서 불복절차를 진행하는 경우에도 상당한 기간이 소요되는 것은 감안해야 한다.

72

이전가격 조사를 받았는데 관세조사가 또 나왔어요?

최지원 변호사

세무조사에서는 이전가격 관련 과세소득을 적게 신고했다고(즉, 수입가격이 너무 비싸다고) 많은 세금을 추징당했는데, 관세심사에서는 수입가격을 너무 낮게 신고했다고 추가관세를 부과받았다는 하소연을 가끔 듣는다.

특수관계자 간의 국제거래에서는, OECD에서 주도하는 이전가격 세제의 적용을 받아 조세조약 및 국조법에서 정한 정상가격으로 거래되어야 하고, 이것은 국세청 관할이다. 그런데, 특수관계자로부터 수입하는 가격은, WTO에서 주도하는 다자간 조약인 WTO 관세평가협정 및 관세법에 따라 "관세평가(Customs valuation)" 제도의 적용도 받게 되는데, 이것은 관세청 관할이다. 그런데 소득세·법인세와 관세는 한쪽이 늘어나면 다른 한쪽은 줄어드는 상충관계에 있기 때문에(수입가격이 싸면 관세는 감소하는 반면 원가가 낮아져서 수입자의 이익이 늘어나므로 소득세·법인세가 늘어나고, 수입가격이 비싸면 관세는 증가하는 반면 원가가 높아져서 이익이 줄어들기 때문에 수입자의 소득세·법인세가 감소한다), 국세청과 관세청이 누구도 양보하지 않는다면, 납세자는 하나의 특수관계자 거래가격과 관련하여 양쪽에서 세금을 얻어맞는 경우가 생긴다.

이전가격 세제에서는, 기본적으로 특수관계자 간 거래가격은 정상가격으로 보지 않고, "비교가능 제3자 가격방법", "재판매가격방법", "원가가산방법", "거래순이익률방법", "이익분할방법", "기타 합리적인 방법"의 6가지 정상가격 산출방법에 의하여 산출된 가격만 정상가격으로 인정한다. 이와 비교하여 관세평가 제도에서는, 특별한 사정이 없는 한 원칙적으로 특수관계자 간 거래가격을 정상적인 수입가격으로 인정하고(제1방법), 제1방법을 적용할 수 없는 경우에는 동종·동질물품의 가격(제2방법), 유사물품의 가격(제3방법), 국내판매가격을 기초로 하는 방법(제4방법), 산정가격을 기초로 하는 방법(제5방법), 기타 합리적인 방법(제6방법)을 순차적으로 적용한다.

개념적으로는, "비교가능 제3자 가격방법"은 관세평가방법 중 제2방법 또는 제3방법과 유사하고, "재판매가격방법"은 제4방법과, "원가가산방법"은 제5방법과 유사하다. 그러나 앞서 이전가격 세제에 대하여 설명한 바와 같이, 납세자 입장에서 "비교가능 제3자 가격방법"은 비교가능성 유무에 논란이 있을 수밖에 없기 때문에 정상가격 산출방법으로 채택하기 곤란하고, "재판매가격방법"과 "원가가산방법"은 회사마다 다른 매출원가와 영업비용의 회계계정 분류 차이를 합리적으로 조정하기 어려울 뿐만 아니라 매출총이익을 아예 재무제표에 표기하지 않는 회사들이 많아져서 적용하기가 더 어려워졌다.

또한, 재판매가격방법과 원가가산방법은 연간 수익률을 분석하는 것이지만, 제4방법과 제5방법은 각 수입신고건별로 수입물품에 적용된 마진을 일일이 분석한다는 점에서, 실제 적용 시 상당한 차이가 있다.

그러니 납세자 입장에서, 이전가격 세제와 관세평가 제도를 단일한 방법으로 대비한다는 것은 사실상 불가능한 상황이다. 관세평가 제도에서는 제1방법에서 제6방법 중에서 적당한 방법을 선택하여 대응하고, 이전가격 세제에서는 선택된 관세평가방법의 관련 비용(매출원가, 영업비용 등)이 모두 반영된 영업이익 수준에서 정상가격을 판정하는 "거래순이익률방법"을 선택하는 것이 가장 현실적인 대응방법이라고 생각된다. "이익분할방법"도 영업이익 수준에서 정상가격을 판단하지만, 거래 쌍방의 이익을 분할하는 기준의 객관성을 확보하기 어렵기 때문에, 그리 추천할만한 방법은 아니다.

이전가격 세제와 관세평가 제도의 상충문제는 어제 오늘 일이 아니어서, 우리나라에서도 이를 연계시키기 위한 많은 노력이 있었지만 딱히 효과적인 것은 아직 없다.

국조법 제10조의2는, 이전가격과 관련하여 소득세·법인세 신고 후 관세 과세처분이 있는 경우 이에 따라 소득세·법인세에 대한 경정청구를 할 수 있다고 규정하지만, 국조법상 정상가격 원칙에 부합하는 경우에만 소득세·법인세액을 경정해주도록 규정되어 있기 때문에, 실무적으로 세무서에서는 경정신청 전 신고세액이 국조법상 정상가격 원칙에 부합한다는 이유로 경정을 거의 해주지 않는다. 관세법 제37조의2는 납세의무자가 국조법상 APA를 신청하는 경우에 관세의 사전조정도 동시에 신청할 수 있다고 규정하고 이와 관련하여 관세청장과 국세청장이 "대통령령으로 정하는 바에 따라 협의"하여야 한다고 규정하지만, 막상 대통령령에 가보면 관세청장과 국세청장의 협의절차에 관한 규정은 아예 없는 실정이다.

만약 세무공무원들에게 관세평가 얘기를 하거나, 관세공무원들에게 이전가격 얘기를 하면, 보통 "그건 우리 소관이 아니니 모르겠고, 그 쪽에 가서 얘기하시라"는 말을 듣게 될 것이다. 이러한 상황은 OECD 와 WTO가 뭔가 국제적으로 타결책을 찾아야 풀릴 듯하다. 그러나 OECD와 WCO(WTO 산하의 국제관세기구)가 이전가격 세제와 관세평가 제도의 조화를 위한 공동연구를 시작한지도 한참 되었으나 아직도 해결될 기미는 보이지 않는다.

/ 73 /

페이퍼 컴퍼니랑 거래해도 될까요?

최지원 변호사

페이퍼 컴퍼니는 사실 정확한 법률용어는 아니다. 우리나라나 다른 어떤 국가의 회사법에 따라 설립된 법인이지만, 소속직원이 없거나 사업용 자산이 없거나 기타 직접 사업 활동을 하지 않는 등으로, 실질이 없는 법인을 통칭하는 용어라고 하겠다. 이러한 페이퍼 컴퍼니는 법률상 형식적으로는 법인이므로 당연히 법인 명의로 은행계좌도 개설할 수 있고, 계약도 체결할 수 있고, 각종 사업도 진행할 수 있다. 그러나 세무조사에서는 조사관들이 일단 색안경을 끼고 페이퍼 컴퍼니가 아닌 그 페이퍼 컴퍼니의 소득이 실질적으로 귀속된 자(예 실소유주, 주주)에 대하여 과세할 수 있는지, 즉, "실질과세의 원칙"을 적용할 수 있을지를 중점적으로 들여다보는 타겟이 된다. 만약, 실질과세의 원칙이 적용된다면, 추가적으로 그 페이퍼 컴퍼니를 설립한 목적에 따라 조세포탈죄나 국외재산도피죄, 관세법상의 가격조작죄 등으로 문제가 확대될 수 있다.

페이퍼 컴퍼니를 법률적인 의미에서 살펴본다면, 세 가지 정도로 나누어 볼 수 있다.

제1유형은, 특수목적법인(Special Purpose Company, "SPC")으로서 특별법상 설립근거가 있거나, 상법에 기초하여 설립된 법인이지만 조세특례제한법 등에 따라 세제 혜택을 받을 수 있는 등으로, 법적 근거가 명확한 페이퍼 컴퍼니이다. 예를 들어, "자본시장 및 금융투자업에 관한 법률"의 집합투자기구(Fund), "자산유동화에 관한 법률"의 유동화전문회사, "기업구조조정투자회사법"의 기업구조조정투자회사(CRV), "부동산투자회사법"의 부동산투자회사(REITs), 상법상 회사이지만 조세특례법 등에 의하여 세제 혜택을 받는 프로젝트금융투자회사(PFV) 등이 있다.

제2유형은, 특수목적법인(SPC)이지만 주주 간의 계약이나 정관에 정해진 사업목적을 페이퍼 컴퍼니 형태로 추구하는 회사이다. 우리나라에서 종종 문제되는 경우로서, 편의치적(Flag of convenience) 회사가 대표적이다. 편의치적이란, 해운회사들이 관행적으로 파나마 등 해운사업 규제가 덜한 국가에 페이퍼 컴퍼니를 설립하고, 그 페이퍼 컴퍼니로 하여금 선박을 소유하게 하여 파나마 등의 국적으로 선박을 운영하는 것이다. 편의치적이 해운업계에서 많이 활용되는 이유는, 해운사업 관련 규제문제도 있지만 근본적으로는 선박의 가격이 워낙 비싸기 때문에 금융기관의 대출이나 투자를 받지 않으면 구매하기 어렵고, 금융기관이나 투자자들은 해운회사의 부도위험을 고려하여 해당 선박을 독립 법인(즉, 페이퍼 컴퍼니) 소유로 등록할 것을 요구하기 때문이기도 하다. 운영회사로부터 투자자산을 분리시킬 수 있다는 것이 페이퍼 컴퍼니의 가장 큰 장점이라고 할 수 있다.

제3유형은, 상법상의 일반 회사이고 주주 간의 계약이나 정관상 특별한 목적이 있는 것도 아니지만, 페이퍼 컴퍼니 형태로 운영되는 회사이다. 즉, 상주직원도 없고, 기장, 법인세신고 등 현지에서 수행되어야 하는 관리업무는 현지 관리서비스회사에 아웃소싱하고, 회사 주소도 사서함을 이용하거나 그 관리서비스회사의 주소지로 하는 등 실제 사업장도 없고, 실질적인 경영은 다른 국가에 소재하는 자연인 또는 법인에 의하여 이루어지는 형태의 회사들이다. 홍콩 등 무역·금융 중심지에 설립된 회사들, 브리티시 버진 아일랜드, 버뮤다, 바하마 등 조세피난처에 설립된 회사들, 벨기에, 네덜란드 등 우리나라와의 조세조약상 투자수익이나 사용료소득에 대한 혜택을 볼 수 있는 국가에 설립된 회사들의 경우, 이와 같이 페이퍼 컴퍼니 형태로 운영되고 있는 경우를 자주 본다. 때로는, 정상적인 회사로 운영되다가 현지사업을 축소하면서 페이퍼 컴퍼니가 되기도 한다.

　페이퍼 컴퍼니는 기본적으로 법인격을 갖춘 적법한 법인이고, 우리나라에서도 각종 특별법을 통하여 보호하고 있는 바와 같이, 현대사회에서는 부실채권 매각, 부동산개발, 선박운영, 기타 투자촉진과 효율적인 기업경영을 위하여 반드시 필요한 유형의 회사이기도 하다. 그러므로 단지 페이퍼 컴퍼니라는 이유만으로, 페이퍼 컴퍼니가 설립된 외국에 세금이나 기타 사업상 유리한 장점이 있다는 이유만으로는, 실질과세원칙 등이 적용되지 않는다. 그러나 재산의 귀속 명의자가 지배·관리 능력이 없고, 명의자에 대한 지배권 등을 통하여 실질적으로 지배·관리하는 자가 따로 있으며, 명의와 실질의 괴리가 '조세회피 목적'에서 비롯된 경우에는 실질과세원칙 등이 적용될 수 있다(대법원 2017두59253 판결 등).

페이퍼 컴퍼니와의 거래는 세무조사에서 항상 타겟이 되기 때문에, 가능하다면 피하는 게 좋다. 그렇지만 부득이하게 페이퍼 컴퍼니 또는 페이퍼 컴퍼니로 의심되는 회사와 거래를 하게 된다면, 그 거래처에 실제 사업장이 있고 임직원이 근무하는지, 만약 그렇지 않다면 현재 접촉하고 있는 그 거래처의 담당자는 실제로는 어느 국가에서 어느 회사 소속으로 근무하는지, 그 거래처가 제3자에게 물품·서비스 납품을 요구하는지, 만약 그렇다면 제3자와 직접 거래할 수 없는 이유는 무엇인지, 그 거래처의 경쟁업체들도 페이퍼 컴퍼니로 운영되는 경우가 있는지 등을 잘 살펴보아야 할 것이다.

74

미국 시민권의 가치

서예지 변호사

필자와 같이 미국에서 생활해 본 사람이라면 한 번쯤 미국의 영주권 획득에 관심을 가지게 된다. 영주권은 곧 미국 시민권 획득을 위한 중간 다리로써 이후 시민권까지 취득하게 된다면 학자금 대출, 미국 내 취업뿐만 아니라 미국 시민에게 주어지는 수많은 혜택과 권리를 누릴 수 있기 때문이다. 아직도 국내에서 암암리에 미국 원정출산이 이루어지는 것을 보면, 인류 역사상 가장 강력한 국가라고까지 평가되는 미국의 시민권은 상당히 매력적이긴 하다.

미국에서 이민법을 전문으로 하는 변호사 지인은, 그러나 근래 들어 미국 트럼프 대통령의 반이민정책 때문에 불법 이민은 고사하고, 합법적인 방법인 취업비자 취득을 통한 영주권 획득 절차 조건마저도 상당히 까다로워지고 있는 상황이라고 한다. 아메리칸 드림을 꿈꾸며 자본주의 국가의 최고봉, 미국행을 택하는 이들의 발목을 잡는 소식이다.

반면, 어렵게 미국 시민권을 취득하여 미국에서 취업하더라도, 이후 자신의 경력 발전이나 개인적인 사정에 따라 미국이 아닌 타 국가에 정착하게 되는 경우도 꽤 있다. 이들에게는 미국 시민권자라는 신분이 때론 골칫거리로 다가올 수 있다. 미국 세법상 미국 내 비거주자일지라도 그러한 신분을 유지하고 있는 이상, 그들이 버는 전 세계 소득에 대하여 미국에 신고·납부 의무가 있기 때문이다.

물론, 미국의 외국납부세액공제 제도(Foreign Tax Credit)나 외국소득공제 제도(Foreign Earned Income Exclusion)를 통해 각국에 이중으로 세금을 부담할 의무는 어느 정도 경감시킬 수 있을 것이다. 그럼에도 불구하고 미국의 시민권자들에게는 Bank Secrecy Act 및 Foreign Account Tax Compliance Act가 적용되어 국외에서 번 소득과 관련한 금융계좌 및 금융자산을 매년 미국 국세청(Internal Revenue Service)에 보고할 의무가 여전히 존재한다. 누군가에게는 하늘의 별과 같은 미국 시민권이 다른 이에게는 불편만 발생시키는 애물단지가 되기도 하나보다.

아무튼, 모든 경제적 사회적 기반을 미국이 아닌 국외에 두고 있음에도 단지 미국 시민권자라는 이유만으로 여러 복잡한 신고 의무를 지는 것은 만만치 않은 일이며 일견 불합리해 보이기도 한다. 그렇다면 미국 시민권을 포기하면 되지 않느냐라고 반문할 수도 있겠지만 고액 자산가나 고소득자의 경우 이마저도 간단한 문제가 아니다. 국적포기세(Expatriation Tax)[1]라는 세목 때문인데, 이것은 2018년 1월 1일부터 우리나라에서도 시행되고 있는 「국외전출자 주식등 양도소득세」와 비슷한 개념의 세금이다.

---

1 정확히 말하면 미국의 국적포기세(Expatriation Tax)는 미국 시민권자뿐만 아니라 미국 이민법상 미국 국적자로 분류되지 않는 영주권자에게도 적용되는 세금이다.

미국의 국적포기세는 크게 ① 전 세계에 보유하고 있는 자산의 총 순자산가액이 2백만 달러 이상인 자 및 ② 과거 5년간 평균 납부 소득세액이 16만 8천 달러 이상인 자(2019년 기준)에게 부과된다. 이 중 하나에 해당하는 자는 국적 포기일 직전일에 자신이 보유하고 있는 모든 자산을 팔았다고 간주하여 일정 공제분을 제외한(미실현) 양도차익에 대하여 최대 23.8%의 세율을 적용한 금액을 국적포기세로서 납부해야 한다. 여기서 양도차익은 국적포기일 직전일 기준 시가(fair market value)로 책정되는 양도가액과 납세자가 해당 자산을 취득할 때 실제로 지불했던 취득가액과의 차이로 계산된다. 그리고 이렇게 계산된 양도차익 중 72만 5천 달러(2019년 기준)를 초과하는 금액에 대해서만 해당 세율을 적용하여 최종적으로 세액이 산출된다.

복잡한 미국의 이민제도를 - 합법적으로 - 뚫고 시민권을 획득하여 비로소 경제적으로 아메리칸 드림을 이룬 자들이 미국 국적을 포기한 다고 하여, 이에 대해 세금을 물도록 하는 것이 과연 타당한 것인가라는 의문이 생길 수도 있다. 그것은 그들이 미국인으로서 해왔던 경제활동이 그 자신뿐만 아니라 미국이라는 국가의 부를 증대시켜 왔던 것이 분명한 만큼 - 그리고 그에 대한 합당한 세금을 내왔을 것이므로 - 국적을 포기한다고 꽤나 높은 세율의 세금을 더 내야 하는 것이 과연 정당한가라는 의문이다. 물론 모든 미국인들에게 적용되는 것이므로, 일반적인 미국 시민권자들에게도 해당되는 문제이다. 국적포기세는 고액 자산가와 고소득자에게만 과세되는 세금이라는 측면에서 일종의 부유세(wealth tax)와 비슷해 보이기도 하며, 미국 국적을 포기하며 미국 시민으로서 누리던 수많은 혜택 역시 포기하는 것임에도 불구하고 부과되는 것을 보면 일종의 징벌적 조치로 보이기도 한다. 적용 대상자의 조세회피를 목적으로 한 국외 이주를 막기 위하여 미국에서 1966년부터 존재해 왔던 제도이지만, 지금껏 끊임 없이 논쟁의 대상이 되고 있는 이유이다.

최근에 가장 주목을 받은 것은 에드와도 새버린(Eduardo Saverin)의 미국 국적 포기 사건이다. 새버린은 브라질에서 태어나 어렸을 때 가족과 함께 미국으로 이민을 떠나 미국 시민권을 획득하여 미국과 브라질의 이중 국적자가 되었고, 하버드 대학교 재학 중 마크 저커버그(Mark Zuckerberg)와 함께 페이스북(Facebook)을 공동으로 설립하였다. 새버린은 페이스북이 신규상장(IPO)되기 직전인 2011년에 미국 국적을 포기하고 싱가포르로 이주하였고, 이를 통해 최소 수천만 달러 이상의 막대한 금액의 국적포기세를 피할 수 있었던 것으로 추측된다. 즉, 페이스북의 상장가보다 낮은 주가를 기준으로 – 상장 이전이므로 – 양도차익이 발생한 것으로 간주되어 국적포기세로서 내야 할 양도소득세가 크게 줄었다는 것이다. 새버린이 상장 이후 가격이 크게 높아진 페이스북 보유지분을 만약 매도한다고 하더라도 싱가포르는 주식에 대한 양도소득세를 부과하지 않는다.

이와 같은 새버린의 미국 국적 포기 행위를 명백한 조세회피라고 비난하며, 2012년 두 명의 미국 상원의원이 국적포기세 산출에 적용되는 세율을 30%로 올리고, 국적 포기가 조세 회피의 목적인 것으로 조사된 대상자의 미국 입국을 금지하는 내용을 담은 법안(Ex-Patriot Act)을 국회에 제출하기도 했다. 비록 이 법안은 국회를 통과하지 못했지만, 국적포기세가 조세회피를 방지하기 위한 역할을 하고 있는 것임은 분명해 보인다.

　논란의 여지가 있지만 새버린이 조세회피의 목적으로 미국 국적을 포기한 것은 어느 정도 명백해 보인다. 미국 국적 포기와 싱가포르로의 이주 목적을 싱가포르에서 사업과 투자활동을 벌이기 위함이었다고 해명했던 것처럼, 그에게는 이후 싱가포르에서 발생할 소득에 대해 미국에 세금을 부담하는 것을 피하고 싶은 이유도 있었을 것이다. 미국 유학시절, 만일 내게 미국 시민권이 있다면 몇만 금을 준다 해도 미국 국적을 포기하지 않겠다고 말하고 다니는 사람들이 있었다. 과연 새버린에게는 미국 시민권의 가치가 얼마였을까?

75

미국의 상속세

서예지 변호사

소득의 재분배 역할을 수행한다고 알려진 한 나라의 조세정책에는 그 시대의 정치적 성향이 반영될 수 밖에 없는데, 여러 세목 중에서도 특히 상속세는 부의 대물림에 대해 매기는 세금이라는 측면에서 정치적인 토론이 활발한 분야이다.

최근 들어 고율의 상속세가 대한민국의 재벌기업을 위협한다는 뉴스를 많이 접하게 된다. 재벌 2세, 3세들이 기업의 경영권을 대물림 받기 위해 내야 하는 상속세액이 너무 커서 물려받는 회사 주식의 상당 부분을 매각하여 상속세를 지불해야 할 상황에 처해 있다는 것이다. 결국, 상속세를 지불하면서 재벌 총수 일가의 회사에 대한 경영권, 지배력이 감소하게 되는 것이다. 어떻게 보면, 이런 식으로 상속세가 소득의 재분배의 역할을 하게 되는 것이고 어쩌면 삼성, LG와 같은 글로벌 그룹은 더 이상 가업의 형태가 아닌 전문적인 경영자에 의해 경영되도록 유도하는 것이라고 볼 수도 있겠지만, 상속세에 대한 부담은 비단 최상위 재벌기업에만 해당되는 것은 아니고, 중소기업의 가업승계에도 장애요소가 되고 있다. 가족기업의 형태로 운영되고 있는 중소기업의 경우 원활한 가업승계가 경영자의 적극적인 경영, 투자 유치로의 인센티브로 작용될 수 있는데, 중소기업중앙회의 통계자료에 따르면 상속세 부담이 가업승계를 미루는 1위 요소로 꼽히고 있다고 한다. 중소형 가족기업의 경우 비상장회사인 경우가 대부분이고 무엇보다 인적 신뢰성을 기반으로 운영되는 기업이라는 특성을 가지고 있다.

OECD 발표 자료에 따르면, 한국의 상속세율(최고세율 기준)인 50%는 일본의 55%에 이어 OECD 국가 중 두 번째로 높은 수준이다.[1] 미국은 40%이다. 일견, 큰 차이로 보이지 않을 수 있지만, 미국에서는 상속세 및 증여세에 대한 공제액이 미화 11,400,000불(한화 140억 원 가량)이나 된다.[2] 즉, 140억 원만큼은 세금 부담없이 상속이나 증여가 가능하고, 140억 원를 넘는 금액에 대해서만 최고세율인 40%를 적용하여 세액이 책정되는 것이다. 미국에서 상속세가 Paris Hilton Tax이라고 불리우는 이유이다. 실제로 상위 0.2%만 상속세를 내고 있다는 통계자료가 있다.

상속세는 개념상 그 부과 대상 및 시기에 따라 Estate Tax와 Inheritance Tax로 분류된다. 쉽게 말하면 상속이 되기 전에 사망자의 재산(estate)에 대해 부과되는 세금의 경우 Estate Tax라 하고 사망자의 재산에 대해 부과한다는 점에는 변함이 없지만, 상속이 이루어진 후

---

1 대주주의 경영권 승계의 경우 할증(30%)이 붙어 최대 65%까지 높아진다.
2 2019년 기준 공제액이며, 매년 물가상승률에 따라 변동되는 값이다. 동 공제액은 트럼프 세법으로 알려진 Tax Cuts and Jobs Act of 2017에 따라 2018년부터 2025년까지 적용되는 공제액이며, 동법에 따르면 이후 달리 개정되지 않는 한 2026년 1월 1일부터는 2018년 이전 수준인 미화 5,000,000불(한화로 60억 원 가량)로 줄어들게 된다.

그 재산의 상속인에 대해 부과되는 세금의 경우 Inheritance Tax라고 한다. 한국의 상속세의 경우 후자의 Inheritance Tax의 개념을 채택하고 있다.

알려진 바와 같이, 미국의 경우 미국이라는 연방국가와 개별 주는 별도의 관할이어서, 조세체계 또한 연방법 체계와 주법 체계로 이분화되어 있다. 연방법 체계에서는 Estate Tax만 존재하고 Inheritance Tax는 존재하지 않는다. 주법 체계에서는 2019년 기준 13개 주가 Estate Tax를 부과하고, 6개 주가 Inheritance Tax를 부과하며, Maryland주만이 Estate Tax와 Inheritance Tax 둘 다 부과하고 있다. 나머지 주의 경우 어느 쪽도 부과하고 있지 않으므로, 거의 대부분의 주가 상속세를 부과하고 있지 않는 셈이다.

미국에서 상속세의 기원은 18세기까지 거슬러 올라가고, 2010년~2011년 한 번 폐지된 적이 있었지만 이후 부활하여 존속하고 있다. 우리나라를 비롯하여 전 세계적으로 문제가 되고 있는 빈부격차는 미국에서도 역시 심각한 문제여서, 1978년 미국의 상위 0.1%가 가지고 있는 부의 가치는 전체의 7%에 불과하였는데 2012년에 22%까지 올라왔다고 한다.

과연 상속세가 실질적으로 최상위층에만 부과되는 세금이며 빈부격차가 심각한 현대 사회에서 소득의 재분배 역할을 하는 기능을 할 것이므로 사회 전체적인 관점에서 계속해서 존속해야 하는 것인지, 아니면 국내외 폐지론자가 말하는 것처럼 상속세는 가업승계를 제한

하는 요소이고 투자 위축과 부의 해외 이전 등 부작용이 크므로 폐지되어야 하는 것인지에 대한 논쟁은 빈부격차가 존재하는 자본주의 사회에서 계속될 수 밖에 없을 것이다. 상속세에 대해서는 단순히 나라별 통계수치를 비교하며 존폐를 논하기보다는 세율 및 공제액의 적정수준에 대한 경제적 분석, 최상위 부유층에 대해서만이 아닌 중소형기업에 미치는 영향 등 그 나라 고유의 경제적 사정에 비추어 정밀히 그리고 총체적으로 분석하여 논해야 할 분야임에는 틀림없다.

76

지자체에서 세무조사를 나오더라도 당황하지 마세요

임재억 변호사

세무조사는 누구나 피할 수 있으면 피하고 싶을 것이다. 꼭 무언가를 감추고 싶은 마음은 아니더라도 누군가가 특히, 강제로 세금을 부과할 수 있는 과세관청이 조사를 한다는 것은 썩 내키는 일은 아닐 것이다. 흔히들 세무조사라고 하면 법인세, 부가가치세, 소득세, 상속 또는 증여세에 관한 조사를 떠올릴 것이다. 하지만 앞으로는 지방세에 관한 세무조사에 대해서도 관심을 가져야 할 상황이 되었다.

종래 부가세(surtax)로 산정되던 지방소득세가 2014년 1월 1일 이후로 개시한 사업연도부터 독립세로 전환이 되면서 관할 지방자치단체의 장은 내국법인의 법인세신고 및 그에 대한 경정·결정과는 별도로 법인 지방소득세 과세표준과 세액을 결정 또는 경정할 수 있게 되었다(지방세법 제103조의25 참조). 이에 따라 지방자치단체들은 해당 稅收를 확보하기 위하여 적극적인 세무조사를 할 가능성이 커졌다. 지방세기본법 제4조에서 명시하고 있듯이, 지방자치단체가 스스로의 과세권을 행사함으로써 적극적으로 지방재정을 충당하기 위한 활동들이 예상된다.

즉, 종전에는 소득분 지방소득세에 해당하는 금액을 단순히 소득세의 10%라고 기계적으로 취급하였으나, 이제는 독자적인 과세표준을 기초로 하고, 세액공제 및 감면도 독자적으로 적용될 예정이므로 종래 국세에서의 세법적용 및 해석과 관련하여 혼란이 발생할 가능성이 훨씬 커진 상황이다. 예를 들어, 지방세법에서는 세액공제 및 감면이 대폭적으로 적용 제외되었으므로 지방소득세가 독립세가 되기 이전과의 차이 발생에 대해서 납세자는 여전히 종전과 동일한 혜택을 누리고자 할 것이고, 지자체는 국세와 별도의 독립성을 강조하며 세액공제 및 감면과 관련해서 엄격하게 해석할 가능성이 커진 것이다. 참고로 최근에는 2014년 1월 1일 개시 사업연도부터 독립화된 지방소득세 관련 경정청구기간 5년이 임박하고 있어 이에 대한 불복청구가 늘어나고 있을 뿐만 아니라 각 지자체별로 경정청구 등의 불복이 이루어지고 있어, 지자체별로 상이한 결과로 회신하는 등 혼란이 계속되고 있는 형국이다.

이러한 상황에서 지방세에서의 세무조사에 관하여 알아둘 필요가 있는데, 국세와 대동소이하면서도 일부 차이가 있었으나, 최근까지의 지방세기본법 개정을 통하여 그 간격을 줄여가고 있는 상황이다.

지방세기본법 제76조 이하에서는 납세자의 권리를 규정하면서 세무조사에 관한 근거규정을 마련하고 있다. 구체적으로, 납세자권리헌장의 제정 및 교부(제76조), 납세자 권리보호(제77조), 납세자의 성실성 추정(제78조), 납세자의 협력의무(제79조), 조사권의 남용 금지(제80조), 세무조사 등에 따른 도움을 받을 권리(제81조), 세무조사 대상자 선정

(제82조), 세무조사의 사전통지와 연기신청(제83조), 세무조사 기간(제84 조), 장부등의 보관금지(제84조의2), 통합조사의 원칙(제84조의3), 세무조 사등의 결과 통지(제85조), 비밀유지(제86조), 납세자 권리 행사에 필요 한 정보의 제공(제87조) 등이다.

이 중에서 중복조사(재조사)와 관련해서는 조사권의 남용금지(제80 조)에서 규정하고 있는데, 종래 지방세기본법에는 국세기본법과 달리 "부분조사" 후 재조사에 관한 규정이 도입되어 있지 않았다. 국세의 경우에는 중복조사의 위법성에 관해 폭넓게 인정하는 대법원 판례들 에 따라 입법적으로 부분조사 후 재조사를 할 수 있는 근거(부분조사 를 실시한 후 해당 조사에 포함되지 아니한 부분에 대하여 조사하는 경우)를 도입하고, 이를 시행령 및 시행규칙에 위임을 거듭하여 상당히 광범 위하게 재조사를 할 수 있는 근거를 마련하였다. 하지만 지방세기본 법상으로는 이에 관한 규정이 없어 여전히 부분조사 후 재조사의 경 우에 중복조사에 해당하여 위법한 처분으로 될 가능성이 남아 있었 다. 하지만 2019년 말 통과된 지방세기본법에 따르면 국세와 마찬가 지로 특정세목 및 부분조사를 할 수 있는 근거규정을 도입하게 되었 다(제80조 제2항 제6호 참조).

또한, 세무조사 등의 결과 통지(제85조)와 관련해서도 결과 통지의 예외 사유로 국세기본법에서는 규정하고 있지 않는 사유인 '납세자의 소재가 불명하거나 폐업으로 통지가 불가능한 경우' 및 '조사결과를 통지하려는 날부터 부과 제척기간의 만료일 또는 지방세징수권의 소 멸시효 완성일까지의 기간이 3개월 이하인 경우'가 있다. 이에 따라

지자체에서는 지방세기본법상 위 소멸시효 완료 3개월 전의 규정을 잘 활용하여 조사결과 통지시점을 조율한다면 통지절차 없이도 세무조사 결과를 알리는 효과를 가져 올 수도 있겠고, 납세자 입장에서는 과세전적부심사청구를 할 수 있는 기회를 상실하게 되는 문제가 발생하게 된다.

대법원이 세무조사의 결과통지를 하지 않음으로써 납세자가 과세전적부심사청구를 할 기회를 부여하지 않은 것에 대해서 위법하다는 판시를 한 사례(대법원 2016. 4. 15. 선고 2015두52326 판결 참고)가 있는 점에 비추어 본다면, 지자체가 세무조사 등의 결과 통지 규정을 남용하거나 폭넓게 해석하여 절차 위반의 소지가 있는 경우에 이를 적극적으로 절차의 하자로 다투어 볼 필요가 있겠다.

이처럼 하나의 소득에 대해서 국세로 소득에 대한 신고·납부를 하고, 지방소득세에 대해서도 신고·납부를 하게 됨에 따라, 이에 대한 검증 권한이 별개의 과세관청(국세청, 지자체)에게 독자적으로 부여되어 있음이 보다 명확해졌다고 하겠다. 그에 따라 각각의 과세관청이 행사할 세무조사 권한에 따라 추가적으로 신고·납부해야 할 세금이 연동될 것인데, 특히 지방소득세의 독립화에 따라 지자체의 세무조사 결과로 인하여 국세에 대해서도 추가적인 세금납부를 야기할 수도 있는 점을 고려할 때 지방소득세에 대한 세무조사에 신중한 대응이 필요할 것이다.

몇 해 전에 적격분할 시 감면을 받은 취·등록세에 관하여 지자체에서의 조사 개시로 인해 적격분할 대상이 아닌 것으로 결론을 내려 과세를 함으로써, 법인세법상 적격분할로 처리하였던 국세청에서도 재차 과세를 하는 일이 있었다. 궁극적으로는 납세자가 승소하였으나, 수년간의 소송이 이어졌고, 지방세에 관한 소송 및 법인세에 관한 소송으로 회사는 존폐가 위태로운 지경에 처하기도 하였다. 당시 감면의 요건이 국세와 지방세에 동일하게 규정되어 있었음에도 그 해석에 있어 차이가 있어 과세로까지 나아가게 된 사례인바, 현재와 같이 지방소득세가 독립세화 된 마당에 위와 같은 사례는 향후에 더욱 빈번하게 접하게 될 것임을 유의해야 할 것이다.

/77/

주식을 사도 취득세를 내는 경우가 있다

박소연 변호사

주식을 사도 취득세를 내야 할까? 보통의 경우라면 내지 않는 것이 맞다. 지방세법상 취득세는 부동산, 차량, 기계장비, 항공기, 선박 등 열거되어 있는 자산(이하 '부동산 등'이라 함)[1]을 취득하는 경우에만 부과되고, 주식의 경우 양도할 때 증권거래세가 부과되기는 하나 취득세의 과세대상은 아니기 때문이다.

그러나 비상장법인의 주식 또는 지분을 취득함으로써 '과점주주'가 되었을 때에는 그 과점주주가 해당 법인의 부동산 등을 취득한 것으로 보아 '간주취득세'가 부과된다.[2] 주식 자체의 취득에 대한 과세라기보다는 주식을 취득함으로써 '법인이 보유하고 있는 부동산 등'을 취득한 것으로 보아 과세하는 것이다.

다만, 과점주주라 하더라도 법인 설립 당시부터 과점주주인 상태에서 법인이 부동산 등을 취득하였을 때에는 간주취득세가 부과되지 않

---

1 부동산, 차량, 기계장비, 항공기, 선박, 입목, 광업권, 어업권, 골프회원권, 승마회원권, 콘도미니엄 회원권, 종합체육시설 이용회원권 또는 요트회원권(지방세법 제7조 제1항)
2 지방세법 제7조 제5항

고, 설립 이후 지분율이 증가하는 경우에만 증가한 지분율 만큼에 해당하는 부동산 등에 관한 취득세를 납부해야 한다.[3]

이에 대해 이미 법인이 취득세를 부담하였는데 그 과점주주에 대하여 다시 동일한 과세물건을 대상으로 간주취득세를 부과하는 것은 이중과세에 해당한다는 이유로 꾸준히 헌법소원이 제기되기도 하였으나, 헌법재판소는 법인 설립 시의 과점주주는 부과 대상에서 제외되는 등 취득세 부과 대상이 되는 과점주주의 범위가 필요한 정도로 제한되어 있다는 이유 등으로 합헌 의견을 유지하고 있다.[4]

다만, 제도 자체에 필연적으로 이중과세적 측면이 존재할 수밖에 없는 관계로 간주취득세는 일반적인 세금에 비하여 과세요건을 보다 엄격하고 제한적으로 해석할 필요성이 있다고 할 것이다.

지방세법 법문만을 따져보더라도 과점주주가 되기 위해서는 주주 1명과 그의 특수관계자들의 소유주식의 합계가 해당 법인의 발행주식 총수(무의결권 주식 제외)의 50%를 초과하는 것만으로는 부족하고 당해 주주가 그에 관한 권리를 실질적으로 행사할 것까지 요구한다.

---

3 이와 관련하여 과점주주가 주식을 추가취득한 후 법인이 부동산을 취득하는 경우와 법인이 부동산을 취득한 후 과점주주가 주식을 추가취득하는 경우 실질은 동일한데도 과세금액이 달라진다는 비판도 존재한다. 이는 헌법재판소 2016. 6. 30. 선고 2015헌바282 사건의 청구인 주장이기도 하였으나, 헌재는 합리적 이유가 있으므로 평등원칙에 위배되지 않는다고 판단하였다.

4 헌법재판소 2006. 6. 29. 선고 2005헌바45 전원재판부 결정 이후 다수의 결정

즉, 주주명부에 과점주주에 해당하는 주식을 취득한 것으로 기재되어 있다고 하더라도 그 주식에 관한 권리를 실질적으로 행사하여 법인의 운영을 지배할 수 없었던 경우에는 간주취득세를 낼 의무를 지지 않는 것이다.

이와 관련하여 '주식에 관한 권리를 실질적으로 행사'하는 것의 의미가 다투어진 사건이 있었다.[5] 워크아웃 중 채권단협의회의 결의 내용에 대하여 재무적 투자자들이 거부하자, 워크아웃 절차를 계속 진행하기 위하여 기존 과점주주들이 재무적 투자자들의 소유 주식을 매수한 후, '현재 보유하고 있는 주식 전부에 대한 양도, 담보설정 및 소각 등 처분에 관한 일체의 권한을 주채권은행에게 일임한다'는 내용의 주식포기각서, 주식처분위임장 및 주주총회 의결권행사 위임장을 각 작성하여 교부하였던 것이다.

이에 과세관청은 기존 과점주주가 주식을 추가 매수하였으므로 간주취득세를 부과하였고, 고등법원에서는 ① 기존 과점주주가 워크아웃절차를 계속 진행할 것인지 아니면 이를 거부하고 회생절차 등으로 이행할 것인지를 선택하는 것도 주주로서 기업을 실질적으로 지배하는 것이고, ② 주주가 타인에게 그 의결권을 위임하여 행사하는 것도 주주로서의 의결권 행사에 당연히 포함되며, ③ 주주권을 실질적으로 행사할 수 있는지 여부는 주식 취득 시점을 기준으로 판단하여야 하는데 주식을 취득한 후 주식포기각서 등을 제출하였다고 하더라도 이

---

5 대법원 2018. 10. 4. 선고 2018두44753 판결

미 성립한 납세의무에 어떠한 영향을 미친다고 볼 수는 없다는 등의 이유로 과세관청의 손을 들어주었다.

그러나 대법원에서는 ① 기존 과점주주가 주식을 취득한 이유가 채권단협의회의 결정에 따르기 위한 것이었고, ② 기존 과점주주가 주식을 취득한 직후 주채권은행에 보유주식 전부에 대한 처분권을 일임함과 동시에 채권단협의회와 경영권포기, 주식포기 및 주주총회 의결권행사 위임 등을 내용으로 하는 특별약정을 체결하였는데, 이로써 채권단협의회가 회사에 대한 실질적 지배력을 가지게 되었으며, ③ 지배권의 실질적 증가 여부는 해당 주식 취득 전후의 제반 사정을 전체적으로 고려하여 종합적으로 판단해야 하는데 원심이 단순히 주식 취득 후에 제출되었다는 이유로 주식포기각서 등이 이미 성립한 납세의무에 영향을 미치지 않는다고 판단한 것은 옳지 않다는 이유로 간주취득세 부과는 위법하다고 판시하였고 매우 타당한 판결이라고 본다.

또한 주식매매계약에 따라 명의개서가 이루어졌다 하더라도 그 실질이 양도담보계약이었다면 매도인 혹은 양도담보설정자가 여전히 실질적 권리를 가진 과점주주이며 법인의 경영을 사실상 지배하는 자로서 제2차 납세의무를 부담한다는 것이 법원의 입장이므로,[6] 간주취득세가 문제되는 사안에서도 동일하게 판단되어야 할 것이다.

---

6 서울고등법원 2008. 12. 16. 선고 2008누12278 판결(대법원 2009. 4. 9. 선고 2009두 1358 심리불속행 판결로 확정됨)

한편 위와 같이 과점주주와 관련하여서는 국세기본법상 출자자의 제2차 납세의무[7]도 같이 문제되는 경우가 많다. 법인을 설립하거나 인수할 때 여러 가지 나름의 이유로 주식 명의를 분산하여 명의신탁 하는 경우가 종종 있는데, 이 경우 납세자 스스로는 의도하지 않았다 하더라도 과점주주로서의 간주취득세나 제2차 납세의무, 혹은 배당소 득세에 대한 누진세율 적용을 회피하기 위한 목적이 인정되어[8] 명의 신탁 주식에 대한 증여의제 규정에 따라 거액의 증여세가 부과될 수 있다는 점도 반드시 유의해야 할 지점이다.

---

7 법인의 재산으로 그 법인에 부과되거나 그 법인이 납부할 국세 및 체납처분비에 충당하여도 부족한 경우에는 그 국세의 납세의무 성립일 현재 무한책임사원 혹은 과점주주인 자는 그 부족한 금액에 대하여 제2차 납세의무를 진다. 다만, 과점주주의 경우에는 그 부족한 금액을 그 법인의 발행주식 총수(의결권 없는 주식 제외) 또는 출자총액으로 나눈 금액에 해당 과점 주주가 실질적으로 권리를 행사하는 주식 수(의결권 없는 주식 제외) 또는 출자액을 곱하여 산출한 금액을 한도로 한다(국세기본법 제39조).

8 상속세 및 증여세법 제45조의2 제3항에서는 주식을 명의신탁한 경우 조세 회피 목적이 있 는 것으로 추정하고 있고 판례상 조세 회피 목적은 상당히 넓게 인정되기 때문에, 납세자가 조세 회피 목적이 없는 명의신탁이라는 점을 입증하기가 매우 어렵다.

지은이

법무법인 정안은 회계법인 출신 변호사들이 2012년 뜻을 모아 만든 따뜻하고 강한 로펌입니다. 법무법인 정안의 변호사들은 세무조사 현장부터 국세청, 조세심판원, 법원, 검찰에 이르기까지 각 단계에서 필요한 세무업무를 다년간 수행해 왔습니다. 그 경험을 모아 한 걸음씩 세금 풍경에 담았습니다.

- 정승택 대표변호사
- 임재억 변호사
- 박소연 변호사
- 최지원 변호사
- 최성아 변호사
- 최지영 변호사
- 신경화 변호사
- 강정호 변호사 / 공인회계사
- 백선아 변호사
- 정민지 변호사 / 공인회계사
- 박지인 변호사
- 이영석 변호사
- 서예지 외국변호사

JUNGANLAW | 법무법인 정안

서울특별시 용산구 한강대로30길 25 아스테리움 용산 B동 10층 (우) 04386
H: www.junganlaw.com T: 02-6959-1400 F: 02-6959-1410